本书是以下两个科研项目的研究成果：

教育部人文社会科学研究2017年度研究项目（青年基金项目）"发展史视域下当代中国马克思主义意识形态认同研究"（17YJC710005）；

江苏省社会科学基金2020年度研究资助项目"全媒体时代提升网络意识形态传播力研究"（20MLB004）。

今日马克思主义研究丛书

新时代马克思主义
意识形态认同问题研究

包天强————著

天津出版传媒集团
天津人民出版社

图书在版编目（CIP）数据

新时代马克思主义意识形态认同问题研究 / 包天强著. -- 天津 ： 天津人民出版社，2024. 7. --（今日马克思主义研究丛书）. -- ISBN 978-7-201-20595-3

Ⅰ．A811.63

中国国家版本馆 CIP 数据核字第 20245273ER 号

新时代马克思主义意识形态认同问题研究
XINSHIDAI MAKESI ZHUYI YISHI XINGTAI RENTONG WENTI YANJIU

出　　版	天津人民出版社
出 版 人	刘锦泉
地　　址	天津市和平区西康路35号康岳大厦
邮政编码	300051
邮购电话	（022）23332469
电子信箱	reader@tjrmcbs.com
责任编辑	郭雨莹
封面设计	明轩文化·李晶晶
印　　刷	天津新华印务有限公司
经　　销	新华书店
开　　本	710毫米×1000毫米 1/16
印　　张	17.5
插　　页	2
字　　数	230千字
版次印次	2024年7月第1版　2024年7月第1次印刷
定　　价	89.00元

前　言

"一定的意识形式的解体足以使整个时代覆灭"①,可见,意识形态的认同问题不是可有可无的小问题,而是"事关党的前途命运,事关国家长治久安,事关民族凝聚力和向心力"②的根本性的问题。党的十八大以来,党始终将意识形态工作摆在极端重要的位置,相继颁布了关于加强意识形态工作的法律法规和重要举措,多次召开会议专门部署了推进马克思主义意识形态认同的工作,牢牢掌握党对意识形态工作的领导权、管理权和话语权,捍卫和巩固了马克思主义在意识形态领域内的指导地位,确立了马克思主义在意识形态领域指导地位的根本制度,意识形态认同工作局面有了全局性、根本性的转变,认同建设取得了伟大成就。习近平总书记在党的二十大上明确指出,"要坚持马克思主义在意识形态领域指导地位的根本制度",强调"意识形态工作是为国家立心、为民族立魂的工作"③,这充分体现了党和国家在长期领导文化建设实践中积累的成功经验和形成的方针原则,对于新时代更好推进马克思主义意识形态认同工作、铸就社会主义文化新辉煌、建设社会主义文化强国具有重要指导意义。

---

① 《马克思恩格斯文集》(第八卷),人民出版社,2009 年,第 170 页。

② 《习近平关于总体国家安全观论述摘编》,中央文献出版社,2018 年,第 99 页。

③ 习近平:《高举中国特色社会主义伟大旗帜 为全面建设社会主义现代化国家而团结奋斗——在中国共产党第二十次全国代表大会上的报告》,人民出版社,2022 年,第 43 页。

新时代,世界之变、历史之变正以前所未有的速度向我们席卷而来,国际格局加速演变,恐怖主义威胁未除,地区冲突此起彼伏,大国博弈驶进未知水域,和平与发展的时代主题面临着严峻的挑战。面对中国特色社会主义事业取得的历史性重大成就,面对优势日益彰显的"中国道路"及创造的"中国奇迹"日益深刻影响着世界发展趋势和发展格局的态势,反华势力表现出前所未有的焦虑与警惕,加之他们难以摆脱的意识形态分歧、"西方中心主义"观念、冷战思维与零和博弈思维,使得敌对反华势力不遗余力地全面遏制中国的经济社会发展,尤其是对我国经济、政治、文化、社会等领域进行全方位的意识形态渗透,企图动摇广大人民群众所达成的共同的思想长城,摧毁人民群众对中国特色社会主义的道路自信、理论自信、制度自信、文化自信。

新时代,新征程!习近平总书记在党的二十大上郑重指出:"从现在起,中国共产党的中心任务就是团结带领全国各族人民全面建成社会主义现代化强国、实现第二个百年奋斗目标,以中国式现代化全面推进中华民族伟大复兴。"①党和政府团结带领人民群众共同创造的奇迹伟业鼓舞人心,强国建设、民族复兴的新的宏伟蓝图催人奋进。有道是看似寻常最奇崛,成如容易却艰辛。以中国式现代化全面推进中华民族伟大复兴绝不是敲敲锣打打鼓、朝发夕至、一蹴而就就能够实现的。在新的赶考路上,面临的风险考验斗争只会越来越复杂,遇到的激流险滩甚至于惊涛骇浪只会是愈来愈多。逆全球化思潮频频抬头,单边主义、保护主义明显上升,国内改革发展稳定过程中不少深层次的矛盾问题浮现,"黑天鹅""灰犀牛"事件随时可能发生,敌对反华势力频频制造事端力求反向价值引导……可见,新时代深入推进马克思主义意识形态认同建设,进一步巩固和捍卫党和人民凝心聚力、团结奋斗的

---

① 《党的二十大文件汇编》,党建读物出版社,2022年,第16~17页。

共同思想基础,有着重大的理论意义和现实意义。

本书围绕新时代如何有效推进马克思主义意识形态认同这一问题,运用历史唯物主义基本原理和方法论,分析了马克思主义意识形态认同的相关基础理论和时代价值,论证了推进马克思主义意识形态认同"何以可能"这一源问题,揭示了新时代马克思主义意识形态认同的建构逻辑,明晰了影响新时代认同建设的主要危害因子,提出了新时代推进马克思主义意识形态认同建设的关键点、应对之策和保障体系。本书主要分为三个部分:导论、正文和结语,其中正文部分由第一至四章内容组成。

第一章立足理论框架的搭建,希冀为本书的研究奠定相关的理论基础。本章分析了意识形态概念的起源与发展,马克思主义意识形态理论本质及其基本功能,认同的概念和特性,以及马克思主义意识形态认同的基本要素等内容。首先追溯了概念的起源,着重探讨了在"否定批判维度""人类历史维度""占统治地位维度"和"上层建筑维度"四重维度的马克思主义意识形态的内涵,并分析了卢卡奇等西方代表性学者和列宁等经典作家对相关概念的阐释和丰富。其次,揭示了意识形态理论的科学性、整体性、实践性、阶级性和开放性的理论本质,及其经济、政治、文化、社会和生态等维度的基本功能。最后,追溯了认同概念的起源,揭示了认同具有的可生成性、价值性、不稳定性和社会性等特征,明确了马克思主义意识形态认同的主体、客体和载体这三个基本要素。

第二章论述马克思主义意识形态认同的时代价值及其建构逻辑。首先,主要从有效应对资本主义意识形态侵蚀、解决好新时代我国社会主要矛盾和实现中华民族伟大复兴等方面,来阐释马克思主义意识形态的时代价值。其次,主要通过研究论证新时代马克思主义意识形态认同何以可能这一源问题,加强对认同建设的反思和理论省察,希冀能激发广大人民群众的认同在自然、自觉的状况下有序推进。最后揭示了广大人民群众认同的认知认同、情感认同、内化认同和行为认同四个方面的结构层次,为后续研究打下基础。

第三章分析和研判马克思主义意识形态认同面临的现实冲击。本章主要分析来自社会变迁、西方社会思潮侵蚀以及因时代变迁引发的对马克思主义意识形态指导地位的质疑等维度的现实危害,指明当前马克思主义意识形态认同建设面临的严峻态势。社会变迁维度,主要分析了全球化、新兴媒体和社会利益分化等现实问题对马克思主义意识形态认同的影响和冲击;西方社会思潮侵蚀维度,主要厘清了西方社会思潮企图颠覆中国特色社会主义制度、中国共产党领导和马克思主义意识形态指导地位的政治本质,以及他们消解马克思主义意识形态认同的具体指向;因时代变迁引发对马克思主义意识形态指导地位的质疑,主要论述了因马克思主义意识形态理论建设滞缓于急剧变迁的现时代,从而引发的对其经济、政治、文化、社会和生态等基本功能的质疑。

第四章在正确研判当下马克思主义意识形态认同建设实际状况的前提下,提出了新时代推进马克思主义意识形态认同建设的工作关键、有效对策和机制保障等应对之策。推进认同建设的关键,就是要坚持党性和人民性相统一的原则,坚持以共享为推进认同建设的根本目标原则,坚持以展现理论的时代感召力作为推进认同的根本动力原则,以及坚持以系统观念推进认同工作的总体原则;推进认同的主要对策,主要是坚持以社会主义核心价值观引领社会思潮,提高全民媒介素养,促进良好思想舆论生态形成,构建现代传播体系及实施分众化教育等路径加以推进;推进认同的机制保障,主要是侧重于完善认同建设工作的主体责任制度、法治保障体系和预警联动制度。

目　录

导　论

　　党的十八大以来，以习近平同志为核心的党中央高度重视马克思主义意识形态认同工作，确立和坚持马克思主义在意识形态领域指导地位的根本制度，社会主义核心价值观广泛传播，中国特色社会主义文化事业日益繁盛，网络生态持续向好，我国意识形态领域形势发生了全局性的重大转变。但随着世界百年未有之大变局加速演进，新一轮科技革命和产业变革深入发展，国际力量对比深刻调整，国内经济社会的快速发展和利益结构的分化，敌对势力政治色彩鲜明的推波助澜，使得我国意识形态领域内的斗争形势依然严峻、复杂。因而，我们要清醒地认识到保持马克思主义意识形态的指导地位不是一劳永逸、万古长青的，要清醒地认识到推进马克思主义意识形态认同工作的长期性、复杂性和艰巨性。新时代，新的国际国内形势、新的社会特征、新的机遇和挑战，这些新变化使得人民群众的价值观念和行为方式发生着深刻的变化，一定程度上弱化、冲击了马克思主义意识形态的指导地位。因此，新时代深入研究马克思主义意识形态认同问题，对于夯实全国人民凝心聚力、团结奋斗的共同思想基础，不断增强马克思主义在意识形态领域的主导权、话语权，捍卫和巩固马克思主义在意识形态领域指导地位，团结带领广大人民群众勠力同心共同投入以中国式现代化实现中华民族伟大复兴宏伟征程中具有重大现实意义。

第一节　选题背景与研究意义

一、选题背景

新时代开展马克思主义意识形态认同问题研究，夯实人民群众凝心聚力、团结奋斗的强大思想基础，捍卫和巩固马克思主义意识形态的指导地位，主要是基于以下两点现实需要：

（一）时代变迁的现实需要

习近平总书记在党的十九大上指出，中国特色社会主义进入了新时代这一新的历史发展方位，并且指出了我国社会主要矛盾已经由人民日益增长的物质文化需要同落后的社会生产之间的矛盾转化为人民日益增长的美好生活需要和不平衡不充分的发展之间的矛盾。社会主要矛盾的变化是党制定正确路线方针政策的客观基础，是国家确立发展理念和宏大发展战略的重要依据，直接决定了新时代党和人民的主要历史任务。2022 年 10 月 16 日，习近平总书记在党的二十大上提出全面建设社会主义现代化国家、全面推进中华民族伟大复兴的战略目标，宏伟蓝图振聋发聩、鼓舞人心、催人奋进。"争得胜利的既不是臂膀的强壮，也不是武器的精良，而是心灵的力量。"[①] 马克思主义意识形态是科学的理论武装，是凝聚人心、鼓舞人心和激发人民群众创造力、创新力，实现国家富强、民族振兴和人民自由全面发展的强大精神力量。

改革开放四十多年来，尤其是党的十八大以来，我国的经济社会建设取

---

① ［德］费希特：《对德意志民族的演讲》，梁志学等译，商务印书馆，2010 年，第 133 页。

得了举世瞩目的伟大成就,政治、经济、文化、社会、生态等领域建设发生了根本性、全局性的转折和改观。"实现了第一个百年奋斗目标,在中华大地上全面建成了小康社会,历史性地解决了绝对贫困问题。"①中国共产党的世界影响力、政治领导力、思想引领力、群众组织力、社会号召力显著增强,马克思主义在意识形态领域的指导地位更加鲜明,人民群众的马克思主义意识形态认同度也显著上升。但是,确保马克思主义意识形态的指导地位不是一劳永逸、亘古不变的,当前我国意识形态领域内的斗争形势依然严峻,敌对势力消解人民群众的马克思主义信仰、消融马克思主义意识形态指导地位和诋毁中国特色社会主义道路的政治图谋从未停歇,他们利用先进的数字技术和媒介传播优势不遗余力地在对我国人民进行资本主义意识形态和价值观念的渗透灌输。虽然我国经济社会建设发展取得举世瞩目的巨大成就,但是依然存在诸如地区发展不均衡、优质教育不能全部满足人民期待、人口老龄化、医疗问题突出等不少困难和难题。经济体制转型、社会结构调整衍生出的一系列社会矛盾给凝聚人民群众的思想共识无形中增添了难度,拜金主义、享乐主义、极端个人主义和历史虚无主义等错误社会思潮的肆意传播严重侵蚀人民群众的价值观念生成和行为方式选择。马克思指出,一定意识形式的解体足以使整个时代覆灭。因此,为有效抵御和克服销蚀马克思主义意识形态认同的危害因子,巩固和捍卫马克思主义意识形态的指导地位,新时代加强马克思主义意识形态认同问题研究就显得尤为迫切和必须。

(二)新时代对人民群众主体性地位的研究亟需深入

受众群体的主体性问题是马克思主义意识形态认同教育实施过程中需要关注的一个关键问题。全面建设社会主义现代化国家、全面推进中华民族

---

① 习近平:《在庆祝中国共产党成立100周年大会上的讲话》,人民出版社,2021年,第2页。

伟大复兴宏伟战略离不开全体人民的团结奋斗，也可以说是离不开人民群众在此过程中主体性地位的充分彰显。马克思主义意识形态理论本身具有一定的思辨性特征，这使得在实施马克思主义意识形态认同教育过程中，难以在所有目标受众群体中达到自适应的效果，从而影响新时代提升马克思主义意识形态认同这一重大历史性任务的实施效能。马克思、恩格斯认为，"我们的阐述自然要取决于阐述的对象"①，这也就要求在推进马克思主义意识形态认同教育的过程中要量体裁衣、因人而异、因地而异。因而，在对目标受众群体实施马克思主义意识形态认同教育时，要充分尊重其主体性地位，具体问题具体分析，运用好大数据、算法技术等数字技术，细分目标受众群体，优化传播内容和创新话语表达方式，从而有效提升马克思主义意识形态认同教育的实施效果。现有的研究成果和在实施认同教育的工作实践中，往往忽视了人民群众的主体性地位及其个性化、群体化的特点，采用"大水漫灌"式的教育教学模式，只负责一味地"灌输"，没有充分考虑到不同群体的文化背景、接受特点等个性化差异，可想而知，在这种一概而论的教育模式下的认同效果不会太好。正如习近平总书记强调的那样，让全体人民群众接受马克思主义教育，"灌输是马克思主义理论教育的基本方法"，但是，"不等于搞填鸭式的'硬灌输'"②。

习近平总书记在新闻舆论工作座谈会上就提高党的新闻舆论传播力指出，"要适应分众化、差异化的传播趋势，……要抓住时机、把握节奏、讲究策略，从时度效着力，体现时度效要求"③。因此，为有效避免新时代马克思主义意识形态认同教育工作的随意性和盲目性，推动新时期马克思主义意识形态认同工作又好又快地向纵深发展，捍卫马克思主义意识形态的主导权和

---

① 《马克思恩格斯文集》（第一卷），人民出版社，2009年，第253页。
② 《习近平重要讲话单行本》，人民出版社，2020年，第291~292页。
③ 《论学习贯彻习近平总书记新闻舆论工作座谈会重要讲话精神》，人民出版社，2016年，第6页。

话语权,要充分尊重受众群体的客观差异化特征,不断提高对受众群体的主体地位及其作用的认识,积极探索分众化教育模式,充分发挥他们自身的自主性、能动性和创造性,并有针对性地对不同目标群体实施有差异化教育内容的精准传播,充分展现马克思主义意识形态科学理论的强大引领力、感召力,推动和促进马克思主义意识形态认同教育取得实际成效,激励和引导人民群众坚定信念、团结奋斗,共同投身到以中国式现代化全面推进中华民族伟大复兴的伟大事业中去。

二、研究意义

"意识形态工作是为国家立心、为民族立魂的工作。"①新时代开展马克思主义意识形态认同问题研究,对于建设具有强大凝聚力和引领力的社会主义意识形态,实现第二个百年奋斗目标、全面建成社会主义现代化强国和以中国式现代化全面推进中华民族伟大复兴有着重大的理论意义和实践意义。

(一)有助于彰显马克思主义意识形态的科学伟力

开展新时代马克思主义意识形态认同研究,通过研究马克思主义意识形态认同的相关理论,论述资本主义意识形态的实际本质及不良社会思潮的真正危害所在,在鲜明的对比中展现马克思主义意识形态的理论魅力和时代价值,有助于引导人民群众凝心聚力、共同维护马克思主义意识形态这一坚实的思想基础,有助于巩固和捍卫马克思主义在意识形态领域内的主导权和话语权,进一步巩固壮大奋进新时代的主流思想舆论,更好地坚持马克思主义在意识形态领域的指导地位。

---

① 习近平:《高举中国特色社会主义伟大旗帜　为全面建设社会主义现代化国家而团结奋斗——在中国共产党第二十次全国代表大会上的报告》,人民出版社,2022年,第43页。

（二）有助于引导人民群众克服信仰危机

开展新时代马克思主义意识形态认同研究，通过研究论述资本主义意识形态及其核心价值观生成的资本逻辑、阶级立场、虚伪性特征及其根本性危害，帮助人民群众认清资本主义意识形态和"普世价值"思潮的理论实质及其现实危害，强力清扫干扰人民群众树立科学信仰的"精神迷雾"和"精神障碍"，不断提升人民群众思想认识和政治觉悟，坚决抵御资本主义意识形态及其价值观的侵蚀和危害，引导人民群众培育科学健康的理想信念，坚定马克思主义信仰和跟党走中国特色社会主义道路的信念，共同维护我国意识形态安全。

（三）有利于整合力量实现中华民族伟大复兴中国梦

开展新时代马克思主义意识形态认同研究，展现马克思主义意识形态这一重要指导理论的科学伟力、强大精神感召力量和社会动员能力，有利于不断提升人民群众的马克思主义政治素养和幸福生活观；有利于更好地凝聚人心、汇聚民力，更好地达成社会共识；有利于引领人民群众坚定共产主义远大理想和中国特色社会主义共同理想；有利于激发人民群众万众一心、共同致力于实现中华民族伟大复兴中国梦而团结奋斗的建设热情。

（四）为当前意识形态治理工作提供政策建议

开展新时代马克思主义意识形态认同研究，在厘清意识形态认同工作面临的巨大冲击和挑战的现实境遇中，在借鉴域外国家意识形态治理工作的经验教训和整合我国意识形态发展历程的规律中，对当代中国马克思主义意识形态认同进行全景性、系统化研究，并明确新时代推进马克思主义意识形态认同的工作关键，提出操作性强、科学合理的建构路径和完善的保障体系,希冀为今后的相关理论研究、党和政府的意识形态治理工作提供一些有益的参考。

第二节　国内外相关研究现状述评

一、国内相关研究述评

国内学术界对认同理论的相关研究始于 20 世纪末,成果主要涉及角色认同、身份认同、民族认同和文化认同等,而针对意识形态认同尤其是马克思主义意识形态认同的著作、论文并不多见。经过系统梳理,笔者对已经公开出版、发表的与意识形态认同相关的学术成果进行了归纳分析,选取了其中具有一定代表性的观点加以分析述评。

从公开出版的学术专著上来看,现有的研究成果并不丰硕。聂立清著述的《我国当代主流意识形态认同研究》(2010)和邹庆华著述的《提升当代社会主流意识形态认同度研究》(2017)两本著作,是到目前为止专门论述主流意识形态认同的著作。但与意识形态认同相关的理论著作为数不少,在此仅做简单梳理列举:

一是从宏观的角度展开研究的学术专著。如俞吾金著述的《意识形态论》(上海人民出版社,1993 年版),侯惠勤著述的《马克思的意识形态批判与当代中国》(中国社会科学出版社,2010 年版),王庆五等著述的《马克思主义意识形态指导地位研究》(中国社会科学出版社,2012 年版),李向国、李晓红著述的《主流意识形态建设新论——中国特色社会主义理论体系指导地位研究》(人民出版社,2013 年版),陈先达等著述的《坚持马克思主义在意识形态领域指导地位研究》(经济科学出版社,2015 年版),杨河等著述的《当代中国意识形态研究》(北京大学出版社,2015 年版),王永贵等著述的《意识形态领域新变化与坚持马克思主义指导地位研究》（人民出版社，2015 年版），徐成芳著述的《坚持马克思主义在我国意识形态领域指导地位研究》（人民出版社，2017 年版），陈锡喜著述的《意识形态：当代中国的理论和实践》（中国人民大学出版社，2018 年版）。

二是从单一的角度展开研究的学术专著。如王永贵等著述的《经济全球化与我国社会主流意识形态建设研究》（人民出版社，2010 年版），黄传新等著述的《社会主义意识形态的吸引力和凝聚力研究》（学习出版社，2012 年版），朱继东著述的《新时代领导干部意识形态能力建设》（人民出版社，2014 年版），吴兆雪等著述的《利益分化格局下我国主流意识形态建设研究》（合肥工业大学出版社，2015 年版），张志丹著述的《意识形态功能提升新论》（人民出版社，2017 年版），胡伯项等著述的《我国现代化进程中意识形态安全问题研究》（人民出版社，2017 年版），郝保权著述的《多元开放条件下中国社会主义意识形态安全研究》（人民出版社，2018 年版）。

相比于学术专著而言，关于意识形态认同研究的学术论文相对较多。梳理现有的关于马克思主义意识形态认同建设的学术成果，国内学者们对此问题的研究，主要集中在以下几个方面：

1.细分认同主体的类型，选取不同主体为研究对象展开专门研究

国内学者们主要选取青年大学生群体、高校青年教师群体、新兴的进城务工群体、边疆民族地区村民和高校等群体作为各自的研究领域，探讨了这些群体马克思主义意识形态认同教育中存在的现实问题，并提出了有针对性的解决办法。

第一，有论者选取青年大学生群体作为研究对象。青年大学生群体是新时代中国特色社会主义伟大建设事业的重要人力资源，他们的马克思主义意识形态认同状况直接影响着中华民族伟大复兴的进程。论者认为，在社会因素、学校因素、家庭因素及个体自身因素等诸多因素的影响下，青年大学

生群体的马克思主义意识形态认同教育，要着重从加强高校思想政治工作队伍建设，创新马克思主义意识形态认同教育的内容，教育方法要契合于大学生群体的价值需求和精神追求，发挥家庭、社会等外部环境的正向的激励作用等方面加以重点推进。①

第二，有论者选取高校青年教师群体作为研究对象，论者认为，做好高校青年教师群体的马克思主义意识形态认同教育具有双重意义，他们本身既是我国实施马克思主义意识形态教育中的重要一环，又发挥着示范引领大学生、社会青年等群体的辐射作用。论者认为，要通过不断强化青年教师对马克思主义意识形态认同教育重要性的认识，以及注重对契合于青年教师群体特征的意识形态认同教育内容和教育方法的创新等方面加以推进。②

第三，有论者以进城务工人员这一新兴的群体为研究对象，从政治社会化的维度实证分析了该群体的马克思主义意识形态认同状况。论者通过对该群体发放调查问卷并实证分析，认为优化政治社会化的路径有助于提升该群体对马克思主义意识形态的认同度。其中，政治学习与内化、文化传承与整合等路径的优化对认同度的提升有直接的促进作用，社会传播、社会环境等路径的优化对认同度的提升有间接的促进作用。③

第四，有论者以高校为研究对象，认为当前高校的马克思主义意识形态认同教育面临着来自资本主义意识形态渗透力度加大、高校领导重视度不够、网络渠道工作不到位和认同教育未形成合力等方面的影响和挑战。新形势下加快高校马克思主义意识形态认同教育进程，需要在增强高校党委对

---

① 马福运、杨晓倩：《"90后"大学生主流意识形态认同现状研究——基于河南省10所高校的调查》，《思想教育研究》，2017年第11期。

② 李丽、葛彦东：《高校青年教师主流意识形态认同教育问题探赜》，《学校党建与思想教育》，2013年第12期。

③ 吴春梅等：《政治社会化路径下农民工主流意识形态认同的实证分析》，《政治学研究》，2014年第2期。

意识形态认同建设的领导权,抓好推进意识形态认同教育的队伍建设,发挥好课堂这一主阵地的教育功能,抢占网络平台净化网络环境和发挥好社会主义核心价值观的规范引领功能等方面持续发力。①

第五,有论者以边疆民族地区村民为研究对象,认为边疆民族地区村民的马克思主义意识形态认同建设有着自身的特殊性,研究边疆民族地区村民的意识形态认同建设有助于更好地解决我国的民族问题,维护边疆地区的政治稳定和文化安全。论者认为,应着重于从加大马克思主义意识形态教育力度,关注边疆民族地区村民的现实需求,拓宽面向村民的意识形态传播途径,加快村民向"公民"身份的心理认同转型四个方面加以推进。②

2.总结梳理马克思主义意识形态认同建设取得显著成效的原因

国内学者大体是以"新中国成立以来""改革开放以来""党的十八大以来"等重要时间节点作为研究起点,来分析我国意识形态认同建设取得巨大成就的原因,有代表性的观点主要有以下几种:

第一,有论者认为,新中国成立以来我国的马克思主义意识形态认同建设的成功经验,可以归纳为重视马列主义毛泽东思想和中国特色社会主义理论体系的宣传教育、重视意识形态领域内的斗争、坚持党对意识形态认同建设工作的领导权、意识形态建设工作既要反左又要反右、两手抓两手都要硬、以人民为中心与构建新时代中国特色社会主义意识形态七个方面。论者认为当下在推进马克思主义意识形态认同建设的进程中,要注重加强物质基础的建设,要界定好意识形态领域斗争的范围,要秉持开放性和包容性相结合的原则推进意识形态建设,要创新和变革马克思主义意识形态认同教

---

① 龙献忠、陈方芳:《新形势下高校主流意识形态认同教育:困境、契机与路径》,《求索》,2017年第6期。

② 李思泽、娜妥:《政治社会化路径下增强边疆民族地区村民主流意识形态认同的措施》,《云南行政学院学报》,2017年第5期。

育的方式方法,唯有如此,才能够更好更快地推进马克思主义意识形态的认同建设进程。①

第二,有论者认为,改革开放以来我国马克思主义意识形态认同建设之所以取得巨大成效,主要是得益于坚持继承与创新统一的原则,在坚持和发展中国特色社会主义的伟大实践中推进意识形态认同建设;得益于坚持价值导向与发展实践统一的原则,始终将维护和增进人民群众的福祉与提升意识形态认同建设紧密结合;得益于坚持包容与批判统一的原则,科学处理好多元化思潮与马克思主义意识形态的共存关系;得益于扎实稳步推进认同建设工作,捍卫和巩固好马克思主义意识形态工作的领导权和话语权四个方面工作的加强。②

第三,有论者认为,党的十八大以来我国马克思主义意识形态认同建设之所以取得巨大成就,就是由"马克思主义意识形态具有强大的理论说服力""'伟大工程'为意识形态领导权的实现提供坚强的领导力""中国梦为意识形态认同提供了强大的感召力和凝聚力""以人民为中心的立场为意识形态认同提供现实说服力""社会主义核心价值观为意识形态认同提供凝魂聚气之力""中国道路和文化增强了国际认同度和影响力"六个方面原因造就的。③

3.基于社会发展和时代变迁的视角展开研究

国内学者大体上从时代变迁引发的新的社会特征为研究基点,探讨新的时代特征下马克思主义意识形态的认同建设,代表性的观点主要有以下几种:

---

① 伍志燕:《建国以来我国意识形态建设的历史经验及其启示》,《理论学刊》,2017 年第 3 期。

② 蒯正明:《改革开放 40 年来社会主义意识形态建设的基本经验》,《湖湘论坛》,2018 年第 5 期。

③ 李俊卿、张泽一:《新时代马克思主义意识形态认同提升的根源探析》,《理论月刊》,2018 年第 10 期。

第一,有论者从当下文化生产方式变革这一现实背景出发,探讨了新时代的马克思主义意识形态认同建设。论者认为要以创新性的工作思维与策略,认真解决好文化生产市场性与马克思主义意识形态的思想政治导向性的衔接,解决好社会心理随机性与马克思主义意识形态认同建构性的有效融合,解决好文化多元多样与马克思主义意识形态精神生产主旋律之间有机结合三个问题。①

第二,有论者基于信息化社会自媒体传播的新变化,选择从自媒体传播维度来研究新形势下的马克思主义意识形态认同建设。论者认为,自媒体传播打破了传统媒体传播的结构化模式,对传统媒体传播衍生出的主导权和话语权带来了冲击和挑战。为有效应对自媒体传播带来的冲击和挑战,需要从加大对互联网和自媒体的监管力度、发挥好主流媒体的文化生产和传播功能及注重专业技术人员和意见领袖等人才队伍建设等方面加以发力。②

第三,有论者从当前马克思主义意识形态认同结构断裂的现实背景出发,分析研究了转型时期马克思主义意识形态认同陷入困境的内潜性原因,认为社会转型变迁和认同主体安全缺失的现代性负向后果是造成马克思主义意识形态认同陷入困境的基本缘由。③

第四,有论者从社会场域变迁而引发马克思主义意识形态认同遭受挑战的维度出发,认为"传统的思维方式方法""非马思潮和意识""经济社会发展带来的负面效应""境内外敌对势力的文化渗透"和"技术变革衍生的冲击"五个因素,是影响当下我国马克思主义意识形态认同建设的主要因素。④

---

① 胡潇:《精神生产方式的变革与意识形态建设》,《马克思主义与现实》,2017 年第 2 期。

② 王仕民、丁存霞:《自媒体视域下的主流意识形态认同》,《湖北社会科学》,2017 年第 2 期。

③ 王芝眉:《结构断裂:转型期主流意识形态认同困境的内潜性原因分析》,《新疆大学学报》(哲社版),2014 年第 11 期。

④ 李丽:《新形势下影响我国主流意识形态认同的主要因素》,《常州大学学报》(社科版),2015 年第 1 期。

第五,有论者从意识形态认同生成的内在规律性出发,对认同主体、认同客体、认同媒介与传播环境等四个因素进行整体透视和考量,具体分析了这四个要素弱化马克思主义意识形态认同的具体表现所在。①

4.从建构意识形态认同的有效对策路径展开研究

国内学者大体上基于实践论、借鉴儒学传播经验、中华优秀传统文化内生特征和传播机制革新等维度出发来考察意识形态的生成,在此基础上建构相应的路径对策,代表性的观点主要有以下几种:

第一,有论者从实践论的视域出发,认为意识形态认同的生成过程是思想观念与生存实践这两者互相作用、统一互融的过程,推进马克思主义意识形态认同需要在夯实物质基础、把握好认同主体的层次结构、加强制度建设、注重主流文化的大众性和流行性建设,以及立足人民群众的日常生活世界等方面加强建设,注重保持马克思主义意识形态自身的价值张力和思想活力,注重促进马克思主义意识形态认同建设与人民群众精神家园建设的内在统一。②

第二,有论者认为我国马克思主义意识形态的认同建构,必须处理好儒学与马克思主义之间的关系。要从借鉴儒学认同的经验和增强人民群众的政治认同度两个途径来助推马克思主义意识形态认同度的提升。要借鉴儒学的人文关怀意识、建立一支传播队伍、生活化浓郁的传播方式等成功经验,以及通过以民生富裕、社会公正、增强党的公信力等方面来增强人民群众的政治认同度,进而建构有效的主流意识形态认同路径。③

---

① 吴大兵:《转型期主流意识形态认同弱化四大归因透视》,《云南行政学院学报》,2017 年第 4 期。

② 庞立生:《意识形态建设的实践论视野及其文化自觉》,《东北师大学报》(哲社版),2019 年第 2 期。

③ 孔德永:《当代我国主流意识形态认同建构的有效途径》,《马克思主义研究》,2012 年第 6 期。

第三,有论者从马克思主义意识形态认同建设的文化根基、学科基础与传媒机制三个方面拓展意识形态认同建设的路径。论者认为,要通过创新发展社会文化事业来夯实马克思主义意识形态认同建设的文化根基,要大力推进哲学社会科学的繁荣发展来巩固马克思主义意识形态认同建设的学科基础,要注重激活和创新传播载体的运行机制来增强马克思主义意识形态认同建设的社会传播力,不断增强马克思主义意识形态在我国意识形态领域的主导力和控制力。①

第四,有论者基于中华优秀传统文化视域,通过挖掘中华优秀传统文化的丰富性、民族性和包容性等内在特征,以及中华文化自身承载的塑造信仰的基本功能,立足于马克思主义意识形态认同建设和中华优秀传统文化的内在联系,提出了发展中国化马克思主义意识形态让意识形态自身"新"起来,完善党的领导让马克思主义意识形态"硬"起来,创新先进文化让马克思主义意识形态"活"起来,弘扬社会主义核心价值观让马克思主义意识形态"泛"起来等推进认同建设的路径。②

第五,有论者认为马克思主义意识形态认同要在斗争中赢得胜利,就要在意识形态的灌输教育、构建和掌握意识形态话语权、意识形态的交往交锋和借鉴吸纳人类文明优秀成果四个方面加以着力,并且要从解决好人民群众现实生活中遇到的困难和指导好经济社会发展实践这两个方面来维护和巩固马克思主义意识形态认同。③

第六,有论者从当下文化生产方式变革这一现实背景出发,探讨了新时代的马克思主义意识形态认同建设,认为要以创新性的工作思维与策略认

---

① 杨仁忠、卢晓勇:《论主流意识形态建设的文化根基、学科基础和传媒机制》,《河南社会科学》,2017年第7期。

② 周颜玲、周向军:《中华优秀传统文化视阈下我国主流意识形态建设理论研究》,《山东社会科学》,2018年第9期。

③ 丁忠甫:《论社会主义意识形态认同》,《马克思主义研究》,2017年第6期。

真解决好文化生产市场性与马克思主义意识形态的思想政治导向性的衔接问题，解决好社会心理随机性与马克思主义意识形态认同建构性的有效融合问题，解决好文化多元多样与马克思主义意识形态精神生产主旋律之间有机结合的问题等三个问题。①

5.以其他视角为切入点展开研究

主要梳理了依托志愿服务项目与文本转换这两个有着一定代表性的观点加以说明：

第一，有论者选取"志愿服务项目对志愿者的马克思主义意识形态认同的影响力如何"为研究对象,论者经过实证调查研究发现,志愿服务项目对志愿者的马克思主义意识形态认同度的提升具有正向的促进作用。论者认为,需要从树立长期志愿服务理念、发挥党建带团建的示范效应、以社会主义核心价值观统领志愿服务活动的开展和以志愿精神引领志愿者健康价值观的生成等方面整体推进,助推志愿者的马克思主义意识形态认同度的有效提升。②

第二，有论者选取"文本对青年群体的马克思主义意识形态认同度的影响力如何"为研究对象,认为当前的马克思主义意识形态认同教育文本存在着现实感不强、通俗度不够高等问题。为有效解决此类问题,提升青年群体的马克思主义意识形态认同度,迫切需要实现马克思主义意识形态认同教育文本的转换。在实现文本转换的过程中,需要从紧密结合青年群体的日常生活、完善创新网络文本、展现视觉文本的当代价值和开发契合于青年群体日常习惯的话语体系等方面加以着力推进。③

---

① 胡潇:《精神生产方式的变革与意识形态建设》,《马克思主义与现实》,2017 年第 2 期。

② 蒲清平等:《志愿服务对志愿者主流意识形态认同的影响研究》,《中国青年研究》,2017 年第 3 期。

③ 张润枝、陈艳飞:《论文本转换与当代青年对主流意识形态认同度的提升》,《当代世界与社会主义》,2014 年第 5 期。

综上所述,马克思主义意识形态认同问题的研究已经成为学界研究中的重点。随着我国经济社会的迅猛发展,马克思主义意识形态认同问题研究的重要性愈发凸显,国内学者围绕我国马克思主义意识形态认同建设的方法特征、现实状况、弱化归因、建构对策路径和取得的成就原因等问题进行了深入的研究探讨,已经达到了较高的学术高度,这些丰硕的学术成果为本书的研究提供了重要的方法借鉴和理论参考。

新时代瞬息万变,学术研究永无止境,对马克思主义意识形态认同问题研究依然存在可以继续深化和探讨之处。具体如下:一是新时代马克思主义意识形态认同建设的研究成果不多,研究的深度和广度还需要再提高,大多数重要的方法、观点散见于与马克思主义意识形态认同建设相关领域的研究成果中;二是融入多学科研究的成果较少。意识形态认同问题研究不仅仅是单一的马克思主义学科的研究域,还需要与传播学、心理学、社会学等多学科的融合研究。认同问题涉及心理学和传播学,而现有的研究成果与之相结合的并不多,有的成果中即使涉及也是"浅尝辄止";三是系统性、整体性不强。推进马克思主义意识形态认同建设是一项浩繁的重大工程,需要从整体上宏观把控,需要多部门齐参与共同推进,需要建立相应的监管监督机制和法律法规,需要建立契合时代特征和认同主体需求的对策路径,需要借鉴域外代表性国家的经验教训,更需要论证新时代推进马克思主义意识形态认同何以可能这一源问题。现有研究成果的系统性和整体性还有待于进一步提高。这些问题也都是本研究中需要关注和深入挖掘的地方。

二、国外相关研究述评

目前,国外学者还没有专门研究关于意识形态认同的著作。但是,与意识形态认同问题研究相关联的学术成果为数不少,代表性的著作如:查尔斯·泰勒著述的《自我的根源:现代认同的形成》,尤尔根·哈贝马斯著述的

《作为意识形态的技术与科学》，安东尼·吉登斯著述的《现代性与自我认同》，赫伯特·马尔库塞著述的《单向度的人：发达工业社会意识形态研究》，曼纽尔·卡斯特著述的《认同的力量》，卡尔·曼海姆著述的《意识形态与乌托邦》，丹尼尔·贝尔著述的《意识形态的终结》《历史的终结及最后之人》，格·卢卡奇著述的《历史和阶级意识》，布热津斯基著述的《大失败——20世纪共产主义的灭亡》，弗朗西斯·福山著述的《历史的终结》，塞缪尔·亨廷顿著述的《我们是谁？——美国国家认同面临的挑战》，大卫·麦克里兰著述的《意识形态》，约翰·B.汤姆森著述的《意识形态与现代文化》《意识形态理论研究》等。梳理国外学者学术成果中相关意识形态认同的研究，主要表现出以下特点：

第一，淡化意识形态认同的直接研究，而将之藏匿于宗教认同、国家认同、政党认同的理论研究之中。资本主义国家虽然极力鼓吹"去意识形态化""去政治化"，极力淡化意识形态的政治色彩，但在实践中却非常重视意识形态的凝聚和整合功能，并提出了许多巩固和拓展资本主义意识形态认同的对策和方法。如亨廷顿著述的《我们是谁？——美国国家认同面临的挑战》就是很好的例证，为应对美国的国家认同危机，亨廷顿提出了"在国内复兴宗教"和"在国外寻找敌人"两个办法来应对。复兴宗教文化不过是资本主义意识形态世俗化的表达方式而已，寻找敌人也不过是希望资本主义意识形态得到稳固而已。

第二，研究内容带有鲜明的阶级性和政治目的性。有些著作体现出作者鲜明的资产阶级立场，研究内容表达出极强的政治色彩，他们大肆宣扬资本主义制度的优越性和合理性，鼓吹"普世价值"的普适性，图谋以资本主义意识形态取代其他意识形态。研究的根本目的无非是妄图消解社会主义制度及马克思主义指导思想。例如贝尔著述的《意识形态的终结》，布热津斯基著述的《大失败——20世纪共产主义的灭亡》，福山著述的《历史的终结》等著作。为此,我们要深刻揭露资本主义意识形态的本质,旗帜鲜明地反对资产阶级自由化,始终维护马克思主义意识形态在我国意识形态领域的指导地位,引导人民群众万众一心、团结奋斗,全身心投入建设社会主义现代化强国的伟大征程中。

第三,研究内容契合资本主义社会发展方向和需求。西方一些学者高度关注资本主义经济社会发展带来的新变化、新特征,将国家安全、民族、工业文明的现代性、后现代性、后现代地理环境等纳入其意识形态认同的研究视野。如吉登斯著述的《现代性与自我认同》,马尔库塞著述的《单向度的人:发达工业社会意识形态研究》,汤姆森著述的《意识形态与现代文化》等著作。研究成果深刻地揭示了资本逻辑驱动下的资产阶级,将资本主义社会的经济系统乃至于整个社会系统意识形态形态化,以便于更好地控制人、更好地维护资本主义制度和资产阶级的统治地位。马尔库塞指出的资本主义社会生存斗争永恒化的原则,正是资产阶级竭力营造的、让人忘记"本我"的"意识形态陷阱"。

总体来看,国外与意识形态认同有关联度的相关研究成果,在研究内容紧贴社会发展方向、基础理论研究等方面对我们的意识形态认同研究有一定的借鉴价值,但是,由于我国是社会主义国家,与西方资本主义国家所处的社会环境和阶级立场有着本质的差别。因而,我们在借鉴参考国外意识形态认同建设的相关做法时,要在维护国家意识形态安全的前提下,批判性地借鉴其相关经验和方法。

第三节　逻辑框架与研究方法

一、研究思路与逻辑框架

本书坚持以"新时代如何更好地增进马克思主义意识形态认同"问题为导向,按照"提出问题—分析问题—解决问题"的总体研究思路,力图对新时代马克思主义意识形态认同问题的研究形成整体的研究体系,具体如下图所示:

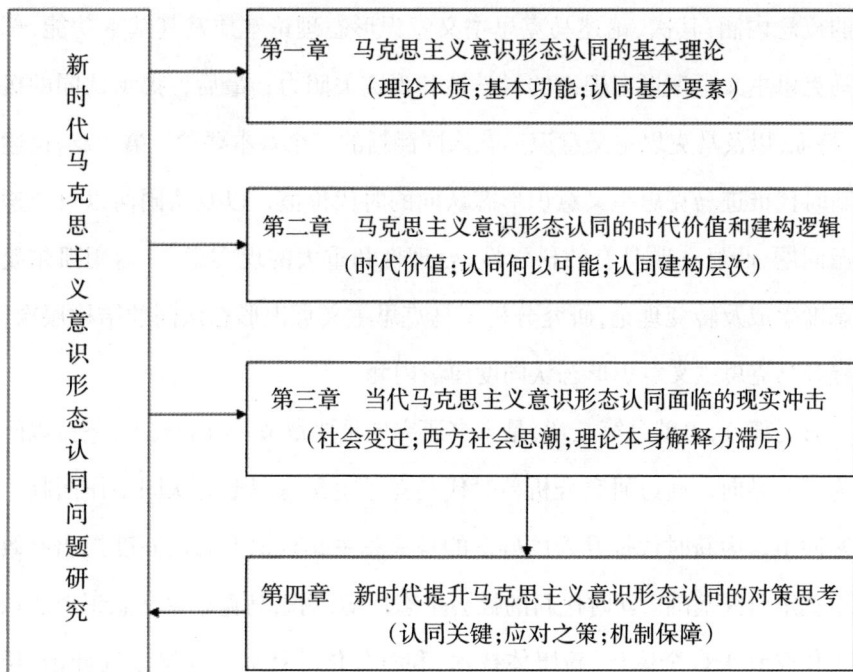

图 0.1　本书研究思路框架图

按照上图的研究思路,本书的逻辑结构主要分为四个部分,连同导论一共为五个章节:

第一部分,导论。从新时代马克思主义意识形态认同出现危机、马克思主义意识形态指导地位受到挑战这一现实境遇入手,明确了新时代积极推进马克思主义意识形态这一历史性任务具有的重大理论意义和实践价值；梳理了与本书相关的国内外学者的研究成果及发展态势，明晰了本书开展研究的基础及深入研究的拓展空间；对本书的研究思路、逻辑架构、研究方法、创新与不足之处进行了简单的陈述。

第二部分，包括第一、二章内容。为本书研究奠定理论基础和现实基础，是研究得以顺利展开的重要前提。第一章，分析研究马克思主义意识形态认同的基本理论。首先，厘清意识形态概念的起源及其发展，从否定批判维度、人类历史维度、占统治地位维度和上层建筑维度阐述了马克思主义意识形态的概念内涵；其次，论述马克思主义意识形态理论本质及其基本功能，彰显马克思主义意识形态理论的科学性和现实关照力；最后，揭示认同的概念、特征，以及马克思主义意识形态认同涵括的三个基本要素。第二章，论述了新时代推进马克思主义意识形态认同的时代价值，以及认同何以可能这一源问题，凸显选题具有的科学性、合理性和重大的现实意义；运用凯尔曼的态度生成及转变理论，研究分析了马克思主义意识形态认同的结构层次，为提升马克思主义意识形态认同度厘清内涵。

第三部分，也就是第三章，是本书研究的重要章节。有的放矢，坚持以问题为研究导向，通过研究分析新时代马克思主义意识形态认同工作面临的现实冲击，为新时代提升人民群众的马克思主义意识形态认同度提出有效对策奠定研究基础。新时代新的社会生态环境，明晰马克思主义意识形态认同工作受到来自全球化、新媒体技术、利益分化等社会变迁维度的冲击，历史虚无主义、新自由主义、民主社会主义、消费主义等西方不良社会思潮的侵蚀，时代急剧变化而马克思主义意识形态理论由于自身建设及对政治经济社会文化生态解释力相对滞缓形成的挑战等主要原因所在。

第四部分，是本书的结论部分，即第四章内容。在前三章研究分析基础上，对新时代推进马克思主义意识形态认同问题进行了积极的思考，从推进认同建设的关键、有效对策和相应的机制保障等三个层面整体推进,为马克思主义意识形态认同又好又快地向纵深推进提供了可行的应对之策。

二、研究方法

科学的研究方法,是解决好问题并得出正确研究结论的必然前提。正如黑格尔所言,方法并不是游离于内容之外、可有可无的"外在形式",而是"内容的灵魂与概念"。新时代马克思主义意识形态认同问题研究,主要运用了以下研究方法:

一是系统研究法。新时代加强马克思主义意识形态认同研究不是一个单一的问题域,而是一个涉及面广、复杂和系统性强的研究域,它与经济、政治、生态文化、社会等领域的研究相互关联。因而,本书在推进认同研究的过程中,注重事物的普遍联系,从整体性和结构性上来宏观把握马克思主义意识形态认同问题的研究工作。

二是解释学的研究方法。运用解释学的原理和方法解读相关文本,提出新时代马克思主义意识形态认同"何以可能"这一源问题,目的是对马克思主义意识形态认同这一历史性命题进行反思和理论思考,有效避免"理解的遗忘"现象发生,凸显选题研究的科学性和合理性,更好地展现马克思主义意识形态的理论伟力,激发人民群众自觉认可认同马克思主义意识形态的内部动力。

三是多学科研究方法。认同问题研究是心理学、教育学、社会学、传播学、哲学等诸多学科共同关注的热点领域,马克思主义意识形态认同问题研究,在对策上需要传播学"7R"模式方法支撑,借鉴境外国家发展历程的经验教训时需要历史学等学科研究方法支撑,彰显马克思主义理论伟力、增强选题科学性时需要解释学研究方法的支撑, 故本书的研究综合了多学科的研究方法。

四是文献研究法。通过查阅研读马克思主义经典著作、中西方著名学者代表性著作中与意识形态认同相关的文献章节资料，以及习近平总书记作出的关于意识形态认同建设的重要论述，运用马克思主义基本原理对上述文献进行理论分析和方法指导，寻求新时代推进马克思主义意识形态认同的研究框架和方法路径。

第四节　创新与不足

一、创新之处

创新是经济社会发展的永恒动力，学术研究亦是如此，也需要追求创新。本书的马克思主义意识形态认同问题研究在以下方面体现出一定的新意：

1.研究视角的创新

马克思主义意识形态问题研究、认同问题研究是学术界重点关注的热门领域，研究成果很多；而将两者相结合进行理论研究的成果目前并不是很多，尤其是将马克思主义意识形态认同问题研究置于时代变迁的历史背景下。因而，这也就使得本选题具有了一定的新意。

2.研究方法的创新

这里主要介绍研究中运用的解释学的方法，本书在研究论述马克思主义意识形态认同的时代价值和建构逻辑过程中，着重阐述了马克思主义意识形态认同的特殊性问题，即提出新时代马克思主义意识形态认同何以可能这一源问题，希冀实现对马克思主义意识形态认同这一重大现实问题进行反思和理论考量，在阐述何以可能的过程中充分展现马克思主义意识形态的科学性和强大的现实关照力，引导人民群众克服信仰危机培育健康的理想信念，实现对马克思主义意识形态的自觉认同和主动实践。

3.应对认同危机的方法创新

一是将新发展理念中的"共享发展"理念,作为新时代推进马克思主义意识形态认同建设的根本原则。共享发展理念体现了以人民为中心的发展思想,是中国特色社会主义的本质要求,是有效推进马克思主义意识形态认同建设的重要价值引领和实践指南,有利于在社会矛盾多、利益结构分化的现实境遇下更好地凝聚人民群众共识,更好地激起人民群众投身于实现中华民族伟大复兴的事业中去的建设热情。二是推动传统媒体和新兴媒体的融合发展,积极建构现代传播体系。信息化、数字化是新时代最主要的社会特征,为人民群众的马克思主义意识形态教育提供了极佳的技术平台和传播手段。为此,深刻把握好技术创新的历史机遇,革新传统媒体和新兴媒体有机互融的发展理念,创建立体多样、形式新颖深受人民群众喜爱认可的现代传播体系,借助元宇宙、云计算、大数据等技术方法,对目标群体实施精准传播,有利于认同建设取得事半功倍的效果。三是细分受众群体,实施分众化教育。在马克思主义意识形态认同建设中采取分众化教育方法,蕴含着具体问题具体分析等方法论原则,能够有效避免类似于"大水漫灌"式教育的随意性和盲目性,有利于抓住事物的主要矛盾,更好地提升马克思主义意识形态认同工作的实效。

二、不足之处

本书在提出应对认同危机的对策中,以下两个方面还需要进一步的完善和思考:一是在对认同主体实施分众化模式开展马克思主义意识形态认同教育时,书中对认同主体这一群体的划分还存在不够精细的问题;二是克服危害认同的路径存在可以进一步细化的空间,后续还需要继续研究。

第一章　马克思主义意识形态认同的基本理论

新时代我国意识形态领域的斗争态势依然复杂严峻、不容懈怠,国内外诸多因素对马克思主义意识形态的认同形成了冲击和挑战,质疑、误读和否定马克思主义意识形态指导地位及其功能的杂音不绝于耳、甚嚣尘上。因此,追根溯源,梳理意识形态概念的发展史,揭示马克思主义意识形态的科学内涵,厘清提升马克思主义意识形态认同的关键要素,是有效应对国内外诸多因素的冲击和挑战,亦是开展好新时代马克思主义意识形态认同问题研究的逻辑起点。

第一节　意识形态的起源与发展

意识形态概念多维复杂,国内外众多专家学者从多个角度给予了不同的概念界定,但因他们所持的立场、所处的时代环境及历史局限性等原因,学术界对于意识形态的概念至今无法达成统一的认识。本部分探究了意识形态的起源和发展,讨论了西方代表性学者和马克思主义经典作家的主要观点,为正确认识和理解马克思主义意识形态的科学性奠定了客观基础。

一、意识形态概念的起源

意识形态这一词语,最早是由 19 世纪初的法国哲学家、经济学家、思想家德斯杜特·德·特拉西创设的。因特拉西主张君主政府改革,被法国统治阶级监禁了一年。在监禁期间,特拉西开始研究洛克和孔狄亚克的哲学,"其研究结果是创立了他称之为意识形态的学科"①。特拉西将希腊文中表示思想或观念的 idea 和表示理性或理论的 logos 合为英文的 Ideology 一词,首创了"意识形态"这个研究思维观念规律的学术概念。

特拉西在其《意识形态原理》书中认为,意识形态是"向人们揭示观念的成见和偏见的根源的观念科学",是真正的"第一科学",是所有经验科学的基础,并要将意识形态运用于人们改造现实社会的实践中。意识形态学说一经提出就在学术界产生了广泛的影响,并被拿破仑钦定为法国的国家学说而得到官方支持和宣传推广。后来,特拉西因主张的共和主义政治态度、平等理念、反宗教神学等立场,与拿破仑的统治思想有着本质的差别,尤其是 1812 年拿破仑兵败俄罗斯后,拿破仑开始批判、否定特拉西的意识形态学说,指责他们提倡的共和与反宗教神学思想为"虚幻的形而上学"的意识形态,是"阴险空洞"的理论,诋毁意识形态论者是"脱离实际"的"空想家"。从此以后,特拉西所创设的意识形态理论被披上了否定性意义的外衣,并衍生出意识形态是虚幻的、带有欺骗性与迷惑性的含义。

特拉西提出的"关于观念科学"的意识形态学说,不仅仅在哲学认识论上有着重大影响,而且在实践上也具有重要的进步意义。他通过"从思想回溯到感觉"的方法,摈弃宗教神学、形而上学及其他各种所谓权威的偏见,在感觉的基础上重新阐述政治、经济、法律、教育等多学科的基本概念,通过实

---

① 俞吾金:《意识形态论》,上海人民出版社,1993 年,第 21 页。

践层面的理论批判使人类摆脱"权威的偏见",为理性的统治作好准备,希冀把法国社会转变成为注重理性、讲求科学的社会。也就是说,特拉西的意识形态理论不仅仅标志着认识论上的彻底的革命和转向,而且也意味着实践层面上的真正革命,即摈弃宗教神学、旧的传统观念和维护旧的谬误的政治体制。诚然,特拉西的意识形态理论在历史上具有重大意义和影响,但是拿破仑斥责特拉西及其信徒们是"意识形态家""空想家"也有着一定的道理。特拉西秉持法国唯物主义者的传统,其意识形态理论依托前康德的阐述方式而并没有借鉴康德的哲学思想,从某种意义上来说也确实带有空想的成分。马克思在批判特拉西意识形态理论的经济思想时指出,"分析经济形式,既不能用显微镜,也不能用化学试剂。二者都必须用抽象力来代替"①。这里的"抽象力"是指人脑的抽象思维能力,运用"抽象力"分析经济形式的方法,是要运用辩证逻辑的方法,而不能凭借感觉经验得出正确的结论。这也正是马克思主义意识形态理论中,从否定意义上理解意识形态的原因所在。

二、意识形态概念的发展

(一)马克思、恩格斯的意识形态概念阐述

意识形态理论是马克思主义理论的重要组成部分,国内外理论界对马克思主义意识形态理论的研究,一直是马克思主义哲学发展史研究中热度比较高的研究焦点。马克思主义意识形态思想的学术价值和现实指导意义毋庸讳言,但理论界对马克思主义意识形态的概念及其实质理解却是仁者见仁、智者见智。

在马克思、恩格斯著作中,意识形态这一学术概念的使用频率是比较高

---

① 《马克思恩格斯全集》(第23卷),人民出版社,1972年,第8页。

的,譬如在《神圣家族》《德意志意识形态》《路易·波拿巴的雾月十八日》《(政治经济学批判)序言》《共产党宣言》《费尔巴哈提纲》《资本论》《1844 年经济学哲学手稿》《哥达纲领批判》《人类学笔记》《路德维希·费尔巴哈和德国古典哲学的终结》《反杜林论》等著作中,以及马克思和恩格斯关于历史唯物主义的系列通信中都曾对意识形态做过重要论述,多次对意识形态的"实践性""总体性""阶级性""相对独立性"等重要特征进行论述。但在这些著作、书信中,马克思、恩格斯都没有明确对意识形态这一概念进行界定。正如有的学者所言,"尽管马克思具有博大精深、彪炳于世的意识形态思想,但这些思想却是散论式的、应景式的、论断式的,缺乏应有的论证阐发,更谈不上系统化、条理化、理论化"[①]。

根据相关学者对马克思主义意识形态科学内涵的深入研究,以及笔者对相关文本的研读,笔者认为,马克思、恩格斯的意识形态概念主要涵括否定批判维度的意识形态概念、人类历史维度的意识形态概念、占统治地位维度的意识形态概念和上层建筑维度的意识形态概念等四个方面的内容。

1.否定批判维度的意识形态概念

马克思、恩格斯在同以费尔巴哈、鲍威尔和施蒂纳为代表的青年黑格尔派以及社会主义者的论战中,旗帜鲜明地从否定批判的维度使用了意识形态的概念,目的就是要讽刺、回击以费尔巴哈、青年黑格尔派为代表的小资产阶级"意识形态家",而且还从认识论的角度揭批在当时德国大行其道的、荒谬的以黑格尔哲学为基础的唯心主义思辨哲学。

1845 年秋,马克思、恩格斯撰写《德意志意识形态》,直接的动机就是为了直面鲍威尔、施蒂纳在《维干德季刊》第三卷上发表的文章《路德维希·费尔巴哈的特性描写》《唯一者及其所有》中对他们的批判。马克思、恩格斯在

---

① 张志丹:《阶级意识:马克思意识形态概念的精神实质》,《社会科学》,2015 年第 11 期。

批判青年黑格尔派的学说的同时,进一步批判了卢格等空想社会主义者,并给鲍威尔、施蒂纳、卢格等授以"德意志意识形态家"的称号。马克思、恩格斯之所以将青年黑格尔派、德国的社会主义者称作"意识形态家",是因为他们这些人"使一切本末倒置"①,他们是"'概念'的生产者"②,他们"为了消除这种'自我规定着的概念'的神秘外观,便把它变成某种人物——'自我意识';或者,为了表明自己是真正的唯物主义者,又把它变成在历史上代表着'概念'的许多人物——'思维着的人'、'哲学家'、'意识形态家',而这些人又被看做是历史的制造者、'监护人会议'、'统治者'"③。也"正如德意志意识形态家们所宣告的, 德国在最近几年里经历了一次空前的变革⋯⋯一些原则为另一些原则所代替, 一些思想勇士为另一些思想勇士所歼灭⋯⋯据说这一切都是在纯粹的思想领域中发生的"④。马克思、恩格斯指出,"德国唯心主义和其他一切民族的意识形态没有任何特殊的区别。后者也同样认为思想统治着世界,把思想和概念看作是决定性的原则,把一定的思想看作是只有哲学家们才能揭示的物质世界的秘密"⑤。

马克思、恩格斯从认识论的角度,指出这些德意志意识形态家们不是从人们的实践出发,而是从幻想的观念出发,从而揭示了德意志意识形态家们颠倒、扭曲、虚假的认识论本质。"意识在任何时候都只能是被意识到了的存在,而人们的存在就是他们的现实生活过程。如果在全部意识形态中,人们和他们的关系就像在照相机中一样是倒立成像的,那么这种现象也是从人们生活的历史过程中产生的,正如物体在视网膜上的倒影是直接从人们生

---

① 《马克思恩格斯选集》(第一卷),人民出版社,2012 年,第 214 页。

② 《马克思恩格斯选集》(第一卷),人民出版社,2012 年,第 181 页。

③ 《马克思恩格斯选集》(第一卷),人民出版社,2012 年,第 182 页。

④ 《马克思恩格斯选集》(第一卷),人民出版社,2012 年,第 141~142 页。

⑤ 《马克思恩格斯全集》(第三卷),人民出版社,1960 年,第 16 页。

活的生理过程中产生的一样。"①马克思、恩格斯用相机成像的原理来说明了存在和意识的关系,揭示了意识形态的颠倒、扭曲和虚假。"如果这些个人的现实关系的有意识的表现是虚幻的, 如果他们在自己的观念中把自己的现实颠倒过来, 那么这又是由他们狭隘的物质活动方式以及由此而来的他们狭隘的社会关系造成的。"②也就是说,意识形态的颠倒、扭曲、虚假不是因人们认识本身出问题导致的, 而是因这些意识形态家们本身实践的狭隘、局限所致。这正如恩格斯在 1894 年 7 月 14 日给弗兰茨·梅林的回信中强调的那样,"意识形态是由所谓的思想家通过意识、但是通过虚假的意识完成的过程"③。

　　马克思、恩格斯在指出意识形态是颠倒的、虚假的认识论的本质时,并没有止步不前,而是从人们的实践基础出发,从事实判断的角度继续深入研究意识形态产生颠倒、虚假的深层次原因。马克思、恩格斯指出,人们的物质生产实践活动是意识形态得以产生的根本原因,同时,不仅政治、法律、道德等意识形态,而且人们的一切思想、观念和意识的产生都离不开人们的物质生产实践活动过程。"思想、观念、意识的生产最初是直接与人们的物质活动,与人们的物质交往,与现实生活的语言交织在一起的。人们的想象、思维、精神交往在这里还是人们物质行动的直接产物。表现在某一民族的政治、法律、道德、宗教、形而上学等的语言中的精神生产也是这样。人们是自己的观念、思想等等的生产者。"④

　　2.人类历史维度的意识形态概念

　　针对唯心主义思辨哲学将人类历史的发展史仅视为思想观念史的荒谬,马克思主义认为, 意识形态的发展史只是人类发展史其中的一个部分,

---

① 《马克思恩格斯选集》(第一卷),人民出版社,2012 年,第 152 页。
② 《马克思恩格斯选集》(第一卷),人民出版社,2012 年,第 151 页。
③ 《马克思恩格斯文集》(第十卷),人民出版社,2009 年,第 657 页。
④ 《马克思恩格斯选集》(第一卷),人民出版社,2012 年,第 151~152 页。

它是不可能脱离于人类发展史之外而独立存在的。"我们需要深入研究的是人类史,因为几乎整个意识形态不是曲解人类史,就是完全撇开人类史。意识形态本身只不过是这一历史的一个方面。"①以唯心主义哲学为指导的德国的小资产阶级意识形态家们,颠倒两者之间的正确关系,坚称人类的发展史是意识形态发展史中的一部分。

把意识形态归纳为人类历史发展的一个方面,这是马克思、恩格斯理解意识形态概念的又一维度。马克思、恩格斯认为,意识形态的产生与发展,是伴随着人类物质生活的发展而发展的。人类物质生活的生产方式制约着整个社会经济活动、政治生活和精神生活的过程,而不是相反。"从他们的现实生活过程中还可以描绘出这一生活过程在意识形态上的反射和反响的发展。甚至人们头脑中的模糊幻象也是他们的可以通过经验来确认的、与物质前提相联系的物质生活过程的必然升华物。因此,道德、宗教、形而上学和其他意识形态,以及与它们相适应的意识形式便不再保留独立性的外观了。它们没有历史,没有发展,而发展着自己的物质生产和物质交往的人们,在改变自己的这个现实的同时也改变着自己的思维和思维的产物。"②

人们生活周围的感性世界是历史的产物,而不是毫无根据凭空产生的。"周围的感性世界决不是某种开天辟地以来就直接存在的、始终如一的东西,而是工业和社会状况的产物,是历史的产物,是世世代代活动的结果。"③"思想、观念、意识的生产最初是直接与人们的物质活动,与人们的物质交往,与现实生活的语言交织在一起的。人们的想象、思维、精神交往在这里还是人们物质行动的直接产物。"④直到人类物质劳动和精神劳动分离形成真

---

① 《马克思恩格斯选集》(第一卷),人民出版社,2012年,第146页。
② 《马克思恩格斯选集》(第一卷),人民出版社,2012年,第152页。
③ 《马克思恩格斯文集》(第一卷),人民出版社,2009年,第528页。
④ 《马克思恩格斯选集》(第一卷),人民出版社,2012年,第151页。

正分工以后,"意识才能摆脱世界而去构造'纯粹的'理论、神学、哲学、道德等等"①。马克思、恩格斯强调,任何社会的意识形态都与先前的思想成果有着一定的继承关系,每一时代的社会意识都是在以往思想材料的基础上发展起来的。正如新的生产方式不是产生于虚无之中,而是在旧有的生产方式不断变化中产生出来一样,新的意识形态的形式总是以改变和克服旧有的思想观念的方式与其相联系。这一点,恩格斯在致康拉德·施米特的回信中也专门强调,"每一个时代的哲学作为分工的一个特定的领域,都具有由它的先驱传给它而它便由此出发的特定的思想材料作为前提"②。

意识形态作为人类发展史的一个方面,是人们开展社会活动的一个特殊领域。人们力求借助它来认识自己同社会现实的关系,提出社会行为的准绳和规范,确定社会运动的目标及理想;也借助它来认识和克服社会物质生活的变化及由此引起的社会冲突。马克思和恩格斯否定意识形态有独立发展的历史、反对把它当成历史的最终动因,但并没有否定过意识形态对历史所起的作用,没有否定意识形态自身具有的相对独立性和能动的反作用。马克思主义认为,当一个时代的生产关系转化为一定的意识形态时,它就会成为对历史起作用的因素,也就是对人类社会发展可能会起着助推或阻碍发展的作用。

3.占统治地位维度的意识形态概念

马克思、恩格斯从对德意志意识形态是由"狭隘的物质活动方式和社会关系"生成的虚假、颠倒的意识形态的否定维度批判入手,扩展为对整个资产阶级意识形态是"假象""幻相"的揭露批判。在对资产阶级意识形态进行揭露批判时,"占统治地位的思想"成为他们意识形态概念的又一种特殊含义。在这里,马克思、恩格斯对作为占统治地位思想的意识形态的考察,是同

---

① 《马克思恩格斯选集》(第一卷),人民出版社,2012 年,第 162 页。
② 《马克思恩格斯选集》(第四卷),人民出版社,2012 年,第 612 页。

对作为统治阶级的资产阶级的分析联系在一起的。因而,意识形态的本质、内涵及功能的表现都具有鲜明的阶级色彩。他们所用的与意识形态有关的"幻想""假象"等词汇,都是直接针对作为统治阶级的资产阶级意识形态而言的。

马克思、恩格斯从"统治阶级"和"统治思想"两者相互关联的基础上,阐述了占统治地位维度的意识形态概念。他们认为,如果一个阶级管控物质资料的生产,那这个阶级也必然控制这个社会的精神生产资料的生产,"占统治地位的思想不过是占统治地位的物质关系在观念上的表现,不过是以思想的形式表现出来的占统治地位的物质关系"。[①]"一个阶级是社会上占统治地位的物质力量,同时也是社会上占统治地位的精神力量。支配着物质生产资料的阶级,同时也支配着精神生产资料。"[②]因此,"统治阶级的思想在每一时代都是占统治地位的思想[③]。由于统治阶级的思想是这个阶级统治的观念表现和利益表达,所以这种思想在社会意识中就获得了自己的统治,成为拥有至高无上特权地位的意识形态。这种意识形态决定了与其相关的那些理论和观念体系的性质和特点,同时也是一种思想统治对其他思想进行排斥或排除的形式。从这一点上说,在马克思、恩格斯那里也包含着任何一个社会都不可能将多元意识形态作为指导思想的观点。另外,从关于占统治地位维度的意识形态阐述中可以看出,马克思、恩格斯较早地提出了意识形态领导权和阶级性立场问题,也正是通过对德意志意识形态这一样本的研究,揭示了其实践性特征和政治功能。

在阶级社会中,统治阶级的思想成为这个阶级社会中的统治思想,并不是一个自然而然、一蹴而就的过程,它需要一些"意识形态家"或"意识形态

---

① 《马克思恩格斯选集》(第一卷),人民出版社,2012年,第178页。
② 《马克思恩格斯选集》(第一卷),人民出版社,2012年,第178页。
③ 《马克思恩格斯选集》(第一卷),人民出版社,2012年,第178页。

阶层"做专门的创造研究和传播宣传工作,为他们的永久统治去编造蛊惑人心的"关于自身幻想"的谎言。马克思、恩格斯在论述统治阶级的意识形态时,也谈到了统治阶级内部存在着创造研究和传播宣传意识形态的"意识形态阶层"的问题。他们指出,在阶级社会的统治阶级体系中,"一部分人是作为该阶级的思想家出现的,他们是这一阶级的积极的、有概括能力的意识形态家,他们把编造这一阶级关于自身的幻想当做主要的谋生之道"①。这些人就是所谓的"意识形态阶级"或"意识形态阶层"。统治阶级之所以要通过这些意识形态阶层"编造"和"传播",目的就是要使本阶级的思想成为符合他们统治地位的意识形态。因为统治阶级推行的意识形态是要把整个阶级社会中的各个不同阶级整合、组织起来,使之成为整个社会的行为规范和活动指南,从而进行自觉的社会统治和治理;同时也为统治社会的合法性和正当性进行"粉饰"和"论证"。

另外,马克思、恩格斯也深刻地指出,资产阶级意识形态仍然是"假象""幻想","统治阶级的思想家或多或少有意识地从理论上把它们变成某种独立自在的东西,在统治阶级的个人的意识中把它们设想为使命等等;统治阶级为了反对被压迫阶级的个人,把它们提出来作为生活准则,一则是作为对自己统治的粉饰或意识,一则是作为这种统治的道德手段"②。也就是说,在资本主义社会中,作为统治阶级的资产阶级意识形态仍然是"假象""幻想"。这是因为,作为统治阶级的资产阶级打着代表人民群众公共利益的旗号,把本阶级的利益和思想谎称为代表全社会的利益、思想,企图使本阶级的统治思想成为普遍的社会统治思想。马克思主义认为,资产阶级的"意识形态阶层"或"意识形态阶级"由于他们"本末倒置"的历史观,总是把本阶级的原本是社会关系的"反射""反响"和"升华物"的意识形态,当作是"社会关系的创

---

① 《马克思恩格斯选集》(第一卷),人民出版社,2012年,第179页。
② 《马克思恩格斯全集》(第三卷),人民出版社,1960年,第492页。

造力和目的"。"关于这些思想家应当指出,他们必然会把事物本末倒置,他们认为自己的思想是一切社会关系的创造力和目的,其实他们的思想只是这些社会关系的表现和征兆。"①

4.上层建筑维度的意识形态概念

《德意志意识形态》是马克思、恩格斯系统论述唯物主义历史观的重要文本,在文中明确地把意识形态作为历史唯物主义的基本范畴和社会结构的要素之一,也就是把它作为同经济基础和政治的上层建筑相对应的一个历史唯物主义的重要范畴,即意识形态是"观念的或思想的上层建筑"。

在《德意志意识形态》及以后的著作文本中,马克思、恩格斯认为,任一社会形态都是主要由经济基础和上层建筑这两个结构要素构成的有机统一体。"市民社会这一名称始终标志着直接从生产和交往中发展起来的社会组织,这种社会组织在一切时代都构成国家的基础以及任何其他的观念的上层建筑的基础。"②这里的市民社会就是指人们的经济等社会活动构成的经济基础。经济基础是人们在生产、生活、交往过程中所形成的生产关系的总和;上层建筑主要包括政治的上层建筑和观念的(意识形态)上层建筑两个方面。政治的上层建筑是由法律与政治制度构成的,譬如政府、监狱、警察、军队等设施;观念的(意识形态)上层建筑是由法律和政治思想构成的,譬如哲学、政治、宗教、道德、文化、艺术、经济等意识形态诸形式。政治的上层建筑和观念的上层建筑都是由经济基础决定的,两者都受经济基础的制约。在《路易·波拿巴的雾月十八日》中,马克思进一步指出了观念的上层建筑是耸立在一定的经济基础之上的,"在不同的财产形式上,在社会生存条件上,耸立着由各种不同的,表现独特的情感、幻想、思想方式和人生观构成的整个

---

① 《马克思恩格斯全集》(第三卷),人民出版社,1960年,第492页。
② 《马克思恩格斯选集》(第一卷),人民出版社,2012年,第211页。

上层建筑"①。

在 1859 年撰写的《〈政治经济学批判〉序言》中，马克思又对意识形态是观念的上层建筑这一基本内涵作了经典性论述。"人们在自己生活的社会生产中发生一定的、必然的、不以他们的意志为转移的关系，即同他们的物质生产力的一定发展阶段相适合的生产关系。这些生产关系的总和构成社会的经济结构，即有法律的和政治的上层建筑竖立其上并有一定的社会意识形式与之相适应的现实基础。……随着经济基础的变更，全部庞大的上层建筑也或慢或快地发生变革。"②也就是说，观念上层建筑是伴随着经济基础的变化而不断变化的。当然这种变化不是同步、同方向的一齐变化，具体到某一时期或某一个社会中，观念的上层建筑的变化与经济基础的变化相比，有可能有时快、有时慢，也有时候与其同步变化。

马克思、恩格斯在其唯物史观中，不仅仅对观念的上层建筑的产生机制作了描述，而且对观念的上层建筑作了动态考察，揭示了它产生的基础和决定因素，深刻说明了观念的（意识形态）上层建筑具有的相对的独立性和反作用力的特征。面对一些非难和诘责时，恩格斯更是补充和完善了观念的（意识形态）上层建筑的独立性特点。1890 年 10 月，恩格斯在回复康拉德·施米特的来信中强调，"而这种颠倒——在它没有被认识的时候构成我们称之为意识形态观点的那种东西——又对经济基础发生反作用，并且能在某种限度内改变经济基础，我认为这是不言而喻的"③。恩格斯在后来的《反杜林论》《社会主义从空想到科学的发展》《致约·布洛赫的信》等著作和书信中，着重研究了观念的上层建筑对经济基础的反作用，以及它的相对独立性的内涵，捍卫了马克思的意识形态思想。

---

① 《马克思恩格斯选集》（第一卷），人民出版社，2012 年，第 695 页。

② 《马克思恩格斯选集》（第二卷），人民出版社，2012 年，第 2~3 页。

③ 《马克思恩格斯选集》（第四卷），人民出版社，2012 年，第 611 页。

(二)西方学者对意识形态概念的解释

第二次世界大战后,关于意识形态的研究在西方学术界形成了热潮,西方学者卢卡奇、柯尔施、葛兰西、马尔库塞、阿尔都塞、哈贝马斯、曼海姆、波德里亚等人都对意识形态做出了不同角度的内涵概括:

乔治·卢卡奇(1885—1971,匈牙利哲学家、文学批评家)的"阶级意识"。被誉为"20世纪马克思主义哲学的最高成就""西方马克思主义的开创者""现代马克思主义典范"的卢卡奇,撰写了被公认为西方马克思主义者"圣经"的理论著作——《历史与阶级意识》。《历史与阶级意识》是卢卡奇在总结当时中西欧国家革命斗争的经验教训基础上写成的,包括《什么是正统的马克思主义》《阶级意识》《物化和无产阶级意识》《罗莎·卢森堡的马克思主义》《历史唯物主义变化着的功能》《对罗莎·卢森堡的〈俄国革命批判〉的批判性考察》《合法性和非法性》和《关于组织问题的一种方法论》等论文。卢卡奇在文中从物化意识和合法性问题入手,在揭示资本主义国家资产阶级意识形态本质的同时,重点探究了无产阶级意识形态的危机及其实质,进而把无产阶级意识形态的地位和重要性提到了前所未有的高度,卢卡奇盛赞马克思主义意识形态是"既能从思想上为解决这些冲突(社会冲突)提供客观的科学基础,又能从思想上为自在的人类转变为自为的人类指明合乎人性、合乎人类的发展前景"[①]。

卢卡奇把意识形态理解为一个中性的、描述性的概念,他将意识形态视为一种非经济的因素,但又是一定的经济关系在人们思维中的意识体现,"如果经济是社会的最重要的形式,是推动人类社会发展的真正驱动力,那么它必然会以非经济的、意识形态的方式进入人们的思想"[②]。同时,卢卡奇

---

① [匈]卢卡奇:《关于社会存在的本体论》(下),重庆出版社,1993年,第613页。

② [匈]卢卡奇:《历史与阶级意识》,1971年英文版,第252页。

还强调意识形态自身巨大的反作用力，坚持用马克思主义经典作家的辩证法来把握意识形态和经济关系之间的复杂变化，"'意识形态'问题和'经济'问题就不再相互排斥，而是密切地联系起来了。"①卢卡奇认为，研究意识形态问题应该与一定的社会历史条件具体地结合起来加以对待。他在分析资产阶级意识形态时表现得尤为突出，从"18世纪末资产阶级意识形态是强大的、不可战胜的"，到"19世纪随着无产阶级的兴起，当初资产阶级反对封建主义的武器倒过来指向他本身"②，导致资产阶级的意识形态逐渐被削弱，而无产阶级的意识形态逐步兴起。卢卡奇认为，无产阶级意识形态的兴起正是马克思、恩格斯历史唯物主义理论发挥作用的生动体现，"什么是历史唯物主义？它无疑是一种科学的方法，凭借这种方法，人们能够理解过去的各种事件并掌握它们的真实的本质"③。也就是说，历史唯物主义是一种特殊的意识形态，是无产阶级批判资产阶级意识形态、认清资本主义社会本质的思想武器。"这种意识形态的问题本身不外乎是现实社会客观的经济关系的科学表达。"④

当然，卢卡奇的意识形态论也有着自身的局限性。卢卡奇认为，资本主义社会的阶级意识问题终究只是意识本身的问题，与之相关的现实制度问题则不是他关注的核心问题。因此，卢卡奇的研究实质上脱离了历史和现实，简单地把物化与异化问题等同起来，以总体的优先性取代经济的优先性，过分夸大了意识形态在人们的生产活动交往过程中的实际作用，最终不可避免地走向了经济宿命论的对立面——极端意志主义。

卡尔·柯尔施(1886—1961，美国哲学家)的"意识形态专政"。柯尔施是西方马克思主义的早期代表人物，也非常重视对意识形态问题的研究，《马

---

① ［匈］卢卡奇：《历史与阶级意识》，1971年英文版，第34页。
② ［匈］卢卡奇：《历史与阶级意识》，1971年英文版，第252页。
③ ［匈］卢卡奇：《历史与阶级意识》，1971年英文版，第224页。
④ ［匈］卢卡奇：《历史与阶级意识》，1971年英文版，第229页。

克思主义与哲学》是其研究论述意识形态问题的重要著作。在《马克思主义与哲学》中,柯尔施对马克思主义意识形态理论做了比较全面的总结陈述,在分析马克思主义与哲学的内在关联基础上,阐述了意识形态批判特别是对资产阶级意识形态批判的必要性,明确指出资产阶级的意识形态只能依靠科学社会主义理论与其斗争才能使其走向消亡,并严厉驳斥了第二国际庸俗的马克思主义者对马克思主义意识形态理论的种种歪曲,强调了无产阶级意识形态领导权在革命斗争时期及其执政后的重要性。

柯尔施认为,马克思主义是一个有生命的、具有总体性特征的社会发展理论和革命理论。他依据马克思主义的社会理论分析了资本主义社会的运行特征,对资本主义社会中诸如经济等方面进行了深刻批判,强调了意识形态斗争在马克思主义学说中的重要地位,"资产阶级经济关系到作为总体的资本主义社会的物质生产关系。这一总体也包括政治的和法的代表以及外观上的被资产阶级的政治学家和法学家以意识形态的颠倒方式称之为自主的本质的东西。最后,它也包括资本主义社会的艺术、宗教和哲学这些较高的意识形态"[1]。"马克思的发展能够被概括如下:它首先从哲学上批判宗教,然后从政治上批判宗教和哲学,最后,从经济上批判宗教、哲学、政治和所有其他的意识形态。"[2]柯尔施在同庸俗的马克思主义者的批驳中,旗帜鲜明地指出意识形态不是社会历史中无足轻重的现实存在,无产阶级在社会革命中,不能忽视意识形态因素的重要性和必要性,不能忽视和放弃在意识形态领域里同资产阶级的斗争。他还强调了无产阶级在革命成功掌握政权后的"意识形态专政"问题,也就是意识形态文化领导权的问题,这对新时代我国的意识形态治理和增进马克思主义意识形态认同具有重要的现实指导意义。

安东尼奥·葛兰西(1891—1937,意大利思想家、共产主义创始人)的"意

---

① [美]柯尔施:《马克思主义与哲学》,1970年英文版,第96页。

② [美]柯尔施:《马克思主义与哲学》,1970年英文版,第85页。

识形态领导权"。葛兰西也是西方早期马克思主义者的代表人物,他在研究意大利社会革命斗争的情况中,系统地探讨了政党、国家、哲学、文化、意识形态等问题。在他的代表性著作《狱中札记》中,葛兰西批判了仅把意识形态看作是经济基础附带的、机械的、消极反应的第二国际的经济主义思潮,强调了意识形态领导权问题在无产阶级革命斗争中的重要地位。

葛兰西认为,意识形态不是单一个体的观点,而是"一种在艺术、法律、经济行为和所有个体的及集体的生活中含蓄地显露出来的世界观"①。他认为,马克思、恩格斯仅仅是在和唯心主义哲学论战时才将意识形态视为颠倒、虚假的意识,实际上马克思、恩格斯也强调过意识形态是一种现实的力量、具有强大的反作用力,"在这个领域里,人们活动着、斗争着,并获得关于他们自己地位的意识"②。也就是意识形态具有强大的实践功能。关于意识形态在社会结构中的层次问题,葛兰西提出了不同于马克思、恩格斯的观点。在社会结构中,葛兰西认为意识形态是第三位,即"社会生产—经济基础—市民社会(意识形态)—政治社会(政治的上层建筑)"。葛兰西认为,资本主义社会资产阶级的统治不是依靠政治社会(马克思、恩格斯所说的政治的上层建筑),而是依靠资产阶级广泛宣扬的"民主、自由"的世界观、价值观来施行统治的;同时,葛兰西还指出,知识分子是传播"有组织的意识形态"的主体,教会、学校、宣传机构、工会等组织团体是传播意识形态的物质载体。科拉科夫斯基在评价葛兰西"意识形态领导权"思想的功绩时,高度赞扬了他的意识形态领导权思想。"无论如何,在葛兰西的学说中,这是一个重要的论点,即工人们只有在获得文化'领导权'之后,才能获得政治上的权力。"③尽管葛兰西没有建立系统的意识形态理论,但他对意识形态施以了新的内涵,

---

① [意]葛兰西:《狱中札记》,1971年英文版,第328页。

② [意]葛兰西:《狱中札记》,1971年英文版,第377页。

③ 俞吾金:《意识形态论》,上海人民出版社,1997年,第243页。

重新阐述了意识形态在社会结构中的特殊地位及其领导权的问题，这些研究对后续的意识形态理论研究意义重大，对当今的文化建设和意识形态认同研究也有着重要的现实指导意义。

赫伯特·马尔库塞(1898—1979,美国哲学家、社会学家、结构主义创始人)的"工艺的合理性"。马尔库塞是法兰克福学派的重要代表人物,是研究工业社会国家意识形态问题的著名人物,代表作是《单向度的人:对发达工业社会意识形态的研究》,工艺的合理性是马尔库塞赋予意识形态概念的新内核。

马尔库塞认为,随着发达工业社会国家科学技术的日益进步,意识形态并没有伴随着科技的日趋进步而逐步消亡,"发达的工业文化"反而是在融于社会的生产过程中继续支配着人们的思想,"把意识形态吸收到实在中去并不标志着'意识形态的终结'。相反,在一个特定的意义上,发达的工业文化是比以前的文化更意识形态的,因为在今天,意识形态是在生产过程本身中。这一见解以富于刺激的形式揭示了普遍的工艺的合理性的政治方面"[①]。也就是说,在发达资本主义工业社会中,工艺的合理性不仅仅是一般的意识形式,而且已转变为政治意识形式的合理性基础,这也就是马尔库塞反复强调的,"工艺的合理性转变为政治的合理性"。即通过科学的管理和组织协调,工艺的合理性已经完全渗透到人们的观念、生产、交往等各个方面,使得人们安于社会现状而逐渐失去了理性的批判能力。为此,马尔库塞警示人们注意来自"工艺拜物教"的威胁,警示人们不要成为自己生产的物的附庸或工具,"人们在自己(生产)的商品中认出了自己——在自己的汽车、高保真音响设备、错层式的住宅和厨房设备中发现了自己的灵魂"[②]。

---

① 俞吾金:《意识形态论》,上海人民出版社,1997年,第270~271页。

② [法]赫伯特·马尔库塞:《单向度的人:对发达工业社会意识形态的研究》,1964年英文版,第9页。

马尔库塞揭示了发达工业社会国家的"工艺的合理性"这一意识形态的本质,对于西方意识形态理论的发展有着重要的进步意义,但是他对于发达工业社会国家的意识形态批判仍然具有理想主义的色彩,希冀通过精神上的批判来改造抑或消除资本主义意识形态是不切实际的,也是不可能实现的。

路易·阿尔都塞(1918—1990,法国哲学家)的"意识形态的国家机器"。阿尔都塞是结构主义的马克思主义者,他关于意识形态方面研究的代表作是《保卫马克思》《意识形态和意识形态国家机器》,阿尔都塞结合心理分析流派的无意识理论和马克思、恩格斯生产关系的再生产理论,创造性地提出了"意识形态国家机器"的新概念,深化了对意识形态自身本质的理解。

阿尔都塞认为,"意识形态是在社会中历史地存在并发挥着作用,具有一定的逻辑和严格的表象(意象、神话、观念)体系"①,并具有普遍性、实践性、虚幻性、强制性和阶级性等功能特征。他把宗教、法律、学校教育、家庭、政治团体、文化艺术、宣传机构等纳入意识形态国家机器,并且认为意识形态的国家机器是政治国家机器得以存在和发展的前提和基础,"没有一个在意识形态国家机器之中并在它之上发挥作用的领导权,任何阶级都不可能在长时间内掌握国家权力"②。同时,阿尔都塞还指出,学校教育是意识形态国家机器中最为重要的环节,强调了学校教育在推进认同建设中的重要地位。"事实上,在今天,学校已经取代了教会,作为占优势的意识形态国家机器发挥着作用。"③通过学校教育这一"意识形态的国家机器",将意识形态思想融入个体的观念和行为中,使得每一个体成为拥有意识形态符合特征的行为主体,这也就是阿尔都塞所说的"人本质上是一个意识形态动物"。

阿尔都塞对于意识形态是"国家机器"的新理解及"人是意识形态的动

---

① [法]路易·阿尔都塞:《保卫马克思》,1977 年英文版,第 231 页。

② 俞吾金:《意识形态论》,上海人民出版社,1997 年,第 293 页。

③ 俞吾金:《意识形态论》,上海人民出版社,1997 年,第 293 页。

物"的新观点,以及他阐述意识形态的实践功能及强制性特征,深化了人们对意识形态本质属性的理解和它在经济社会中占据的重要地位和影响力。阿尔都塞在意识形态方面研究的历史贡献,正如拉雷所说的那样,"阿尔都塞对意识形态作了最有影响的探讨"。

尤尔根·哈贝马斯(1929—,德国哲学家、社会学家)的"科学技术意识形态"。哈贝马斯也是法兰克福流派的代表人物,他关于意识形态理论研究的代表作主要有《作为"意识形态"的科学技术》《社会科学的逻辑》。他针对资本主义工业社会的特征和科学技术的发展状况,提出了科学技术既是第一生产力,其本身也是意识形态的新论断。

哈贝马斯认为,技术统治"作为今天占统治地位的,更细微的背景意识形态,使科学技术成了比旧的意识形态的类型更难以抗拒的,更具深远影响的偶像。因为它不仅以实际问题的面纱作掩蔽,证明了一个确定的阶级的统治利益是正当的而且压制了来自另一个阶级的寻求解放的部分需要,而且也说出了寻求解放的这一类人的利益"①。也就是说,科学技术这一意识形态,通过非政治的意识形态形式,润物细无声地维护了资产阶级统治的合法性和正当性,并且又压制和消解了被统治阶级寻求解放的想法和行为。哈贝马斯指出,科学技术这种"更细微的背景意识形态"给资本主义国家的人民群众造成了严重的"自我物化"的后果,"把社会观念从交往行为的关系体系和以符号为媒介的相互作用的概念中分离出来,并用一种科学的思想样式取而代之。同样地,在目的合理的行为和适应性的态度下形成起来的人的自我物化取代了社会生活世界的确定的文化观念"②。这就是说,科学技术这一意识形态所蕴含的物化意识,使得人们交往的合理性遭到了损害。哈贝马斯希望通过对科学技术这一意识形态进行批判,从而扬弃人的日益自我物化

---

① 俞吾金:《意识形态论》,上海人民出版社,1997年,第300页。

② [德]尤尔根·哈贝马斯:《作为"意识形态"的科学技术》,1970年德文版,第81~82页。

状况并实现人性的真正解放。

　　一定意义上说，哈贝马斯提出的"科学技术意识形态"新论断升华了对意识形态概念的理解，客观地描述了资本主义社会意识形态的新变化和新特征，有着重要的进步意义。但更为重要的是，这种新论断维护了资本主义社会资产阶级统治的合法性和正当性，哈贝马斯希冀通过批判科学技术这一意识形态来实现人类的真正解放、自由的交往的思想是难以实现的，原因在于他并没有触及资本主义社会的根本矛盾。

　　卡尔·曼海姆(1893—1947，德国社会学家)的"总体的意识形态"。曼海姆是德国知识社会学思潮的重要代表人物，著有《意识形态与乌托邦》。在《意识形态与乌托邦》中，他基于知识社会学理论的视域，阐述了关于意识形态问题研究的"个别的意识形态概念"和"总体的意识形态概念"观点。

　　曼海姆认为，"个别的意识形态"，是直接出于一定的利益需求而采取的遮蔽、欺骗手段，是"敌对者"基于一定的利益需求而故意掩盖客观事实的意识形态，人民群众对"敌对者"的个别(特殊)的意识形态并不认同和真心接受。"人们不愿意相信敌对者规定的观念、表象。这些观念、表象之所以被敌对者所坚持，或多或少地是出于对一个事实状况的有意识地掩盖，而关于这一事实的真实认识是不符合敌对者的利益的。"[①]"总体的意识形态"，是指"人们能够谈论一个时代或一个以社会历史的方式具体地确定了的团体(阶级)的意识形态，指的正是这个时代或这个团体的总体的意识样式的特征、状态"[②]。也就是，总体的意识形态是统治阶级或团体为了维护阶级或团体利益，在社会现实基础上形成的群体性的、总体性的，并能反映社会历史规律的总体的意识形态。曼海姆基于知识社会学视域考察了意识形态的概念内涵，创造性地揭示"个别的意识形态"和"总体的意识形态"这两者既有区别

---

① ［德］卡尔·曼海姆：《意识形态与乌托邦》，1929年德文版，第53页。

② ［德］卡尔·曼海姆：《意识形态与乌托邦》，1929年德文版，第54页。

又有内在联系的新概念内涵。

曼海姆基于知识社会学的理论知识,首先把一切知识都看成意识形态,同时又把意识形态与党派、阶级的立场分离开来,并把他们看作是对"存在的联系"的思考,也就是把意识形态的阶级性特征转变为价值上的中立;然后从形而上学的视角引入新的价值立场,再把意识形态赋予新的价值,这也就不可避免地造成了曼海姆的意识形态思想披上了形而上学的外衣。曼海姆的超阶级、超党派的总体的意识形态观,只不过是表明了他主张的一种纯粹的资产阶级意识形态的立场。

波德里亚(1929—2007,法国哲学家、社会学家、后现代理论家)的"符号意识形态"。波德里亚是后现代主义思潮中的重要代表人物,著有《物体系》《消费社会》《符号政治经济学批判》等代表作。波德里亚把符号学理论融入马克思主义相关理论来研究资本主义社会的意识形态,并指出资本主义社会的意识形态是利用物质文化和指意系统来表达其控制力和影响力,也就是符号的意识形态,诸如媒介意识形态、广告意识形态、大众文化意识形态等。

符号,是由社会中的某种形象、姿态、乐音、饰物等基本要素组成的感性符号系统和媒介传播符号系统。波德里亚认为,随着后工业社会经济文化的变迁,社会变迁的一个特征是从生产社会走向了消费社会,消费业已成为当代西方社会的主题性话语和主导性符号系统。在以消费为特征的当代资本主义社会里,统治阶级通过诱导、激起人们的理性或非理性消费需求,使得人们仅仅关注到某种形象、姿态、乐音、饰物等符号本身,而无暇关注符号背后所蕴藏的资本主义社会的意识形态功能。波德里亚在《符号政治经济学批判》中写道:"意识形态发挥作用的地方并不在那些被各种不同上层建筑所反映出来的异化了的意识之中,而是存在于各个层面的结构性符码的普遍化之中。"①"商品直接作为一种符号,作为一种符号的价值被生产出来,同时符号(文化)也作为一种商品被生产出来。"②"这个世界是一个通过符号才能被发现,才能被阐释的世界——也就是说,可以任意地被操控,具有可操控性。"③其实,这也就是以消费为特征的资本主义社会意识形态发挥功能性作用的工作进程。正如他在《消费社会》中指出的那样,"消费社会宛如被围困的、富饶而又受威胁的耶路撒冷。其意识形态就产生于此"④。统治阶级通过面向无产阶级的消费驯化、培训后,使得人民群众盲目的消费行为被掩饰成了群体性的正常行为,成为"一种主动的集体行为,是一种约束、一种道德、一种制度。它完全是一种价值体系,具备这个概念所必需的集团一体化及社会控制功能"⑤。这样一来,资本主义社会中人们的消费行为,最终沦为与资本主义垄断性经济体系相适应的一种具有符合特征的社会化、群体化的模式行为。

　　总的来说,波德里亚推动了意识形态研究走向符号学的研究,是当前的人们认识资本主义社会意识形态的一次重要升华,极大丰富了资本主义意识形态的内涵。通常我们只将意识形态看作统治阶级意识在社会政治领域的意志体现,而忽视了意识形态也是作为一种符号性、编码性的社会存在遍布于我们日常生活中。波德里亚的符号意识形态思想,对我们当今社会主义社会的意识形态治理,以及与资本主义意识形态争夺话语权进而巩固马克思主义意识形态指导地位具有重要的指导意义,对于人民群众尤其是青年群体树立正确的消费观点,杜绝被消费主义与享乐主义裹挟,引导人民群众认清资本主义意识形态的本质有着重要的借鉴意义。

---

① [法]波德里亚:《符号政治经济学批判》,夏莹译,南京大学出版社,2009年,第79页。
② [法]波德里亚:《符号政治经济学批判》,夏莹译,南京大学出版社,2009年,第143页。
③ [法]波德里亚:《符号政治经济学批判》,夏莹译,南京大学出版社,2009年,第152页。
④ [法]波德里亚:《消费社会》,刘成富等译,南京大学出版社,2000年,第14页。
⑤ [法]波德里亚:《消费社会》,刘成富等译,南京大学出版社,2000年,第72页。

（三）马克思主义经典作家对意识形态概念理解的升华

列宁（1870—1924,苏联政治家、思想家、革命家）意识形态理论。列宁是坚定的马克思主义者,他在继承马克思、恩格斯意识形态理论和普列汉诺夫等人的意识形态理论基础上,依据当时帝国主义的时代特征和苏联的社会实际状况,从中立性的角度提出了意识形态是一个描述性的概念,指出马克思、恩格斯的意识形态理论是一个科学的意识形态概念,并科学分析了马克思、恩格斯意识形态理论的特征及其功能。列宁的"科学的意识形态"这一重要论述,是对马克思、恩格斯意识形态理论的一个重大的、历史性的贡献,不仅影响了西方马克思主义诸多学者的相关研究,而且还对当时相继成立的社会主义国家的意识形态治理和建设发挥了重要的指导作用。

列宁的意识形态理论主要体现在他的论著和笔记中,如《怎么办?》《进一步、退两步》《马克思主义和修正主义》《唯物主义和经验批判主义》《帝国主义是资本主义的最高阶段》《关于无产阶级文化》《论战斗唯物主义的意义》《论粮食税》《马克思学说的历史命运》和《什么是"人民之友"以及他们如何攻击社会民主党人?》等。马克思、恩格斯意识形态理论是科学的意识形态这一论断,首见于列宁的《唯物主义和经验批判主义》著作中,"任何思想体系都是受历史条件制约的,可是,任何科学的思想体系(例如不同于宗教的思想体系)都和客观真理、绝对自然相符合,这是无条件的"[1]。

另外,列宁还对意识形态的科学性与否提出了判断标准,"是否符合现实社会经济发展过程为学说的最高的和唯一的标准"[2],也就是意识形态是否契合于人类社会历史发展的客观规律和实践要求。列宁还将马克思、恩格斯意识形态的阶级性提高到党性的原则,"哲学上的党派斗争,这种斗争归

---

[1] 《列宁选集》(第二卷),人民出版社,1995年,第96页。
[2] 《列宁选集》(第一卷),人民出版社,1995年,第325页。

根到底表现着现代社会中敌对阶级的倾向和思想体系"①。对于开展意识形态宣传教育工作，列宁对无产阶级的意识形态宣传提出党性要求，"社会主义无产阶级应当提出党的出版物的原则，发展这个原则，并且尽可能以完备和完整的形式实现这个原则"②。

针对无产阶级难以自发产生科学地指导理论，列宁提出了著名的意识形态"灌输论"，并阐明了灌输的目的、灌输的内容、灌输依靠的力量和灌输的标准。"资产阶级思想体系的渊源比社会主义思想体系久远得多，它经过了更加全面的加工，它拥有的传播工具也多得不能相比。"③"工人本来也不可能有社会民主主义的意识。这种意识只能从外面灌输进去，各国的历史都证明：工人阶级单靠自己本身的力量，只能形成工联主义意识。"④"要使工人运动脱离这种投到资产阶级羽翼下去的工联主义的自发趋势，而把它吸引到革命的社会民主党的羽翼下来。"⑤要把革命的社会主义思想体系教育灌输给工人阶级，只能"从外面灌输给工人，即只能从经济斗争外面，从工厂同厂主的关系范围外面灌输给工人"⑥。列宁指出，在工人阶级中灌输社会主义意识形态理论要依靠革命的知识分子和无产阶级政党，也就是革命的知识分子和无产阶级政党，承担着将马克思主义意识形态"输送到在资本主义关系的基础上自发地发展起来的无产阶级的阶级斗争中去的"⑦历史任务。在工人阶级中传播马克思主义意识形态理论时，列宁指出，要"坚决抛弃难懂的术语，外来语，背的烂熟的、现成的但是群众还不懂、还不熟悉的口号，决定和

---

① 《列宁选集》(第二卷)，人民出版社，1995年，第240页。

② 《列宁选集》(第一卷)，人民出版社，1995年，第663页。

③ 《列宁全集》(第6卷)，人民出版社，1986年，第40页。

④ 《列宁选集》(第一卷)，人民出版社，1995年，第317页。

⑤ 《列宁选集》(第一卷)，人民出版社，1995年，第327页。

⑥ 《列宁全集》(第6卷)，人民出版社，1986年，第76页。

⑦ 《列宁全集》(第6卷)，人民出版社，1986年，第352页。

结论等一系列重炮。……要善于运用掌握的事实和数字,不要讲空话,不要讲大话"①。并提出了"最高限度的马克思主义＝最高限度的通俗化"②的传播、灌输标准,以增进广大人民群众对马克思主义意识形态的理解和深度认同。

列宁提出的意识形态科学性标准、灌输论、党的出版物原则、灌输内容的通俗化要求等,推动了马克思主义意识形态理论的发展和完善,对后建立的社会主义国家的意识形态治理和建设发挥了重要的指导作用。时至今日,列宁的意识形态相关思想对于新时代我国的意识形态认同建设和治理依然有着重大的理论借鉴和现实指导意义。

毛泽东(1893—1976,无产阶级革命家、战略家、理论家,伟大的马克思主义者)意识形态理论。毛泽东是中国共产党和新中国的主要缔造者和领导人,无论是在战火纷飞的革命年代,还是在困境重重的新中国建设时期,他始终因地制宜结合中国社会实践的具体状况,坚持辩证理解、不断发展完善马克思主义意识形态理论,并赋予马克思主义意识形态理论中国化色彩,将马克思主义意识形态理论推向了新的历史高度,尤其是凸显了意识形态鲜明的阶级性属性、相对独立性特征和极端重要性的地位,为新民主主义革命的胜利和新中国的发展建设提供了坚强的思想保障。

《新民主主义论》是毛泽东阐述其意识形态思想的重要著作,他在《新民主主义论》中并没有直接使用"意识形态"这一词汇,而是使用了和意识形态内涵相关的"文化""思想体系""理论"和"观念形态"等词语,来阐述其对马克思主义意识形态理论的理解和个人的意识形态观。毛泽东指出了文化、政治和经济这三者间的内在关系,着重强调了文化所具备的既是政治经济的反映又反作用于政治经济的基本功能,"一定的文化(当作观念形态的文化)是一定社会的政治和经济的反映,又给予伟大影响和作用于一定社会的政

①《列宁全集》(第14卷),人民出版社,1988年,第89页。
②《列宁全集》(第36卷),人民出版社,1959年,第468页。

治和经济；而经济是基础，政治则是经济的集中的表现。这是我们对于文化和政治、经济的关系及政治和经济的关系的基本观点"①。"共产主义是无产阶级的整个思想体系，同时又是一种新的社会制度。这种思想体系和社会制度，是区别于任何别的思想体系和任何别的社会制度的，是自有人类历史以来，最完全最进步最革命最合理的。"②"至于新文化，则是在观念形态上反映新政治和新经济的东西，是替新政治新经济服务的。"③"没有资本主义经济，没有资产阶级、小资产阶级和无产阶级，没有这些阶级的政治力量，所谓新的观念形态，所谓新文化，是无从发生的。"毛泽东还对文化思想建设奠定了根本的发展基调和提出了明确的要求，他指出，"以社会主义为内容的国民文化必须是反映社会主义的政治和经济的"④。

毛泽东最早使用"意识形态"这一概念，是 1938 年他在《读李达著〈社会学大纲〉一书的批注》的阅读批注中写道："社会意识形态是理论上再造出现实社会。"⑤这也就是强调意识形态具有能动的重要功能，意识形态不仅仅是对客观社会存在的现实反映，而且它能够指导现实社会的建设与发展。1939年，毛泽东在研读《读艾思奇编〈哲学选辑〉一书的批注》时写道，"哲学是一定阶级的意识形态的集中体现"⑥。这也就是继承发展了列宁提出的哲学中的党性思想问题，再次阐明了哲学、阶级和意识形态的关系，以及意识形态具有的鲜明的阶级性属性。

毛泽东非常重视和强调意识形态的阶级属性。1925 年，毛泽东在其著作《中国社会各阶级的分析》中，坚持运用马克思主义阶级理论的分析方法，深

---

① 《毛泽东选集》(第二卷)，人民出版社，1991 年，第 663~664 页。

② 《毛泽东选集》(第二卷)，人民出版社，1991 年，第 686 页。

③ 《毛泽东选集》(第二卷)，人民出版社，1991 年，第 695 页。

④ 《毛泽东选集》(第二卷)，人民出版社，1991 年，第 705 页。

⑤ 《毛泽东哲学批注集》，中央文献出版社，1988 年，第 210 页。

⑥ 《毛泽东哲学批注集》，中央文献出版社，1988 年，第 310 页。

刻分析了旧中国社会中不同阶层对待革命的态度及其所处的经济社会地位,为革命党团结可以团结的阶层力量——"真正的朋友"去攻击"真正的敌人"指明了根本方向。正如文中他开宗明义地写道的那样,"谁是我们的敌人?谁是我们的朋友?这个问题是革命的首要问题"①。在《新民主主义论》中,毛泽东指出,"在阶级存在的条件之下,有多少阶级就有多少主义,甚至一个阶级的各集团中还各有各的主义。"②这也就是不同的阶级有着不同的政治、经济、文化主张;新中国成立前夕,毛泽东在其《论人民民主专政》中指出,民主是对人民内部的民主,而专政是对敌对势力和反动派的专政,从意识形态的层面统一了广大人民群众和各民主党派人士对共产党领导的新中国的认识,为百业待兴、百废待举的新中国走上快速发展的道路奠定了强大的思想基础。社会主义三大改造完成后,针对国际国内形势出现的新变化和新问题,毛泽东在国务会议扩大会议上发表了题为"关于正确处理人民内部矛盾的问题"的重要讲话,在讲话中他强调了意识形态领域斗争的复杂性和长期性,"我国社会主义和资本主义之间在意识形态方面的谁胜谁负的斗争,还需要一个相当长的时间才可以解决。……作为阶级的意识形态,还要在我国长期存在。如果对于这种形势认识不足,或者根本不认识,那就是犯重大的错误,就会忽视必要的思想斗争。"③

坚持和发展马克思主义意识形态阶级理论,是毛泽东意识形态思想的一个重要特征,除此之外,毛泽东对完善和发展党对意识形态的领导思想和意识形态的极端重要性地位也有着重要的历史贡献。关于坚持党对意识形态的领导思想及实施路径,毛泽东指出,我们必须以"党的正确政策"和"模范工作"去凝聚、去团结人民群众,而不能空喊口号,强逼人民群众去认同、

---

① 《毛泽东选集》(第一卷),人民出版社,1991年,第3页。
② 《毛泽东选集》(第二卷),人民出版社,1991年,第687页。
③ 《毛泽东文集》(第七卷),人民出版社,1999年,第231页。

去服从。"所谓领导权,不是要一天到晚当作口号去高喊,也不是盛气凌人地要人家服从我们,而是要以党的正确政策和自己的模范工作,说服和教育党外人士,使他们愿意接受我们的建议。"①针对有理论工作的干部而没有组成专门的理论队伍现状,提出了要组建一支专门的理论队伍尤其是要组建一支强大的理论队伍,"我们要作出计划,组成这么一支强大的理论队伍,有几百万人读马克思主义的理论基础,即辩证唯物论和历史唯物论,反对各种唯心论和机械唯物论"②。毛泽东在《论联合政府》中,将意识形态工作提高到了一个新的历史高度,并用"伟大政治斗争的中心环节"来凸显意识形态工作的极端重要性,"掌握思想教育,是团结全党进行伟大政治斗争的中心环节。如果这个任务不解决,党的一切政治任务是不能完成的"③。

第二节　马克思主义意识形态的理论本质和基本功能

科学、准确把握马克思主义意识形态的理论本质及其基本功能,彰显马克思主义意识形态理论的科学伟力和强大的现实感召力,是开展好新时代马克思主义意识形态认同研究的逻辑起点。为此,我们首先需要厘清马克思主义意识形态的理论本质、基本功能。

一、马克思主义意识形态的理论本质

本研究中提及的马克思主义意识形态是广义上的概念,它以马克思列宁主义、毛泽东思想、邓小平理论、"三个代表"重要思想、科学发展观、习近平新时代中国特色社会主义思想为精髓和灵魂,是中国共产党及其无产阶

---

① 《毛泽东选集》(第二卷),人民出版社,1991年,第742页。
② 《毛泽东文集》(第六卷),人民出版社,1999年,第395页。
③ 《毛泽东选集》(第三卷),人民出版社,1991年,第1094页。

级的革命意识、阶级意识、使命意识、目标意识、担当意识和领导意识的统一,代表了最广大人民群众的根本利益,是中国特色社会主义共同理想的集中体现,是以爱国主义为核心的民族精神和以改革创新为核心的时代精神的集中反映,是与中华民族传统美德相传承的社会主义思想道德体系的集中展现。

(一)科学性

科学性是马克思主义意识形态理论的灵魂。首先,马克思主义意识形态是建立在科学的理论基础之上的,是对人类社会的客观现实和客观规律的科学概括,是批判地继承了人类几千年的全部优秀文化遗产,凝结着人类思想的最具科学的思想精华,尤其是吸收了德国古典哲学、英国古典政治经济学和空想社会主义的合理部分。马克思主义哲学为认识历史问题、时代发展问题提出了辩证唯物主义和历史唯物主义的世界观和方法论;马克思主义政治经济学揭露了资产阶级剥削的秘密和资本主义必然被社会主义代替的最终宿命;科学社会主义使得社会主义由空想变为现实可能,并指出了无产阶级在实现人类解放自由发展和共产主义伟大事业中所承担的历史使命。

其次,马克思主义意识形态的产生和发展是以当时的历史条件和客观条件为根本依据的,不是因循守旧、一成不变的理论,而是与时俱进、根据时代的发展特点和人民群众的社会实践经验,不断丰富、完善和发展的理论,体现了人类社会发展的体系脉络和科学发展的最新成果,是对世界本原和社会规律的深刻而全面的科学再现,彰显出马克思主义意识形态的科学性。在 1872 年莱比锡出版的德文版《共产主义宣言》(也就是《共产党宣言》)序言中,马克思、恩格斯充分认识到理论的时代局限性,突出强调了理论发展的客观性和现实性。他们指出:"这些原理的实际运用,正如《宣言》中所说的,随时随地都要以当时的历史条件为转移,……关于共产党人对待各种反对党派的态度的论述(第四章)虽然在原则上今天还是正确的,但是就其实际运用来说今天毕竟已经过时,因为政治形势已经完全改变,当时所列举的那些党派大部分已被历史的发展彻底扫除了。"①

为此,马克思、恩格斯还举了个批判反对党派的例子来说明,认为当时对反对党派的批判在今天已经没有实际意义,因为这些反对党派已经被历史无情地淘汰了,进一步强调了理论发展要注重客观条件性。列宁也非常重视理论发展要注重客观现实性的这一根本前提,在《论策略书》中鲜明强调"理论是灰色的,而生活之树是常青的",明确对布尔什维克党(共产党)人指出,"现在必须弄清一个不容置辩的真理,这就是马克思主义者必须考虑生动的实际生活,必须考虑现实的确切事实,而不应当抱住昨天的理论不放。因为这种理论和任何理论一样,至多只能指出基本的、一般的东西,只能大体上概括实际生活中的复杂情况。"②

对于理论发展创新要注重客观现实的条件性,毛泽东也鲜明强调要根据新的需要、写出新的著作、形成新的理论,"马克思这些老祖宗的书,必须读,他们的基本原理必须遵守,这是第一。但是,任何国家的共产党,任何国家的思想界,都要创造新的理论,写出新的著作,产生自己的理论家,来为当前的政治服务,单靠老祖宗是不行的"③。

最后,马克思主义意识形态关注的是整个全人类的利益,而不是单纯的某党某派利益的代表者;它丝毫没有"一己私利",始终维护和代表的是全世界最广大人民群众的根本利益,它的终极价值目标是实现人的自由而全面发展,这充分表明了马克思主义意识形态理论具备科学性特征的逻辑前提。1835 年 8 月,17 岁的马克思在中学毕业作文《青年在选择职业时的考虑》

① 《马克思恩格斯选集》(第一卷),人民出版社,2012 年,第 376~377 页。

② 《列宁选集》(第三卷),人民出版社,1995 年,第 26~27 页。

③ 《毛泽东文集》(第八卷),人民出版社,1999 年,第 109 页。

中,明确表明要选择"最能为人类福利而劳动"的伟大职业,体现了马克思为全人类谋求幸福的高尚志向,"如果我们选择了最能为人类福利而劳动的职业,那么,重担就不能把我们压倒,因为这是为大家而献身;那时我们所感到的就不是可怜的、有限的、自私的乐趣,我们的幸福将属于千百万人,我们的事业将默默地、但是永恒发挥作用地存在下去,而面对我们的骨灰,高尚的人们将洒下热泪"①。毛泽东把全心全意为人民服务作为中国共产党和中国政府的根本宗旨,在其《论联合政府》中鲜明指出,"应该使每个同志明了,共产党人的一切言论行动,必须以合乎最广大人民群众的最大利益,为最广大人民群众所拥护为最高标准"②。中国共产党人将言行举止是否合乎最广大人民的最大利益以及是否得到群众拥护为最高标准,充分彰显了中国共产党这一无产阶级政党及其指导思想深入灵魂的坚持人民利益至高无上的内在特质。

(二)整体性

整体性是马克思主义意识形态理论的内在重要特征。面对资产阶级思想家杜林的反马克思主义立场,恩格斯在与其论战过程中系统地阐释了马克思主义的整体性,认为马克思主义哲学、马克思主义政治经济学和科学社会主义是马克思主义的三个组成部分,并系统化地阐释了马克思主义哲学、马克思主义政治经济学和科学社会主义这三个组成部分内在的统一性,对马克思主义的系统化、整体化解读作出了重大贡献。恩格斯指出,马克思主义哲学是最根本的世界观和方法论,政治经济学是剖析资本主义社会矛盾、为革命的无产阶级指明方向的学说理论,科学社会主义是由马克思主义哲学、马克思主义政治经济学验证得出的客观真理,它们三者相互依存、相互

---

① 《马克思恩格斯全集》(第四十卷),人民出版社,1982年,第7页。
② 《毛泽东选集》(第三卷),人民出版社,1991年,第1096页。

关联,具有内在的一致性。

列宁向来是把马克思主义看作有机联系的、统一的理论体系,他在诸多文章中加以阐释说明,并且在《马克思主义的三个来源和三个组成部分》中强调了马克思主义理论的整体性特征,"它完备而严密,它给人们提供了决不同任何迷信、任何反动势力、任何为资产阶级压迫所作的辩护相妥协的完整的世界观"①。在《马克思主义和修正主义》《论马克思主义历史发展中的几个特点》《马克思主义学说的历史命运》等文章中又一次强调,马克思主义是内容丰富且内在统一的整体,是以实践为基础的理论体系和行动指南的统一,是坚持基本原理和不断发展创新的统一。列宁在反对修正主义以及和其论战过程中,揭示了伯恩施坦修正主义是"为了实际的或假想的一时的利益而牺牲无产阶级的根本利益"的理论实质,他严肃批判了修正主义借口实践的发展而背离马克思主义的方向性错误,强调只有把坚持和发展创新结合起来才是正确对待马克思主义的科学态度。他坚信"19世纪末革命马克思主义对修正主义的思想斗争,只是不顾小市民的种种动摇和弱点而向着本阶级事业的完全胜利迈进的无产阶级所进行的伟大革命战斗的序幕"②。列宁在其中多次强调,不能教条、僵化对待马克思主义,"这个经典性的论点异常鲜明有力地强调了马克思主义的往往被人忽视的那一方面。而忽视那一方面,就会把马克思主义变成一种片面的、畸形的、僵死的东西,就会抽掉马克思主义的活的灵魂,就会破坏它的根本的理论基础——辩证法即关于包罗万象和充满矛盾的历史发展的学说,就会破坏马克思主义同时代的一定实际任务,即可能随着每一次新的历史转变而改变的一定实际任务之间的联系"③。

① 《列宁选集》(第二卷),人民出版社,2012年,第309页。

② 《列宁选集》(第二卷),人民出版社,2012年,第9页。

③ 《列宁选集》(第二卷),人民出版社,2012年,第278页。

（三）实践性

实践性是马克思主义意识形态理论的鲜明品格和本质特征。马克思在《关于费尔巴哈提纲》中提出了一个振聋发聩的经典语录，"哲学家们只是用不同的方式解释世界，而问题在于改变世界"[①]。马克思主义意识形态理论本身既具有"解释世界"的理论性，又具有指导无产阶级革命"改变世界"的实践指向性。首先，马克思主义意识形态理论的产生，是基于资本主义社会一定的物质条件和历史条件实践基础之上形成的。从 18 世纪 30 年代开始至 19 世纪中期，西方英、美等国家先后完成了工业革命，工业革命的完成标志着资本主义这一社会制度的最终确立。工业革命虽然促进了资本主义社会生产力及经济的发展，为西方各国积累了丰富的物质财富，但从中也暴露出资本主义社会制度的固有矛盾和潜伏的危机，导致了周期性的经济危机在资本主义国家的频繁发生。资本主义社会制度固有的结构性的矛盾和危机，依靠其本身是难以解决的，这就昭示着未来社会革命的必然爆发和未来社会的发展方向，亦为马克思主义意识形态理论的生成提供了基本的物质条件。

其次，无产阶级和资产阶级的长期斗争实践经验，为马克思主义意识形态的实践性生成提供了坚实的实践斗争基础。资本主义国家社会化大生产的发展，使得无产阶级的队伍不断壮大，而且使得无产阶级和资产阶级之间的矛盾日益尖锐，常态化的经济危机和难以解决的社会矛盾，使得无产阶级的斗争最终指向了资本主义社会制度这一原生根源。法国里昂工人两次起义（1831 年、1834 年）、英国宪章运动（1836 年）和德国西里西亚纺织工人起义（1844 年）虽然最终皆以失败而告终，但是欧洲这三个国家的工人运动却意味着无产阶级的政治觉醒和政治觉悟的不断提高，标志着无产阶级已经

---

① 《马克思恩格斯选集》（第一卷），人民出版社，2012 年，第 140 页。

作为独立的政治力量登上同资产阶级斗争的历史舞台。无产阶级历次反抗资本主义斗争失败的惨痛教训表明，无产阶级反抗资本主义需要科学的理论指导和无产阶级政党的坚强领导，无产阶级迫切地需要总结反抗斗争失败的经验教训，以便于形成科学的世界观和改造资本主义的有效指导理论体系。因而，无产阶级不屈不挠地反抗资本主义的抗争过程，亦为马克思主义意识形态的实践性生成提供了坚实的阶级基础。

最后，革命导师马克思、恩格斯本身具有丰富的实践经验。马克思主义意识形态理论创始人毕生的追求就是为了全人类的解放事业，他们积极参加、指导工人阶级反抗资本主义制度的运动，指导着无产阶级革命事业的发生、发展和不断壮大。19 世纪 40 年代以来，马克思、恩格斯参加了在法国成立的由德国流亡者组成的正义者同盟，并将其改组为以科学社会主义为指导思想的无产阶级政党——共产主义者同盟（1847 年在英国伦敦成立）。1848 年 2 月，《共产党宣言》出版后不久，法国巴黎的人民群众起义推翻了奥尔良封建王朝，建立了民主共和国，这也是马克思、恩格斯亲自参加并参与指导的革命运动。随后革命的风暴席卷了德国、奥地利、意大利等欧洲大陆国家，这些国家爆发的革命使得马克思主义意识形态经受住了实践的洗礼。1864 年，马克思、恩格斯创立了第一国际(国际工人联合会)，领导全世界的无产阶级和被压迫的工人进行抗争资产阶级的压迫和剥削。恩格斯在晚年时期创立和领导了第二国际(社会主义国际)，促进了国际社会主义运动的发展，使社会主义运动由西欧、北美扩展到东欧(现为中东欧)、拉美和东亚。马克思、恩格斯积极参与国际共产主义运动，为马克思主义意识形态理论实践性的生成奠定了丰富的实践基础。

（四）阶级性

阶级性是马克思主义意识形态理论的内在表现和本质特征。马克思在

《共产党宣言》中指出:"思想的历史除了证明精神生产随着物质生产的改造而改造,还证明了什么呢? 任何一个时代的统治思想始终都不过是统治阶级的思想。"①任何一个阶级社会中的统治阶级,他们的经济利益、政治利益和价值诉求都是通过意识形态表现出来的,意识形态是阶级社会的必然产物。恩格斯在其《反杜林论》中指出,只要是有阶级存在的社会中,"一切以往的道德论归根到底都是当时的社会经济状况的产物。而社会直到现在是在阶级对立中运动的,所以道德始终是阶级的道德;它或者为统治阶级的统治和利益辩护,或者当被压迫阶级变得足够强大时,代表被压迫者对这个统治的反抗和他们的未来利益。……但是我们还没有越出阶级的道德。只有在不仅消灭了阶级对立,而且在实际生活中也忘却了这种对立的社会发展阶段上,超越阶级对立和超越对这种对立的回忆的、真正人的道德才成为可能"②。对此,列宁也曾指出:"任何时候也不能有非阶级的或超阶级的意识形态。"③

马克思主义意识形态的阶级性主要体现在其生成的历史条件和理论构成等方面。从马克思主义意识形态理论生成的历史条件来看,其生成初衷就是作为无产阶级反抗资产阶级实现自身解放的指导思想而出现的,始终把解放全人类的伟大事业作为最高目标。恩格斯在《社会主义从空想到科学的发展》中指出,马克思主义意识形态理论是"两个历史地产生的阶级即无产阶级和资产阶级之间斗争的必然产物"④。这说明马克思主义意识形态理论从生成那天起,就和无产阶级及其阶级斗争结下了"不解之缘"。另外,马克思主义意识形态理论的丰富发展,也正是在无产阶级抗争资产阶级的阶级斗争实践过程中不断完善的,这正如恩格斯在《共产主义者和卡尔·海因岑》中指出的那样,马克思主义意识形态理论"是无产阶级立场在这种斗争中的

① 《马克思恩格斯文集》(第二卷),人民出版社,2009年,第51页。
② 《马克思恩格斯选集》(第三卷),人民出版社,2012年,第471页。
③ 《列宁选集》(第一卷),人民出版社,2012年,第327页。
④ 《马克思恩格斯文集》(第三卷),人民出版社,2009年,第545页。

理论表现,是无产阶级解放的条件的理论概括"①。从马克思主义意识形态理论的结构构成来看,其哲学、政治经济学和科学社会主义三个组成部分无一不体现着鲜明的阶级性特征。马克思主义哲学之所以被称为不同于以往哲学的新哲学,就在于它是真正"脚踏实地"对社会现实问题的思考和改造,而不是像以往哲学家们所不断营造的"海市蜃楼"那样。

马克思在《黑格尔法哲学批判》导言中指出,"哲学把无产阶级当做自己的物质武器,同样,无产阶级也把哲学当做自己的精神武器"②。马克思主义哲学的本质特征就是批判的、革命的,就是要使现存世界革命化并且不断改造现存的事物。马克思主义政治经济学是研究人类社会生产关系发展规律的科学理论,尤其是着重研究资本主义社会生产关系的发展规律。马克思主义政治经济学深刻揭露了资本主义社会剥削的秘密,发现了资本家盘剥无产阶级的隐秘载体——"剩余价值"。马克思在《资本论》中指出,"这个阶级的历史使命是推翻资本主义生产方式和最后消灭阶级。这个阶级就是无产阶级"③。显而易见,马克思主义政治经济学,是无产阶级推翻资产阶级盘剥,进而最终消灭阶级的理论武器;科学社会主义,是无产阶级推翻资本主义制度、追求自身解放,并建立共产主义社会,实现全人类解放的科学理论。它的无产阶级立场鲜明,其阶级性毋庸讳言。

(五)开放性

开放性是马克思主义意识形态理论之树常青的根本特征。马克思主义意识形态理论,从诞生到21世纪的今天依然熠熠生辉,就是因为它始终坚持一切从实际出发,始终从现实的社会生活实践中汲取经验,始终以开放性

① 《马克思恩格斯文集》(第一卷),人民出版社,2009年,第672页。
② 《马克思恩格斯文集》(第一卷),人民出版社,2009年,第17页。
③ 《马克思恩格斯选集》(第二卷),人民出版社,2012年,第90页。

的态度吸收和包容其他理论的优点,始终与时俱进地完善和丰富自己,从而才能使理论之树常青、适应各种不同阶段的社会历史发展。恩格斯曾经指出:"我们的理论是发展着的理论,而不是必须背得烂熟并机械地加以重复的教条。"[①]列宁也曾指出:"这一革命无产阶级的思想体系赢得了世界历史性的意义,是因为它并没有抛弃资产阶级时代最宝贵的成就,相反却吸收和改造了两千多年来人类思想和文化发展中一切有价值的东西。"[②]

自19世纪马克思主义意识形态理论诞生以来,在不同国家的马克思主义者的辛勤探索和推动下,马克思主义意识形态理论的内容得到了长足的发展和完善。伟大的马克思主义者列宁,对马克思主义意识形态理论的发展做出了创造性的贡献。列宁根据时代发展特点和俄国的社会实际状况,提出了帝国主义是资本主义最高阶段的理论学说,并且指出社会主义革命的爆发不一定从高度发达的资本主义国家率先发生,而民族矛盾和阶级矛盾突出的国家,诸如俄国、中国等国家则很有可能率先爆发无产阶级革命并取得成功。1917年俄国十月革命的成功爆发和1922年第一个社会主义国家——苏维埃社会主义共和国联盟(简称苏联)的成立,从实践层面上证明了马克思主义意识形态理论关于社会发展理论的可行性和科学性。

1921年7月中国共产党成立后,以毛泽东同志为主要代表的中国共产党人,为了民族独立、人民解放和国家振兴,科学研判旧中国半殖民地半封建的社会特征,正确认识和把握了中国社会历史发展的特殊性,经过反复实践,不断总结革命斗争的经验教训,不断地把马克思主义意识形态理论运用于中国的社会实际,从实践和理论相结合的层面上探索中国革命的道路和方案,最终取得了新民主主义革命的伟大胜利,形成了符合中国国情的马克思主义中国化的第一个理论成果——毛泽东思想,进一步丰富和完善了马

---

① 《马克思恩格斯选集》(第四卷),人民出版社,2012年,第588页。
② 《列宁选集》(第四卷),人民出版社,1995年,第299页。

克思主义意识形态理论。党的十一届三中全会后，以邓小平同志为主要代表的中国共产党人审时度势，高屋建瓴地指出和平与发展是当今时代发展的两大主题，并提出要将马克思主义意识形态理论与中国的具体实际相结合，走自己的路去建设有中国特色的社会主义国家。邓小平等共产党人不断总结我国社会主义建设时期的经验教训，以及其他社会主义国家建设事业的兴衰经验，逐步形成了马克思主义中国化的新的理论成果——邓小平理论。邓小平理论科学回答了在中国这样经济文化落后的社会主义国家，如何建设、巩固和发展社会主义的时代课题。

以江泽民同志为主要代表的中国共产党人，科学分析世界发展变化特征和我国社会主义发展的历史方位，根据新的历史时期的世情、党情和国情的发展变化，提出了"三个代表"的重要思想，创新性地继承和丰富了马克思主义意识形态理论，正确地回答了改革开放和社会主义现代化建设的重大问题，深化了马克思主义意识形态理论关于人类社会发展规律、社会主义建设规律和无产阶级政党执政规律的认识。以胡锦涛同志为主要代表的中国共产党人，面对世界多极化、经济全球化、文化多元化的新的时代特征，以及我国在现代化建设过程中出现的阶段性特征、社会矛盾和发展性问题，立足我国处于社会主义初级阶段的基本国情，提出了以人为本、全面协调可持续的科学发展观。2006年党的十六届六中全会上，明确阐明社会和谐是社会主义的本质属性和奋斗目标，系统地部署了构建社会主义和谐社会的重大战略任务，丰富和发展了马克思主义意识形态理论关于科学社会主义的理论。

以习近平同志为主要代表的中国共产党人，立足新时代的实践基础和新的社会特征，从理论和实践结合上系统回答了新时代坚持和发展什么样的中国特色社会主义、怎样坚持和发展中国特色社会主义的重大时代课题，形成了解决中国特色社会主义建设事业中面临的现实问题的新理论——习近平新时代中国特色社会主义思想，以全新的视野深化对共产党执政规律、社会主义建设规律、人类社会发展规律的认识。习近平新时代中国特色社会主义思想是马克思主义中国化的最新理论成果，是党和人民实践经验和集体智慧的结晶，是中国特色社会主义理论体系的重要组成部分，是全党全国人民为实现中华民族伟大复兴而奋斗的行动指南，深入推进了马克思主义意识形态理论体系的丰富和发展。

二、马克思主义意识形态的基本功能

马克思主义意识形态是历经社会实践证明了的科学理论体系，对于始终维护和代表无产阶级的根本利益，推动现实社会团结安定、和谐有序的高质量发展，具有重要的理论指导和实践指导功能。马克思主义意识形态在经济、政治、文化、社会、生态等领域推动经济社会的发展发挥了重要的建设性作用。

(一)在经济领域的指导作用

马克思主义意识形态在经济领域的指导作用，不仅是指它在经济制度建设中发挥的制度性引导功能，而且还包括它在经济制度建设中的资本价值功能。马克思、恩格斯在论述社会历史的决定性基础问题时，较为完整地论述了意识形态与经济基础这两者之间的相互关联，指出经济关系是社会历史的"决定性基础"，但也强调意识形态也会对经济基础发生作用。"政治、法、哲学、宗教、文学、艺术等等的发展是以经济发展为基础的。但是，它们又都互相作用并对经济基础发生作用。这并不是说，只有经济状况才是原因，才是积极的，其余一切都不过是消极的结果，而是说，这是在归根到底不断为自己开辟道路的经济必然性的基础上的相互作用。"①毛泽东在《新民主主

---

① 《马克思恩格斯文集》(第十卷)，北京：人民出版社，2009 年，第 668 页。

义论》《读苏联政治经济学教科书的谈话》中对马克思主义意识形态的经济作用也有科学论述,"一定的文化(当作观念形态的文化)是一定社会的政治和经济的反映,又给予伟大影响和作用于一定社会的政治和经济。……这是我们对于文化和政治、经济的关系及政治和经济的关系的基本观点"①。在阐述如何提高社会生产力时强调了意识形态对其的重要作用,"提高劳动生产率,一靠物质技术,二靠文化教育,三靠政治思想工作。后两者都是精神作用"②。

马克思主义意识形态在经济领域发挥的作用主要表现为:第一,营造社会舆论,促进制度意识的形成和认同。任一种意识形态都是一定阶级或某一利益集团的观念的表达,是维护其经济制度、政治制度合法性的思想武器。马克思主义意识形态也不例外,它是无产阶级为争取自身解放和努力实现自由全面发展的世界观和价值观,是积极应对资本主义意识形态冲击,维护社会主义经济、政治等制度安全的科学理论武装。马克思主义意识形态通过积极营造社会舆论,展现其经济引导功能,使得各利益群体理解、认同并执行现存的社会主义经济制度,形成用社会主义经济制度处理问题的行为方式,最终使不同的利益群体都能达成对社会主义经济体制的共识。

第二,简化决策过程,降低利益主体的交易成本。马克思主义意识形态为不同的利益主体提供符合市场经济发展的道德意识、价值观念和伦理观念,进而形成经济体制内或是道德伦理框架下的制度化的、非制度化的或习惯性的业内行为规范。这些通过马克思主义意识形态引导而达成的,并且不同利益主体能够自觉遵守的业内行为规范,简化了市场行为中的一些决策过程,淡化或杜绝了机会主义行为,节约了利益主体的时间和认同社会主义市场经济制度的实施成本,使得各方面的利益主体都能够在社会主义市场

---

① 《毛泽东选集》(第二卷),人民出版社,1991年,第663~664页。

② 《毛泽东文集》(第八卷),人民出版社,1999年,第124~125页。

经济制度这根"指挥棒"的引导下,形成向心力和凝聚力,从而促进和提高了社会主义市场资源配置的效率和整个社会主义市场经济体制的运行效率。正如美国经济学家诺斯所说的那样,"非正式约束直接影响交易成本。诚实、正直、可信的规范降低了交易成本"①。

第三,规范市场失范行为,充分发挥人力资本作用。任一种社会制度的市场经济行为中,追求利润的最大化都是所有利益主体的生产目的,追求利润最大化往往会导致市场行为的失范现象出现,不利于市场经济体制的有序、稳定运行。通过法律、伦理和道德等马克思主义意识形态的引导,来规范市场经济中出现的"搭便车"等机会主义行为,能够有效降低或杜绝对社会或其他利益主体人力资本的利益侵占行为;倡导各方面的利益主体用理性、用规则来追求自身物质利益或非物质利益的最大化,从而建立社会主义市场经济体制中最有效的人力资本效能。

第四,保证利益主体内部稳定,充分发挥企业成本作用。在社会主义市场经济生活中,马克思主义意识形态能够使利益主体彼此达成认知上的共识和统一,从而有助于各利益主体之间及其内部的和谐、团结和稳定。和谐、稳定、团结并且有着共同认知的企业氛围,有助于塑造科学的企业文化、管理理念和经营行为。经济学家诺斯从道德维度来分析意识形态资本的效能,他指出,可以从道德层面上来评判现存经济社会生活中的经济制度结构、劳动分工和收入分配的合理性与否,认为作为意识形态资本的道德,对于企业的文化、管理理念和经营方向均有着重要的指向性作用。

(二)在政治领域的指导作用

马克思主义意识形态有着鲜明的政治性和阶级性特征,是阶级社会维

① [美]道格拉斯·C.诺斯:《理解经济变迁过程》,钱正生译,中国人民大学出版社,2008年,第68页。

护统治阶级思想和合法性执政的重要思想武器，它在政治领域发挥的建设性作用主要表现为：

第一，政治维护功能。任何一种社会制度的统治阶级，都需要为其政权统治及其政治权威的合法性寻求根据和基础，而意识形态思想正是除了国家暴力机器外，统治阶级维护其政权合法性和政治权威的柔性的有效载体。马克思主义认为，统治阶级把符合自身利益要求的意识形态思想作为被统治阶级的生活准则和行为指南的根本意图，"一则是作为对自己统治的粉饰或意识，一则是作为这种统治的道德手段"[1]。马克思在批判德意志意识形态时指出，统治阶级往往都"把自己的利益说成是社会全体成员的共同利益，……赋予自己的思想以普遍性的形式，把它们描绘成唯一合乎理性的、有普遍意义的思想"[2]。从中可以看出，意识形态被统治阶级用于阐述其政权统治合法性的工具。意识形态对于维护政权合法性的重要性，马克思在《政治经济学批判 1957—1958 年手稿》中如是强调："如果从观念上来考察，那么一定的意识形式的解体足以使整个时代覆灭。"[3]因此，敌对势力颠覆一个国家的政权往往先从意识形态领域入手颠覆人民群众的思想和政治认知，东欧剧变、苏联解体的惨痛教训让人深思。

第二，政治整合功能。马克思主义意识形态理论是维护和代表广大人民群众利益和愿望的集中体现，有着强烈的向心力和凝聚力，具备极强的稳定性和主导性，对多样化的社会思潮具有强大的整合引导功能，对人民群众的认知选择、行为选择具有规范和指引功能。当前，我国正处于全面建设社会主义现代化国家的关键时期，境内外敌对势力阻挠中华民族伟大复兴政治的图谋并未停歇，他们无视改革开放以来中国取得的巨大成就，揪住我国经

---

① 《马克思恩格斯全集》(第三卷)，人民出版社，1960 年，第 492 页。

② 《马克思恩格斯选集》(第一卷)，人民出版社，2012 年，第 180 页。

③ 《马克思恩格斯文集》(第八卷)，人民出版社，2009 年，第 170 页。

济社会发展过程中的社会问题、生态问题不放,极力诋毁马克思主义意识形态和中国特色社会主义,大肆鼓吹资本主义意识形态的优越性。历史虚无主义、新自由主义、民主社会主义、普世价值论、宪政民主等带有明确政治倾向的社会思潮,充斥于我国的政治、经济、文化、历史、教育等多个领域,扰乱了人们的民族情感和历史认知,一定程度上冲击了马克思主义在意识形态领域的指导地位。为此,应充分发挥马克思主义意识形态的政治整合引导功能,引导人民群众正确认识和处理好各种利益关系,整合多元化、多样化的社会思潮,始终坚持马克思主义意识形态的一元指导地位,进一步增强中国特色社会主义道路自信、理论自信、制度自信和文化自信,积极建构固若金汤的思想防线。

第三,政治指导功能。理论指导是革命斗争取得胜利的先决条件。恩格斯在《路德维希·费尔巴哈和德国古典哲学的终结》中指出,伴随着资本主义社会生产力的大力发展,形成了日趋成熟的资本主义意识形态理论,在资本主义意识形态理论的指导下,资产阶级开始了推翻封建制度的革命斗争,并最终取得了革命的胜利,"资产阶级已经强大得足以建立他们自己的、同他们的阶级地位相适应的意识形态了,这时他们才进行了他们的伟大而彻底的革命——法国革命"①。

无产阶级在反抗资产阶级追求自身解放的革命斗争中也需要成熟的理论指导。马克思在《黑格尔法哲学批判导言》中,阐述了马克思主义意识形态对无产阶级革命的重要指导功能,他指出,哲学是无产阶级革命斗争的思想武器和理论武装,是指导无产阶级革命、形成强大物质力量的意识形态,"哲学把无产阶级当做自己的物质武器,同样,无产阶级也把哲学当做自己的精神武器;思想的闪电一旦彻底击中这块素朴的人民园地,德国人就会解放成

---

① 《马克思恩格斯选集》(第四卷),人民出版社,2012年,第242页。

为人"①。"批判的武器当然不能代替武器的批判,物质力量只能用物质力量来摧毁;但是理论一经掌握群众,也会变成物质力量。理论只要说服人,就能掌握群众;而理论只要彻底,就能说服人。"②列宁也曾强调无产阶级革命斗争中马克思主义意识形态理论指导的重要性,他指出:"没有革命的理论,就不会有革命的运动。……只有以先进理论为指南的党,才能实现先进战士的作用。"③

(三)在文化领域的指导作用

对于意识形态的文化功能,马克思早在其唯物史观的形成时期就有相关论述。马克思在《关于新闻出版自由和公布省登记会议辩论情况的辩论》中,将意识形态斗争(精神斗争)与文化功能联系起来,并强调了意识形态斗争的重要性和文化的意识形态属性,"自由报刊是人民精神的洞察一切的慧眼,是人民自我信任的体现,是把个人同国家和世界联结起来的有声的纽带,是使物质斗争升华为精神斗争,并且把斗争的粗糙物质形式观念化的一种获得体现的文化"④。任何一个国家的文化总是以意识形态为载体而发展的,马克思在《哥达纲领批判》中明确地指出,文化的内涵是与一定的经济基础相适应的社会制度及其意识形态,因为"权利决不能超出社会的经济结构以及由经济结构制约的社会的文化发展"⑤。英国学者斯图亚特·霍尔也从文化向度去阐述意识形态功能,"文化是斗争的场所,是为界定生活和生存方式而战的场所。……这一斗争以我们可以参与其中的话语建构的方式开展的"⑥。

---

① 《马克思恩格斯文集》(第一卷),人民出版社,2009 年,第 17~18 页。

② 《马克思恩格斯文集》(第一卷),人民出版社,2009 年,第 11 页。

③ 《列宁选集》(第一卷),人民出版社,1995 年,第 311~312 页。

④ 《马克思恩格斯全集》(第一卷),人民出版社,1995 年,第 179 页。

⑤ 《马克思恩格斯文集》(第二卷),人民出版社,2009 年,第 435 页。

⑥ 张秀琴:《马克思意识形态概念的"文化大众主义"解释——以伯明翰文化学派斯图亚特·霍尔为例》,《南京社会科学》,2012 年第 2 期。

马克思主义意识形态在文化领域发挥的作用主要表现为两个方面:第一,文化价值传播与引领功能。马克思主义基本原理告诉我们,任一时代的统治阶级思想都是占据统治地位的思想,统治阶级不仅是这一时代思想生产者的统治者,而且还作为这一时代思想生产和分配的调节者。统治阶级的思想及对思想生产和分配的调节,则是根据统治阶级的利益诉求有目的、有规划地进行着,而意识形态正是发挥文化价值传播与引领功能的重要载体。英国学者约翰·B.汤普森将意识形态文化功能问题视为含有权力与统治的形式等在内的重要的问题域,他认为,文化现象在日常生活中总是被处于指导地位的分析者所阐述说明, 总是潜在地包含着特定的行为规范和必须遵守的秩序,"象征形式或象征体系本身并不是意识形态的, 它们是不是意识形态的,以及在多大程度上是意识形态的,取决于它们在具体社会背景下被使用和被理解的方式"①。马克思主义意识形态理论是制度化、科学的文化观念体系,既能调节社会主义先进文化发展的边界范围,为无产阶级思考相关文化创造发展问题提供科学的阶级思维框架, 又能够为社会主义先进文化的创作、生产、发展和丰富提供特定的、科学的生成环境,从而使社会主义先进文化的发展能够在马克思主义意识形态创设的健康环境下不断得以丰富和强化。

第二,文化整合与教化认同功能。马克思、恩格斯在《共产党宣言》中指出,资本主义生产方式的全球化不仅仅是表现在经济领域,而且也会表现在文化领域,"资产阶级,由于开拓了世界市场,使一切国家的生产和消费都成为世界性的了。……物质的生产是如此,精神的生产也是如此。各民族的精神产品成了公共的财产。民族的片面性和局限性日益成为不可能,于是由许多种民族的和地方的文学形成了一种世界的文学"②。21 世纪是大众传媒时

① [英] 约翰·B.汤普森:《意识形态与现代文化》,高钴等译,译林出版社,2005 年,第 9 页。

② 《马克思恩格斯文集》(第二卷),人民出版社,2009 年,第 35 页。

代,在互联网络和数字技术的加持下,多元文化在我国国内日渐发展,对我国的主流文化造成了巨大冲击,尤其是带有浓厚政治色彩的西方文化肆意渗透,深深地影响和改变着我国人民群众的认知和行为方式。马克思主义意识形态从维护无产阶级利益诉求的立场出发,对社会上的多元文化进行消融、整合,使人民群众能够积极认同、自觉践行社会主义核心价值观,从而使社会主义核心价值观起到规范引导人们行为的目的,葛兰西直接把这种整合功能比作水泥胶合剂,认为它能够起着凝聚、胶结作用,"在保持整个社会集团的意识形态上的统一中,意识形态起到了团结统一的水泥作用"①。另外,马克思主义意识形态的文化教化功能对那些隐藏有敌对意识形态和价值观念的西方文化进行识别查证、贬抑抨击,引导人民群众在认清资本主义文化的本质、危害后形成共识、达成一致,更加坚定中国特色社会主义文化自信,引导他们成为推进中国式现代化历史进程中大力弘扬中国特色社会主义先进文化的坚定信仰者和传播者。

（四）在社会领域的指导作用

马克思主义意识形态的社会功能,主要是指其对社会思想、社会行为和社会风险的治理管控功能。即在马克思主义意识形态理论指导下,对人民群众的思想价值观念和行为选择方式进行规范和重塑,对不同类别之间、相同类别之间的社会关系进行协调、规整,从而处理好社会问题、解决好社会矛盾、协调好利益关系,维护正常的社会秩序,促进社会的稳定、有序和健康发展。

马克思主义意识形态在社会领域发挥的作用主要表现为三个方面:第一,对社会思想的治理功能。拥有有序统一、张弛有度的社会思想,是一个社

---

① ［希腊］波朗查斯:《政治权力与社会阶级》,叶林等译,中国社会科学出版社,1982年,第92页。

会得以团结、安定、有序发展的重要前提。马克思主义意识形态展现的对社会思想的治理功能主要包括两个层面：一是巩固壮大主流思想舆论，不断增强人民群众的精神力量，从而有效引领社会思想。不断巩固和壮大主流思想舆论，是有效引领和凝聚全体人民群众思想的根本方法和必要手段。当前我国思想领域文化思想的交流交锋交融更加频繁、更加复杂，马克思主义意识形态凝聚和引领社会思想的工作显得尤为艰巨。2016 年 2 月 19 日，习近平总书记在新闻舆论工作座谈会上指出，新闻舆论工作是事关党和国家前途命运的一项重要工作，对于有效凝聚和引领全党全国各族人民的思想，推进民族振兴、国家富强具有着重要的现实意义，并强调了"新闻舆论工作各个方面、各个环节都要坚持正确舆论导向"①。新时期通过巩固和壮大主流思想舆论，把握好主流思想舆论的正确导向和发展方向，有利于激发全体人民群众形成为建成社会主义现代化强国而团结奋斗的强大精神力量，有利于确保社会思想发展的社会主义发展方向。

二是通过达成思想共识，从而统一思想凝聚力量。广大人民群众的思想是否能够形成共识、达成统一，关键在于他们最现实最直接最根本的利益和需要是否能够得到关涉和满足。人民性是马克思主义的本质属性，人民立场是中国共产党的根本政治立场。中国共产党自成立以来，一代代共产党人无论面临多大挑战和压力，无论付出多大牺牲和代价，人民立场都始终不渝、毫不动摇。特别是党的十八大以来，坚持人民至上的发展思想和治国理政的价值理念，历史性地解决了困扰中华民族几千年的绝对贫困问题，实现了魂牵梦萦、孜孜以求全面建成小康社会的千年夙愿，中华民族迎来了从站起来、富起来到强起来的历史性飞跃，迎来了实现伟大复兴中国梦的璀璨光明前景。

---

① 《习近平谈治国理政》（第二卷），外文出版社，2017 年，第 332 页。

在以习近平同志为核心的党中央坚强领导下,中国共产党始终锚定"人民对美好生活的向往就是我们的奋斗目标",牢记"江山就是人民,人民就是江山",秉持"让人民生活幸福是'国之大者'",坚持"把为民办事、为民造福作为最重要的政绩",书写下国家富强、民族振兴、人民幸福的壮美华章,赢得了人民群众的真心拥护、高度信赖和大力支持。

第二,对社会行为的治理功能。管控和规范社会成员的社会行为,旨在根据马克思主义意识形态所倡导的社会规范来协调社会关系,从而保障不同类别之间、相同类别之间社会关系的良性发展和有序运行。马克思主义意识形态展现的治理社会行为主要包括两个方面:一是规范和重塑人民群众的社会行为。随着我国市场经济的深入发展和改革开放力度的不断加大,人民群众的社会行为烦冗多样,出现了诸多不和谐、不利于社会健康发展的行为。诸如有的企业和个人唯利是图不惜铤而走险,譬如长生疫苗事件、黑心商家的地沟油事件等;有的网络大V和意见领袖沦落为反华敌对势力的急先锋,无视党领导下我国所取得的巨大成就,极力造谣诋毁党的领导和社会主义制度……这些不良行为亟须通过马克思主义意识形态所倡导的价值引领和正确的行为导向来加以规范和重塑,从而将人民群众的社会行为引导到科学规范的社会行为轨道中去,向着符合社会发展前进的方向发展。二是激发和激励人民群众的社会行为活力。马克思主义意识形态倡导的价值引领和行为导向,既能对不良的社会行为进行规范和重塑,也能在激发和激励人民群众的社会行为活力方面加以干预、影响。通过制定相关政策,优化社会治理结构,尊重人民群众的主体地位,激发他们积极社会行为的活力和首创精神,激发他们自身内在的建设中国特色社会主义伟大事业的主观能动性,进而形成契合实现中华民族伟大复兴中国梦的社会行为方式。

第三,对社会风险的治理功能,是指综合运用马克思主义意识形态的经济、政治、文化、生态等基本功能,正确处理好社会中出现的现实问题和矛盾,改变原有不合理的利益分配结构,协调好利益关系,从而有效规避和管控社会风险,推动经济社会建设的健康有序发展。马克思主义意识形态治理社会风险的功能主要包括两个方面:一是,通过处理好利益分配不平衡来规避社会风险。当前社会利益分配不均不平衡已是不争的客观事实,如果无法有效调节和克服这一现实矛盾,群体性事件乃至社会动荡都很有可能发生。为此,亟需发挥马克思主义意识形态经济向度的利益协调功能,处理好当下各方复杂的利益纠葛、诉求,化解好各方利益冲突的这一现实问题,进而有效规避和控制这一类型的社会风险。二是,通过调适人民群众的心理状态来规避社会风险。贫富分化、教育医疗资源不均衡、生态环境污染等社会现实问题容易导致人民群众的心理失衡,如果不及时对人民群众的失衡心理进行矫正,极易促发各种类型的社会问题、社会矛盾,长此以往,不利于引导人民群众万众一心、众志成城参与到社会主义现代化强国建设、中华民族伟大复兴中国梦的宏伟征程中。为此,进一步优化完善马克思主义意识形态的经济政治文化生态等向度功能,建立相应的人民群众心理疏导机制和预警机制,以问题为导向,着力解决好人民群众急难愁盼问题,在人民群众最关心最直接的教育医疗养老住房发展等切身利益问题上持续改革发力,采取更多惠民生、暖民心举措,健全基本公共服务体系,提高公共服务水平,增强均衡性和可及性,扎实推进共同富裕。

（五）在生态领域的指导作用

马克思主义意识形态中的生态思想在《1844 年经济学哲学手稿》中已初见端倪,"社会是人同自然界的完成了的本质的统一,是自然界的真正复活,是人的实现了的自然主义和自然界的实现了的人道主义"①。"共产主义,作

---

① 《马克思恩格斯文集》(第一卷),人民出版社,2009 年,第 187 页。

为完成了的自然主义,等于人道主义,而作为完成了的人道主义,等于自然主义,它是人和自然界之间、人和人之间的矛盾的真正解决。"①从中可以看出,马克思主义意识形态所蕴含的生态思想,主要是体现人与自然和谐、协调、科学发展的生态思想,同时也蕴含着相关政治理念的表达和社会主义生产关系的科学改造思想。

　　马克思主义意识形态在生态领域发生作用主要体现为两个方面:第一,批判控制自然的观念思想,树立和谐发展、协调发展的科学理念。全球化生态危机的频现,使得人们不得不重新审视人类与自然的关系。加拿大学者威廉·莱斯在其《自然的控制》中指出,"控制自然"的思想观念直接给人类带来了两个相互联系、恶性循环的灾难性的后果,一个是"广泛威胁着一切有机生命的供养基础,生物圈的生态平衡",另外一个是"不断扩大的人类对于一个统一的全球环境的激烈斗争"。法兰克福学派的霍克海默和阿多诺,在他们的著作《启蒙的辩证法:哲学断片》中认为,盲目地支配和不加节制地利用科学技术统治自然界,会带来难以预料的灾难性后果,马尔库塞更是把这一灾难性的生态现象归根于资本主义制度。哈贝马斯也曾郑重指出,生态失衡、危机是资本主义经济发展的必然结果,资本主义本身不存在任何自觉控制的可能。马克思在分析自然界和人们改造社会的关系时指出,自然界既是我们的改造对象,又是我们人类的生存基础,我们绝不能游离于自然界之外去支配自然界,这是因为"我们连同我们的肉、血和头脑都是属于自然界和存在于自然界之中的;我们对自然界的整个支配作用,就在于我们比其他一切生物强,能够认识和正确运用自然规律"②。批判"控制自然"的思想观念,充分发挥马克思主义意识形态的生态向度功能,就是要激起人们的生态意识,就是要从生态向度重新审视人与自然的关系和社会发展目的,更好地维

---

① 《马克思恩格斯文集》(第一卷),人民出版社,2009年,第185页。
② 《马克思恩格斯文集》(第九卷),人民出版社,2009年,第560页。

护和促进社会主义社会发展的健康生态基础，更好推动城乡人居环境明显改善、美丽中国建设取得显著成效，以高品质生态环境支撑中国特色社会主义伟大事业高质量发展，加快推进和早日实现人与自然和谐共生的中国式现代化。

第二，反思现代性带来的危害，建立可持续、科学发展的经济实践模式。现代性的观念促进了中国经济持续高速发展，使得中国的经济总量稳居世界第二，为我国全面建成小康社会和实现民族伟大复兴中国梦奠定了坚实的物质基础。但是以技术理性和工具理性为主导的现代性价值观念，过分追求经济利益发展而忽视生态建设，使得中国在经济社会发展过程中积累了一系列深层次的矛盾和问题。其中突出的矛盾和问题就是资源环境承载力逼近极限，高投入、高消耗、高污染的传统发展方式已不可持续。因而，在面对中国经济社会发展所取得的骄人成就时，我们更需要理性地去反思现代性价值观念的负面影响，在经济社会发展过程中，不能片面地追求经济效益，而忽视保护生态环境、人与自然和谐发展和自然资源的毁灭性利用等现象，我们要在慎重考察自然资源、生态环境的承受能力的基础上，再去追求国内生产总值（GDP）的稳定增长。美国学者奥康纳在其《自然的理由：生态学马克思主义研究》中指出："社会主义和生态学是互补的。社会主义需要生态学，因为后者强调地方特色和交互性，并且还赋予自然内部以及社会与自然之间的物质交换以特别重要的地位。生态学需要社会主义，因为后者强调民主计划以及人类相互间的社会交换的关键作用。缺少一种'对自然的深刻的科学理解'为基础的社会计划，一种在动态上可持续的社会几乎是不可能的。"①习近平总书记在党的十八届五中全会上，提出了创新、协调、绿色、开放、共享的"新发展理念"，将绿色发展作为关系我国发展全局的一个重要理念，体

———————

① ［美］詹姆斯·奥康纳：《自然的理由：生态学马克思主义研究》，唐正东等译，南京大学出版社，2003 年，第 435 页。

现了我们党对经济社会发展规律认识的深化。中国式现代化是人与自然和谐共生的现代化,习近平总书记从党和国家事业发展全局高度,对推进人与自然和谐共生的现代化作出重大战略部署,强调要深入贯彻习近平生态文明思想,坚持以人民为中心,牢固树立和践行绿水青山就是金山银山的理念,把建设美丽中国摆在强国建设、民族复兴的突出位置。为此,将生产方式和生活方式绿色低碳转型作为实践方向,坚持走绿色低碳循环发展之路,是调整经济结构、转变发展方式、实现可持续发展的必然选择,必将指引我们更好更快地实现人民富裕、国家富强、美丽中国及人与自然的和谐相处。

第三节　认同与马克思主义意识形态认同内涵

人们大都认为英语单词"identity"的中文解释是"认同",但是"identity"是一个多义词汇,它在英语语境中有着多种释义,这也就意味着单词"identity"在中文意境中也有多种解释。如名词意义上的"属性""身份"等释义,动词意义上的"相同""赞同""认同"等释义。从词源上探究,英文单词"identity"来自于法语的"Identité"这一单词,而法语中的单词"Identité"又是由拉丁语中的"identitatem"单词演变而来。拉丁语中单词"identitatem"的释义是"相似",在随后的词义演绎中才有了英语、法语、中文中都存在的"认同、识别、赞同"释义。英语单词"identity",最早在16世纪的英语词汇中出现,在当时主要运用于初等数学中的代数研究和逻辑学研究(哲学分支学科)。随着人类社会知识体系的迅猛发展和研究需要,认同(identity)研究先后进入了心理学、社会学、人类学、文化学、政治学和历史学、教育学、传播学等学科领域,现已成为高频率出现、多学科关注的热点词汇。

一、认同的概念和特征

(一)认同的概念

奥地利心理学家西格蒙德·弗洛伊德,是最早将认同作为心理学上的专业术语进行讨论的著名学者。他在 *Mouring and Melancholia* 论文中首次提出了认同的概念,弗洛伊德从人的本能的维度来确认自我与群体,他认为:"认同是个人与他人、群体或被模仿人物在感情上、心理上趋同的过程。"[①]被誉为当代关于认同及认同危机理论重要的推广者和运用者——美国心理学家爱利克·埃里克森,从自我与他人关系维度来定义认同,他认为认同是"一种了解自我的感觉,一种明确自我未来奋斗目标的感觉,一种被所信赖的人们认可、赞许的内在自信感觉"[②]。法国著名的社会学家涂尔干从社会群体的共同意识维度进行阐释, 并认为这种共同意识产生于主体在趋向客体的同一性的过程中,他在《社会分工论》中指出,"社会成员平均具有的信仰和感情的总和,构成了他们自身明确的生活体系,即共同意识或集体意识"[③]。曼纽尔·卡斯特在其著作《认同的力量》中指出,认同"可被所支配的社会制度产生, 但是只有在社会成员将之内化并将认同的意义环绕着内化建构过程中时,认同才会产生"[④]。英国社会学家安东尼·吉登斯认为,社会现代性的不断发展产生了认同,认同是在个体不断的自我反思的过程中被塑造成型的,也就是"个人依据其个人经历所形成的,作为反思性理解的自我"。德国哲学家尤尔根·哈贝马斯从人际交往维度界定了认同的含义,他认为认同的产生要

---

① 车文博:《弗洛伊德主义原著选辑》(上),辽宁人民出版社,1988 年,第 375 页。
② Erik H. Erikson, *Identity and Life Cycle*, New York : Norton ,1959, p.118.
③ [法]埃米尔·涂尔干:《社会分工论》,渠东译,生活·读书·新知三联书店,2000 年,第 42 页。
④ [美]曼纽尔·卡斯特:《认同的力量》,夏铸九等译,社会科学文献出版社,2003 年,第 2~3 页。

归因于人们相互交往中的"相互理解、知识共享、彼此信任、两相符合的主观际相互依存"①。

　　国内的专家学者在总结国外认同理论的基础上，对认同作了中文语义上的定义。有代表性的定义主要有：一是《辞海》中的阐释，"认同在社会学中泛指个人与他人有共同的想法。人们在交往过程中为他人的感情和经验所同化，或者自己的感情和经验足以同化他人，彼此之间产生内心的默契"②。二是《教育大辞典》中的阐释，"两者文化相互接触和同化的过程。有两种类型：一种是人们对自己所属文化的认同；另一种是人们对外来文化的认同"③。王成兵在《当代认同危机的人学解读》中，从个人身份认同的角度出发，认为当代认同是"现代人在现代社会中塑造的以人的自我为轴心和运转的对自我身份的认同"④。李文君在其博士论文《基于国家文化安全的中国文化认同构建》中，从社会认同的角度出发，认为认同是一种文化与价值的归属，是一定社会关系网络中的社会角色与社会身份。夏建平在《认同与国际合作》书中，从国际关系的路径出发，认为认同主要是两个方面，"一是身份认同，二是对于某种观念或规范（包括各种制度的认同）"⑤。郑晓云、涂浩然、卢丽刚等学者基于一般的使用习惯，在其著作、论文中认为认同就是达成共识、认可赞同。薛焱在其著作《当代中国主流文化认同研究》中，从文化领域路径出发，认为认同是"主体在各种外在条件的制约和影响下，为满足自身需要、实现自身利益而试图与特定客体建立同一性关系的过程或状态"⑥。

　　综观国内外学者阐释的认同含义，表明认同内涵的确是难以明确界定

---

① ［德］尤尔根·哈贝马斯：《交往与社会进化》，张树博译，重庆出版社，2005年，第20页。
② 夏正龙：《辞海》，上海辞书出版社，1999年，第1763页。
③ 顾明远：《教育大辞典》，上海教育出版社，1998年，第1623页。
④ 王成兵：《当代认同危机的人学解读》，中国社会科学出版社，2004年，第3页。
⑤ 夏建平：《认同与国际合作》，世界知识出版社，2006年，第43页。
⑥ 薛焱：《当代中国主流文化认同研究》，社会科学文献出版社，2016年，第48页。

的。众多的专家学者大都从自己的研究领域维度来界定认同的含义、内涵。本书认为,认同是一个相当复杂、具有多种词义内涵的概念,是涉及动机、行为、结果等全方位的一个活动过程,是主体对客体进行查证、辨别后,对客体理性、主动地认可、赞同、接受进而自觉践行的互动过程。

(二)认同的特征

认同是一个渐进、动态的过程,反映了主体对客体的文化、价值观或政治立场的认可和接受。当然,主体对客体的认同也不可能是亘古不变的,随着时间或是主体认知的变化或是客体的内因变化,主体原先生成的认同也可能会逐步解构。从中可以看出,认同具有可生成性、价值性、不稳定性和社会性等主要特征。

第一,具有可生成性。认同的可生成性,是人类在基于相互交往活动的基础上,在形成认同过程中的自我主体性作用的发挥和体现。认同的可生成性使得认同主体对认同客体产生积极的、主动的行为选择,借此传递认同的价值力量。主体在对客体生成认同的活动过程中,在明晰自身与客体有所差异性的前提下,主体首先要深化对客体的认识及系统掌握客体的科学内涵和外在表现形式,从而发现客体的特定价值及其驱动力量;另外主体在与特定的客体尝试建立同一性关系的同时,要克服利益使然,而是真正从内心层面建立起与特定客体的稳固关系,从而促进和深化主体对特定认同客体的主动、积极的选择接受。正如塞缪尔·亨廷顿认为的那样,人们的"identity"(认同)是在不同程度的压力下抑或不同的诱因及自由选择的情况下才得以产生和生成的,这也就从侧面验证了认同的可生成性。当然,主体对客体产生认同不是一蹴而就的,它是在主体和客体两者之间相互作用和认识不断升华的过程中才得以生成的。

第二,具有价值性。认同是一种思想意识,具有显著的价值属性和引领功能。列宁在其《哲学笔记》中强调,意识不仅仅是对客观世界的反映而且意识也能够改变和创造世界,"人的意识不仅反映客观世界,并且创造客观世界"①。英国哲学家约翰·洛克在其著作 *An essay concerning human understanding* 中认为,"认同(意识)会产生意志或欲望,进而成为行动和群体动员的内驱力"。美国心理学家威廉·詹姆斯在其著作 *The principles of psychology* 中也认为,认同(意识)无论如何都是为目的而战的战士。作为认同主体的人们,在和特定认同客体同一性的过程中,首先会对特定认同客体的本质、规律进行分析判断、整合加工,从而发现特定认同客体的价值和意义所在,并形成一定的行为准则和制度来指导自身的经济社会实践活动。充分发挥特定认同客体的价值性和引领功能,将对认同主体和人类社会的发展进步产生强大的内驱力和价值引导力。

第三,具有不稳定性。认同是主体认可、接受客体的一个活动过程、状态,该过程、状态是一种不断变化的、动态的心理接受和行为选择过程,具有明显的不稳定性。恩格斯在《反杜林论》中指出,事物是处于不停歇的动态调整当中并且具有不稳定性的特征,"呈现在我们眼前的,是一幅由种种联系和相互作用无穷无尽地交织起来的画面,其中没有任何东西是不动的和不变的,而是一切都在运动、变化、生成和消逝"②。正因为认同的不稳定性,才导致了现代社会中认同危机的出现。美国学者塞缪尔·亨廷顿在《我们是谁?——美国国家认同面临的挑战》中讨论了认同危机的问题,他认为,21世纪是一个认同危机的时代,人们将不得不重新思考自己的认同观点(意识形态观)。英国学者 Richard Jenkins 在 *Social Identity* 中提到,"现代人所讨论的问题不仅仅是认同问题,而且还深入到认同的变化问题:陈旧认同的复现,

---

① 《列宁全集》(第55卷),人民出版社,2017年,第182页。
② 《马克思恩格斯文集》(第三卷),人民出版社,2009年,第538页。

新认同的生成和当下认同的变迁发展"①。尤其是当下的数字社会,在媒介技术和网络技术的加持下,数字化生存和交往是人们社会生活的主要方式,数字空间各种类型的信息爆炸式增长给人们的信仰信念、伦理道德规范的选择产生了困惑,大大加剧了认同的解构风险。

第四,具有社会性。人们之间的相互交往活动是人类得以存在、延续和发展的前提,也是人们产生差异性、同一性进而达成共识的活动基础。"生产本身又是以个人彼此之间的交往(Verkehr)为前提的。这种交往的形式又是由生产决定的。"②马克思在《德意志意识形态》中阐述了社会生活中交往和生产的关系,指出了交往是生产的前提。而认同也是人们在交往活动过程中得以生成的一种产物,不是单个人所固有的思想,不能游离于他者、群体、组织之外,只能在与他们或彼此的互动交往中才能发挥其功能。马克思指出,人的本质是一切社会关系的产物而不是单个人所固有的抽象物。因此,单个人的思维、意识和认同,必然基于一定的社会关系中才能产生,因而它们也必然具有一定的社会属性。美国学者曼威·柯司特在其著作《认同的力量》中更是直接地认为,认同来源于人们的社会经验和所追求生活的意义,不存在游离于社会生活经验之外的认同。

二、马克思主义意识形态认同的基本要素

研究认同的建构过程,首先需要厘清认同包含的三个基本要素及其关系,即认同主体、认同客体和认同介质。同样,厘清认同主体、认同客体和认同载体这三者的界定和关系,也是新时代开展马克思主义意识形态认同问题研究的根本前提。

---

① Richard Jenkins, *Social Identity*, London: Routledge Publishing Group , 1996.p7.
② 《马克思恩格斯文集》(第一卷),人民出版社,2009 年,第 520 页。

（一）马克思主义意识形态认同的主体界定

马克思主义意识形态是无产阶级的科学意识形态，始终代表和维护着最广大人民群众的根本利益。因而，广大人民群众无疑是当前建构马克思主义意识形态认同的主体。广大人民群众是一个庞大的社会群体，在增进马克思主义意识形态认同的过程中，为了便于开展研究，我们需要探讨作为认同主体的广大人民群众在认同过程中的共性因素。认同主体的共性因素，主要包括广大人民群众这一主体的行为因素、思想因素和关系因素三个因素。

人民群众的主体行为因素，是指在推动马克思主义意识形态认同过程中，人民群众在日常生活场域所开展的系列行为活动。马克思指出，"思想、观念、意识的生产最初是直接与人们的物质活动，与人们的物质交往，与现实生活的语言交织在一起的。人们的想象、思维、精神交往在这里还是人们物质行动的直接产物"①。这也就是说，人民群众是社会生活中的自然物，要使得他们认同马克思主义意识形态，前提就是要使得人民群众在他们各自的日常生活场域与马克思主义意识形态理论有互动行为。譬如马克思主义意识形态理论关注人们的自由发展，自由发展不仅仅是关注人们政治方面的自由，还包括经济、文化等领域的自由发展，人们在日常社会生活中能够切身体会到理论的现实观照力，毋庸置疑会大大促进主客体两者之间的良性行为互动。理论通过与人民群众的行为互动，进而产生认同马克思主义意识形态的思想因素，并在此行为互动过程中形成一定的关系因素。人民群众的主体行为因素，是人民群众作为认同主体的思想因素和关系因素存在和发生的前提。

人民群众的主体思想因素，是指人民群众在生成马克思主义意识形态

---

① 《马克思恩格斯选集》（第一卷），人民出版社，2012年，第151页。

认同过程中所发生的一定的、相关的思维意识活动。马克思指出："通过实践创造对象世界,改造无机界,人证明自己是有意识的类存在物,就是说是这样一种存在物,它把类看做自己的本质,或者说把自身看做类存在物。"①这也就是说,人民群众是有意识、有思维的存在物,他们在基于自身利益需求的基础上,在增进马克思主义意识形态认同的主体行为过程中,逐步形成了关于马克思主义意识形态理论的本质属性和规律的理性认知与评价,使得自我意识与对象意识达到统一。另外,人民群众的主体思想因素具有极强的社会性和包容性,共同影响和制约着人民群众认同马克思主义意识形态的状态和进程。

人民群众的主体关系因素,是指影响马克思主义意识形态认同的各种社会关系。马克思主义认为,人的本质是一切社会关系的总和。人民群众之所以能够生成马克思主义意识形态认同,必然是建立在一定的社会关系基础上的,而这些社会关系又是相互促进、相互制约的。人民群众通过某种特定手段、方式开展系列行为和思维活动,使得马克思主义意识形态认同能够得以实现。另外,人民群众的主体关系因素,主要包括强关系因素、弱关系因素和中性因素关系三种相互影响的关系因素。强关系因素,是指稳定且传播范围有限的社会关系,容易建立起稳定性很强的意识形态认同;弱关系因素,是指传播范围广泛但联系松散的社会关系,带来的是相对松散、不太稳定的意识形态认同;中性关系因素,是介于强关系因素和弱关系因素两者之间,兼具两者的特征,容易形成稳定的兼具异质性的意识形态认同。

(二)马克思主义意识形态认同的客体界定

认同客体是指在社会生活中客观存在的基本范畴内,且被认同主体纳

---

① 《马克思恩格斯选集》(第一卷),人民出版社,2012年,第56~57页。

入对象性活动的概念、理论、思想或事物等。从认同客体的表现形态来说,大体上可以分为具体的认同客体和抽象的认同客体两大类。一般来讲,具体的认同客体具有可感知、有形、易辨别和客观存在等特征,诸如古迹名胜、奇珍异宝、书法作品、衣物服饰、高端手机、奢侈品等。具体的认同客体主要是满足认同主体的物质层面的诸多需求,认同主体在建构具体的认同客体认同时往往比较容易达成。抽象的认同客体具有无形、抽象、有争议、不易直接感知和难以直接辨别等特征,诸如文化习俗、信仰宗教、价值观、理念制度、精神思想等。抽象的认同客体主要是满足认同主体心理、精神层面的诸多需求,认同主体在建构抽象的认同客体认同时往往过程复杂、难度较大,需要在充分展现出认同客体的核心内涵、时代价值及契合认同主体的利益需求时才可能达成。

新时代推进马克思主义意识形态认同的认同客体显然是科学的马克思主义意识形态理论。马克思主义意识形态理论这一认同客体从属于抽象的认同客体范畴,较为抽象、开放性等特征决定了其认同建构过程具有反复性、复杂性和长期性的特点。党和政府在推进马克思主义意识形态认同的过程中,要注意马克思主义意识形态这一认同客体的两个子因素,即内容客体要素和活动客体要素。

内容客体要素,是指马克思主义意识形态理论本身存在的客观内容和表现形式,诸如马克思主义意识形态理论的本质、内涵和社会功能等。马克思指出,"对象如何对他来说成为他的对象,这取决于对象的性质以及与之相适应的本质力量的性质"①。马克思主义意识形态理论是科学的世界观和方法论,是人民群众追求自身全面发展和自由幸福的行动指南,马克思主义意识形态理论的本质、功能和人民群众这一认同主体的自身需要和利益诉

---

① 《马克思恩格斯文集》(第一卷),人民出版社,2009 年,第 191 页。

求是紧密契合的。人民群众对马克思主义意识形态理论的认同,实际上就是对马克思主义意识形态理论所倡导的价值观、客观规律和方法论的认同。因而,党和政府在推进马克思主义意识形态认同过程中,要始终坚持以人民为中心的根本立场,始终从人民群众的自身需要、利益诉求和满足状况程度等方面出发,去阐释其和马克思主义意识形态理论的相关性。

活动客体要素,是指在推进马克思主义意识形态认同过程中,人民群众的有价值的社会实践活动和正能量的思维意识的能动活动。人民群众的认同等一切社会实践活动,不是随心所欲、天马行空、走走形式过场就可能得以实施的,而是要受到客观的、特定的社会存在条件的约束和规范。"人们自己创造自己的历史,但是他们并不是随心所欲地创造,并不是在他们自己选定的条件下创造,而是在直接碰到的、既定的、从过去承继下来的条件下创造。"①人民群众的思维意识能动活动,既包含了人脑对马克思主义意识形态理论的理解、认知活动,又包括了人脑在理解认识马克思主义意识形态理论过程中的主观能动性活动。因而,在推进马克思主义意识形态认同过程中,要注重对既有的、特定的社会存在状况和既是认同主体又是认同客体的人民群众的意识能动活动因素的把控。

(三)马克思主义意识形态认同的载体要素

在推进马克思主义意识形态认同的过程中,认同方案的制定、马克思主义意识形态理论内容的宣传、实施和认同目标的实现,都离不开认同载体的桥梁纽带作用的发挥。当前,随着互联网技术和即时通信技术的迅猛发展,微信等新兴媒体的出现使得传播载体发生了前所未有的新变化, 打破了原先传统媒体(报纸、电视、广播)的宣传垄断优势,原先传统媒体衍生的话语

①　《马克思恩格斯文集》(第二卷),人民出版社,2009 年,第 470~471 页。

优势受到了巨大冲击,话语权也受到了削弱。为加快和增强马克思主义意识形态认同的进度和实效,新时代马克思主义意识形态认同载体建设要紧密契合新时期数字技术和媒介技术的发展步伐,充分体现科技性、现代性和创新性,要及时研判和应对新时期传播载体出现的传播渠道多向度、传播主体多元化、传播模式碎片化、传播环境复杂化等新情况、新变化,积极探索和创建新媒体与传统媒体互融的马克思主义意识形态认同载体。

加快马克思主义意识形态认同平台建设创建现代传播体系,就是要在发挥新媒体的使用率高、即时传播性强、互动性快等优势基础上,有机融合传统媒体所发布信息的权威性、官方性等优势,扬长避短克服新媒体传播自身的"负能量"(也就是因为新媒体传播信息量过于庞大,导致所发布的信息真假性识别查证困难,隐匿敌对意识形态的信息精准化、圈层化推送等问题)。习近平总书记在谈到新媒体和传统媒体相互融合时强调,"要坚持先进技术为支撑、内容建设为根本,推动传统媒体和新兴媒体在内容、渠道、平台、经营、管理等方面的深度融合,……形成立体多样、融合发展的现代传播体系"[①]。

为此,创新马克思主义意识形态认同的现代传播载体,一方面要做好技术平台的互融建设。现代传播载体的建设与发展和互联网信息技术及计算机硬件等相关技术的发展紧密相关,这就为信息的收集、采编、制作、发行及推广等相关服务的有机互融提供了可能。因而,国家相关部门要充分利用互联网、数字技术、计算机硬件和即时通信等相关技术的升级换代契机,将最新的科技成果应用于现代传媒载体平台的建设和改造,为新时期马克思主义意识形态理论的传播和认同提供强大的技术平台保证。另一方面也要做好内容的融合建设工作。当前,新媒体和传统媒体的内容供给和信息发布还

---

① 《习近平关于网络强国论述摘编》,中央文献出版社,2021年,第63页。

存在一定量的重复、雷同,这就影响了所发布内容的传播幅度和信息的覆盖面。为此,国家相关部门要从认同主体的实际需求出发,推出契合于新媒体和传统媒体传播属性的精品信息内容资源,进一步促进新媒体和传统媒体的深度融合。要注重开发契合当前人们碎片化生活习惯的短视频、微视频,不断丰富优质图像内容的信息供给,积极传递社会主义核心价值观和弘扬社会正能量。

第二章 马克思主义意识形态认同的时代价值和建构逻辑

新时代坚定维护我国的意识形态安全，不断提升人民群众的马克思主义意识形态认同度，巩固和捍卫马克思主义在意识形态领域内指导地位的根本制度，对于维护好国家安全和社会稳定，促进中国特色社会主义现代化建设事业的有序发展，早日实现中华民族伟大复兴的中国梦，具有重大的理论意义、政治意义和实践意义。本立而道生，马克思认为，"理论只要说服人，就能掌握群众；而理论只要彻底，就能说服人。所谓彻底，就是抓住事物的根本"①。为此，厘清推进马克思主义意识形态认同的时代价值及其建构逻辑，是新时代推进好马克思主义意识形态认同工作的根本性前提。

第一节 马克思主义意识形态认同的时代价值

意识形态工作是为国家立心、为民族立魂的工作。新时代推进实施马克思主义意识形态认同工作，事关我国意识形态安全、政治安全和中国特色社会主义伟大建设事业的兴衰，对于有效抵御资本主义意识形态的侵蚀，处理

---

① 《马克思恩格斯文集》（第一卷），人民出版社，2009年，第11页。

和解决好新时代我国社会的主要矛盾,实现中华民族伟大复兴中国梦,具有重要的现实指导意义。

一、抵御资本主义意识形态侵蚀的客观需要

资本主义意识形态和马克思主义意识形态,是当今社会多种意识形态中最主要的两种意识形态,它们两者既相互对立又相互联系。厘清资本主义意识形态的生成与发展脉络,及其危害侵蚀马克思主义意识形态的当前表现手法和主要特征,有助于深化人民群众对马克思主义意识形态的认识和更好更快地推进新时代马克思主义意识形态的认同工作。

(一)资本主义意识形态的萌芽、发展

一种意识形态的萌芽与生成,必然有着与之相联系的特定的生产方式的存在。没有特定的与之相联系的生产方式的存在,就绝不会生成与之相对应的意识形态。资本主义意识形态,是与以私有制为基础的生产关系相适应的意识形态,它的萌芽与生成是资本主义经济关系发展到特定阶段的必然产物。14、15 世纪和 16 世纪早期,在欧洲的意大利、英国、法国、德国等国家先后发起的"文艺复兴"运动,是一场代表新兴资产阶级利益要求的思想解放运动,为资本主义意识形态的萌芽奠定了必要的思想文化基础。

"在 14 和 15 世纪,在地中海沿岸的某些城市已经稀疏地出现了资本主义生产的最初萌芽。"①萌发于封建社会的资本主义生产方式,它的生成与发展离不开资本和能够自由出售自身劳动力的"劳动贫民"这两个基本要素。马克思在《资本论》中指出,"要使资本主义生产方式的'永恒的自然规律'充分表现出来,要完成劳动者同劳动条件的分离过程,要在一极使社会的生产

① 《马克思恩格斯文集》(第五卷),人民出版社,2009 年,第 823 页。

资料和生活资料转化为资本,在另一极使人民群众转化为雇佣工人,转化为自由的'劳动贫民'"①。而资本和自由出售自身劳动力的"劳动贫民"的出现,则是一个充满血与泪的罪恶史,这个过程就是"每个毛孔都带着血"的资本的原始积累过程。新兴资产阶级资本的原始积累主要通过两个途径,一个是使用暴力剥夺农民的土地使用权和所有权,从而将土地变成自己的私有牧场、农场,迫使农民成为可以自由出售劳动力的无产者。15世纪末英国羊吃人的"圈地运动",在欧洲社会发展史上堪称规模最大也最为典型,"圈地运动"野蛮强占了农民的利益,为新兴资产阶级积累了原始资本,为英国发展成为资本主义强国奠定了基础。

另一个途径是毫无人性、令人发指的殖民掠夺,这也是西方一些国家资本主义生产方式得以迅速发展的主要原因。葡萄牙、西班牙、英国、法国等殖民主义者对殖民地人民进行野蛮屠杀、掠夺和奴役,给殖民地人民带来巨大的灾难,西班牙在殖民统治期间为了抢占当地的矿产资源,致使1000多万的印第安人被折磨、屠杀;利欲熏心的英国、葡萄牙等国家殖民者的"黑奴贸易"运动,使非洲损失了近一亿的人口,造成了非洲传统文明衰落、经济社会严重倒退。这两种原始积累方式加速了封建生产关系的灭亡和资本主义生产方式的飞跃式积累,但是这个过程是充满罪恶、血腥的过程,正如马克思指出的那样,"资本来到世间,从头到脚,每个毛孔都滴着血和肮脏的东西"②。18世纪60年代,随着棉纺织业的技术革新等系列科学技术的发展和运用,英国率先开始工业革命并于19世纪30年代末期完成了工业革命。19世纪初,法国、美国和德国等资本主义国家也先后进行了工业革命。西方国家工业革命的不断胜利,使得资本主义的生产方式逐步建立并稳定下来。在新兴资产阶级的领导下,社会生产力发展速度迅猛,并积累了强大的物质基础和

---

① 《马克思恩格斯文集》(第五卷),人民出版社,2009年,第870~871页。

② 《马克思恩格斯文集》(第五卷),人民出版社,2009年,第871页。

经济基础；新兴资产阶级在与封建主义意识形态斗争的过程中，"从宗教到科学"的口号是资本主义意识形态最为重要的转变，也使得资产阶级意识形态逐步上升为西方国家的主流意识形态。

厘清资本主义意识形态的萌发起因和发展过程，有助于我们更加深刻地认清资本主义意识形态虚伪的本质，更加深刻地认清资产阶级宣扬的所谓维护财产、秩序、家庭和宗教的真面目，那就是虚假伪善面目背后隐藏的赤裸裸的"强盗般的勒索手段""非法没收股民应得红利""将杀生害命和卖淫变成正当职业"的肮脏手段和不齿行为。马克思在《不列颠在印度统治的未来结果》中一针见血地指出，"当我们把目光从资产阶级文明的故乡转向殖民地的时候，资产阶级文明的极端伪善和它的野蛮本性就赤裸裸地呈现在我们面前，它在故乡还装出一副体面的样子，而在殖民地它就丝毫不加掩饰了。……当资产阶级在印度单靠贪污不能填满他们那无底的欲壑的时候，难道他们不是都像大强盗克莱夫勋爵本人所说的那样，采取了凶恶的勒索手段吗？当他们在欧洲大谈国债神圣不可侵犯的时候，难道他们不是同时就在印度没收了那些把私人积蓄投给东印度公司作股本的拉甲所应得的红利吗？当他们以保护'我们的神圣宗教'为口实反对法国革命的时候，难道他们不是同时就在印度禁止传播基督教吗？而且为了从络绎不绝的朝拜奥里萨和孟加拉的神庙的香客身上榨取钱财，难道他们不是把札格纳特庙里的杀生害命和卖淫变成了一种职业吗？这就是维护'财产、秩序、家庭和宗教'的人的真面目！"①

（二）资本主义意识形态自身存在的痼疾

资本主义意识形态是与资本主义社会的经济基础和上层建筑相吻合的

---

① 《马克思恩格斯选集》(第一卷)，人民出版社，2012年，第861~862页。

并为其服务的，但是资本不择手段追求利润最大化的逐利本性和资产阶级是坚定维护统治阶级"财产的捍卫者"的最根本实质，内在地决定了资本主义意识形态与其所倡导的"理性、民主、自由、平等、博爱"价值理念之间存在着难以调和的根本矛盾，也就是他们所倡导的和现实的是相互背离的。正如恩格斯在《社会主义从空想到科学的发展》中强调的那样："为革命作了准备的 18 世纪的法国哲学家们，如何求助于理性，把理性当做一切现存事物的唯一的裁判者。他们认为，应当建立理性的国家、理性的社会，应当无情地铲除一切同永恒理性相矛盾的东西。我们也已经看到，这个永恒的理性实际上不过是恰好那时正在发展成为资产者的中等市民的理想化的知性而已。"①

一是理性目标与现实社会的背离。建立理性的国家和社会，是资产阶级反对封建统治阶级、凝聚人心的目标和旗帜。理性也是资产阶级所倡导的资本主义意识形态的核心价值观之一，但是资产阶级革命成功后，他们所建立的国家、社会和当初的理性目标却是严重背离的。18 世纪末爆发的法国大革命是反对封建主义最为彻底的资产阶级革命，但是革命取得成功后，资产阶级建立的政治制度、理性国家如何呢？法国大革命的历史表明，资产阶级建立的政治制度及其理性国家总体上是让人失望的！"当法国革命把这个理性的社会和这个理性的国家实现了的时候，新制度就表明，不论它较之旧制度如何合理，却决不是绝对合乎理性的。理性的国家完全破产了。卢梭的社会契约在恐怖时代获得了实现，对自己的政治能力丧失了信心的资产阶级，为了摆脱恐怖时代，起初求助于腐败的督政府，最后则托庇于拿破仑的专制统治。"②资产阶级先后依托于"腐败的督政府""拿破仑的专制统治"，因而建立理性国家的结果只能是虚幻和破产。

理性国家是破产了，那么资产阶级当初倡导建立的理性社会呢？现实社

① 《马克思恩格斯文集》(第九卷)，人民出版社，2009 年，第 272 页。
② 《马克思恩格斯文集》(第九卷)，人民出版社，2009 年，第 272 页。

会是依然丧失了理性的,富有和贫穷的对立更加尖锐、犯罪现象日益增多、资产阶级罪恶更加猖獗更加肆无忌惮、商业变成了欺诈……资产阶级建立的所谓的理性社会的"遭遇也并不更好一些。富有和贫穷的对立并没有化为普遍的幸福,反而由于调和这种对立的行会特权和其他特权的废除,由于缓和这种对立的教会慈善设施的取消而更加尖锐化了;工业在资本主义基础上的迅速发展,使劳动群众的贫穷和困苦成了社会的生存条件。犯罪现象一年比一年增多。如果说以前在光天化日之下肆无忌惮地干出来的封建罪恶虽然没有消灭,但终究已经暂时被迫收敛了,那么,以前只是暗中偷着干的资产阶级罪恶却更加猖獗了。商业日益变成欺诈。"①

二是价值目标与现实社会的背离。"民主、自由、平等、博爱"是资本主义意识形态标榜的主要内容,这样的价值目标比起封建社会的残暴专政和宗教神学的确具有一定的历史进步性。但是,综观资本主义的社会发展史,资本主义社会制度固有矛盾而导致的周期性的经济危机及现实社会的巨大反差,使得资产阶级革命时极力推崇的价值目标变得空洞无物、不着边际。

民主是资产阶级在反对封建主义斗争中高举的旗帜,也是资本主义意识形态的核心价值观之一。反封建革命成功后,资产阶级也实现了民主制度的改革、创新,譬如设立行政、立法和司法的三权分立制度、两党或多党竞选制度等。但是资本主义这些民主制度依然是不完善的、片面的,它们虽然表面上实行了全国普选,但本质上还是少数人或利益集团的"金钱游戏"而已,政治也只不过是富人群体的政治罢了。因而,资本主义民主本身都是虚伪、空洞的,更别说将其作为"普世价值"对发展中国家进行推广了。自由、平等、博爱是资本主义意识形态的主要内容,自法国大革命提出"天赋人权、自由、平等、博爱"的原则以来,西方国家至今聒噪不息、自鸣得意。极具讽刺意味

---

① 《马克思恩格斯文集》(第九卷),人民出版社,2009年,第272~273页。

的是,《人民与公民权利宣言》规定只有白色人种男性享有此项权利,穷人、有色人种和妇女不在宣言中的"人"和"公民"范围之内。显而易见,自由、平等、博爱是只针对特定人群的,它是有条件的,不具有普遍性,充其量是资产阶级自娱自乐的"皇帝的新装"。马克思充分肯定了资本主义社会相对于封建社会的进步性,指出人们在商品生产、消费、交换和就业选择等方面拥有了前所未有的自由,但是也深刻地揭露了资产阶级所宣扬的"自由"的欺骗性和实际本质,"在自由竞争中自由的并不是个人,而是资本"①。"先生们,不要一听到自由这个抽象字眼就深受感动! 这是谁的自由呢? 这不是一个人在另一个人面前享有的自由。这是资本所享有的压榨工人的自由。"②列宁对此也精辟地指出,"是哪一个阶级的自由? 到底怎样使用这种自由? 是哪个阶级同哪个阶级的平等? 到底是哪个方面的平等?"③资产阶级所推崇的"自由"只能是"资本的自由","平等"也只能是"在金钱的基础上人人才可以平等",在极力追求剩余价值最大化的过程中,资产阶级对无产阶级究竟能有多少"博爱"可言? 近年来的斯诺登事件、占领华尔街运动、周期性的经济危机、颜色革命、打着反恐和维护世界和平旗号的军事运动等事件,正是揭穿标榜"民主、自由、平等、博爱"的资本主义意识形态实质的最好佐证。

（三）抵御资本主义意识形态侵蚀需要推进马克思主义意识形态认同

虽然资本主义意识形态具有自身难以消除的内在矛盾，但是西方资产阶级政党通过对自身社会制度不断地自我扬弃、自我调节和自我修饰，使得意识形态基本适应了资本主义社会的发展，在一定程度上缓和了与无产阶

---

① 《马克思恩格斯文集》(第八卷),人民出版社,2009 年,第 179 页。

② 《马克思恩格斯选集》(第一卷),人民出版社,2012 年,第 373 页。

③ 《列宁全集》(第 39 卷),人民出版社,1986 年,第 423~424 页。

级的社会矛盾烈度,其作为主流意识形态的地位并没有发生改变。当前,经济全球化、互联网络技术促进了人类社会的普遍交往,各个国家之间的政治、经济、文化、科技的交流、交锋、交融有了深入的发展。西方资本主义国家倚仗其在经济、科技、文化、信息等领域的强势地位和话语优势,对我国持续推行没有硝烟的意识形态输出战争——实施和平演变战略,图谋以资本主义价值观念替代人民群众的马克思主义信仰信念,企图颠覆我国的社会主义制度和马克思主义指导思想,攻击中国共产党领导的合法性地位,希冀阻断和遏制中华民族的伟大复兴,最终达到让社会主义中国改旗易帜、分化西化私有化中国的险恶目的。

近年来在我国思想价值观领域内甚嚣尘上的"普世价值"学说,是反华敌对势力对我国实施和平演变战略渗透资本主义意识形态的重要载体。"普世价值"学说极具迷惑性和欺骗性,但是运用马克思主义阶级立场加以辨别就能够洞若观火,让其原形毕露。"普世价值"的普适性存在与否,就连法国前外长韦德里纳都对其是否真的能够"普世"表示严重怀疑,他在《全球地图册》中提出,"我一直坚信和捍卫这些价值,但我不无伤感地告诉您,西方世界十亿人口在全球六十亿人口中占少数,我们认定的'普世价值'未必真的就是'普世'的,现在我们没有理由也没有能力强迫别人接受我们的价值观"。可见,反华敌对势力极力鼓吹的价值观念并不是真的普世、普适的,他们乐此不疲、极力鼓吹普世价值而进行思想渗透的目的只有一个,那就是为了资本扩张进而攫取更多的经济利益。恩格斯在《反杜林论》中指出,道德是具有阶级性的,所谓的永恒道德是不存在的,"我们拒绝想把任何道德教条当做永恒的、终极的、从此不变的伦理规律强加给我们的一切无理要求,这种要求的借口是,道德世界也有凌驾于历史和民族差别之上的不变的原则。相反,我们断定,一切以往的道德论归根到底都是当时的社会经济状况的产物。而社会直到现在是在阶级对立中运动的,所以道德始终是阶级的道德"①。

列宁对于考茨基的"纯粹民主"指出,所谓的"纯粹民主"只是愚弄工人的谎话,"如果不是嘲弄理智和历史,那就很明显:只要有不同的阶级存在,就不能说'纯粹民主',而只能说阶级的民主(附带说一下,'纯粹民主'不仅是既不了解阶级斗争也不了解国家实质的无知之谈,而且是十足的空谈……)……,考茨基一本正经地谈论魏特林,谈论巴拉圭的耶稣会教徒,谈论许许多多别的东西,这不过是用那套'博学的'谎话来蒙骗工人,以便回避现代民主即资本主义民主的资产阶级实质"②。因而,所谓的普世价值,只能是西方资本主义国家或某些利益集团的核心价值观念的表达,只能是适应了资本主义社会的经济关系,因而也就内在地规定了其资本主义意识形态的根本属性。

20 世纪末苏联解体、苏共垮台的惨痛历史,正是资本主义意识形态与马克思主义意识形态激烈交锋的真实写照。美国当时的驻苏联大使小杰克·F.马特洛克说过,"只要苏联不放弃其制度的意识形态核心——阶级斗争观念,冷战就决不会停止。而一旦它放弃,该制度自身就不再具有任何理论依据。既然共产主义统治和冷战都建立在共同的意识形态基础之上,那么,只要摧毁了这个基础,两者便都难以存在"③。由此可见,放弃了马克思主义意识形态理论的核心——阶级斗争学说,社会主义制度也就不可能存在了。苏共领导人戈尔巴乔夫执政后,认为全人类的价值高于一切,主张实行人道主义的社会主义,甚至认为十月革命是法国资产阶级革命的回声,最终在内政与外交上丢掉了阶级立场,导致了苏联的分崩离析。

党的十八大以来, 习近平总书记多次强调要坚持阶级立场和阶级分析

---

① 《马克思恩格斯文集》(第九卷),人民出版社,2009 年,第 99~100 页。

② 《列宁选集》(第三卷),人民出版社,2012 年,第 600~601 页。

③ [美]小杰克·F.马特洛克:《苏联解体亲历记》,吴乃华等译,世界知识出版社,1996 年。

方法。2014年2月,他在省部级主要领导干部研讨班上指出,必须坚持马克思主义的政治立场。坚持马克思主义的政治立场,首先就是要坚持阶级的立场,运用阶级分析方法。为了更好地抵御资本主义意识形态的渗透、侵蚀,我们要理直气壮地运用马克思主义意识形态理论的核心——阶级斗争理论,运用阶级观点、阶级分析方法来认识资本主义意识形态的伪善面目,厘清资本主义意识形态的资产阶级实质及其政治图谋,坚持马克思主义在意识形态领域指导地位的根本制度不动摇,坚持中国特色社会主义道路自信、理论自信、制度自信和文化自信,全力维护我国的意识形态安全。

二、解决新时代我国社会主要矛盾的现实需求

2017年10月18日,习近平总书记在党的第十九次全国代表大会上庄重指出,"经过长期努力,中国特色社会主义进入了新时代,这是我国发展新的历史方位。……我国社会主要矛盾已经转化为人民日益增长的美好生活需要和不平衡不充分的发展之间的矛盾。……我国社会生产力水平总体上显著提高,社会生产能力在很多方面进入世界前列,更加突出的问题是发展不平衡不充分,这已经成为满足人民日益增长的美好生活需要的主要制约因素。"[①]以习近平同志为核心的党中央领导集体对新时代我国社会主要矛盾的转化定位,正是在基于当前我国经济建设快速发展、社会民生建设等方面出现的新情况、新变化、新矛盾和新的历史机遇基础上做出的精准战略判断。我国经济社会发展进入新的历史方位,经济、政治、社会、文化、生态等领域中出现的新问题、新矛盾,成为影响人民日益增长的美好生活需要,以及更多获得感、幸福感和成就感的重要因素。推进马克思主义意识形态认同建设,展现其基本功能、现实观照力和契合于人民群众利益的价值诉求,有助

---

① 习近平:《决胜全面建成小康社会 夺取新时代中国特色社会主义伟大胜利:在中国共产党第十九次全国代表大会上的报告》,人民出版社,2017年,第10~11页。

于解决好新时代我国社会的主要矛盾。

（一）新时代我国社会主要矛盾转化的理论依据

在人类社会发展的历史长河中，社会发展始终遵循着马克思主义经典作家所揭示的社会基本矛盾发展规律。马克思、恩格斯揭示的人类社会发展的基本矛盾发展规律，也就是生产力与生产关系之间矛盾运动发展规律和经济基础与上层建筑之间矛盾运动发展规律，是对人类社会发展规律的准确把握和本质揭示。毛泽东进一步发展和丰富了马克思、恩格斯的社会矛盾发展规律，在著名的《矛盾论》中提出了事物发展过程中的主要矛盾的概念及其地位、作用，"在复杂的事物的发展过程中，有许多的矛盾存在，其中必有一种是主要的矛盾，由于它的存在和发展规定或影响着其他矛盾的存在和发展"①。马克思主义经典作家关于社会矛盾运动发展规律的论述，为新时代我国社会主要矛盾的演变转化奠定了坚实的理论基础。新时代人民日益增长的美好生活需要和不平衡不充分的发展之间的矛盾，实质上其核心仍然是人民对美好生活的需求与社会生产的供给这两者之间的矛盾。

从需求侧来看，新时代人民群众日益增长的美好生活的需要有了新的诉求。马克思主义需要理论告诉我们，人的需要主要包括生存需要、享受需要和发展需要三个部分，这三个部分是一个辩证的、有机的、动态的发展过程，人的需要本身就蕴含着对自我的超越性和否定性。马克思、恩格斯在其《德意志意识形态》中指出，人们能够创造历史的前提是要能够生活，而能够生活的前提就是要解决人类自身的衣食住行等基本的需求。人类创造历史改造社会的实践过程，就是不断地改变现实生活中所处的环境，不断地创造条件满足人类自身不断生成的各种需求的过程，"已经得到满足的第一个需

---

① 《毛泽东选集》（第一卷），人民出版社，1991年，第320页。

要本身、满足需要的活动和已经获得的为满足需要而用的工具又引起新的需要"①。人类在社会实践过程中生成的一个又一个新的需要,抑或低层次的生理、物质等方面的需求,抑或更高层次的精神方面或者是政治方面的追求。人的需要在得到了满足的同时,又否定了自身作为需要的存在,得到满足的需要和其工具在自我否定的过程中又生成了新的需要,通过"生成需要→满足需要→自我否定→生成新的需要→满足新的需要→再自我否定"的不断循环方式,不断生成人的新的需要,诸如更高的发展目标、更加理想的生存环境和生活方式等需要,从而推动了经济社会实践活动的开展和人类社会文明的不断进步。改革开放四十多年来,人民群众对美好生活的需求日益广泛,逐步由生存性需求向发展型需求转变,呈现出层次性、动态性、差异性、提升性和复杂性等特点。人民群众在原有的医疗保障条件、社会保障机制、公平教育环境、满意的居住条件和丰富的精神文化生活需要基础上,对社会和谐发展、公平正义、民主法治、生态环境、权利权益、自身全面发展都有了更新更高的需求。

从供给侧来看,新时代社会生产力水平总体跃升很快,但呈现出发展不平衡不充分的样态特征。马克思在其《德意志意识形态》中阐述生产力和社会关系时指出,"人们所达到的生产力的总和决定着社会状况"②。伴随着社会生产力水平的不断发展变化,社会生产力必然会与现有的生产关系相矛盾、相抵触,现有的生产关系则成了阻碍社会生产力发展的桎梏,"生产力和交往形式之间的这种矛盾——正如我们所见到的,它在迄今为止的历史中曾多次发生过,然而并没有威胁交往形式的基础——每一次都不免要爆发为革命,同时也采取各种附带形式,如冲突的总和,不同阶级之间的冲突,意

---

① 《马克思恩格斯选集》(第一卷),人民出版社,2012年,第159页。
② 《马克思恩格斯选集》(第一卷),人民出版社,2012年,第160页。

识的矛盾,思想斗争,政治斗争,等等"①。为此,通过各种附带形式诸如革命、斗争,解决社会生产力与现有生产关系的矛盾,并促进该矛盾在新时代社会结构中的转化发展,同时产生与之相适应的新的"交往形式"。

新中国成立以来,尤其是改革开放以来,我国社会生产力发展水平总体呈现出逐年攀升的发展形态,社会经济发展始终保持中高速的增长态势,国内生产总值稳居全球第二,人均国民收入达到中等收入国家水平,中部、西部、东部和东北等地区的发展差距得到了有效的控制。由于我国中部、西部地区国内生产总值基数小、市场化发展水平低和产业产品竞争力较低,虽然自2011年以来中西部地区的经济发展增速普遍高于东部地区,但是中西部地区和东部地区差距总量仍然呈现出不断扩大的态势;另外,城乡之间发展差距也呈现出省域内与外围等发展差距大的复杂景象。再加上一些地区片面追求短期经济效益,不注重科学发展、绿色发展,致使社会生产力发展不充分、资源利用质量不高、经营模式陈旧、产品形态的革新度和创新度不高,这都在一定程度上导致了社会生产力发展的不平衡不充分。

(二)新时代我国社会主要矛盾转化的现实依据

我国社会的主要矛盾从党的十一届六中全会指出的"人民日益增长的物质文化需要同落后的社会生产之间的矛盾"转化为当前"人民日益增长的美好生活需要和不平衡不充分的发展之间的矛盾",是新时代中国特色社会主义社会持续注重供给侧结构性改革和不断强化创新驱动发展的必然结果。新时代中国特色社会主义的生产力发展状况,从总体上来讲已经解决了原来的"人民日益增长的物质文化需要同落后的社会生产之间的矛盾",虽然不平衡不充分的生产力发展状况无法全面满足新时代人民日益增长的美

---

① 《马克思恩格斯选集》(第一卷),人民出版社,2012年,第195~196页。

好生活需要，但是在很大程度上还是促进了人民这一需求侧的需求结构变化、顺序变化和层次变化，从而在根本上推动了新时代中国特色社会主义社会主要矛盾的历史性转变。

社会生产力水平的不断发展，日益解决了落后的社会生产难以满足人民群众物质文化需要的这一主要矛盾。首先，对比现阶段和以前的总体经济发展水平。比较总体经济发展水平，主要是对比国内生产总值、人均国民总收入和经济增长态势这三个指标。根据国家统计局公布的 2016 年国民经济和社会发展统计公报数据显示，2016 年我国国内生产总值占世界经济总量的比重是 14.8%，排名位列全球经济体第二位，总额达到了 74.4 万亿元，人均国内生产总值达到 8100 美元。而 1978 年我国国内生产总值仅为 3645.2 亿元，人均国内生产总值是 381 元；1988 年国内生产总值是 15042.8 亿元，人均国内生产总值是 1366 元；1998 年国内生产总值是 84402.3 亿元，人均国内生产总值是 6796 元；2008 年国内生产总值是 314045.4 亿元，人均国内生产总值是 23708 元。2016 年我国人均国民总收入是 8260 美元，达到了世界银行制定的中高等国家收入水平标准，位列全球 216 个国家和地区的第 93 位。1988 年，我国人均国民总收入为 330 美元，属于低收入国家水平，1998 年，我国人均国民总收入为 790 美元，属于下中等收入国家水平，2008 年，我国人均国民总收入为 3040 美元，属于下中等收入国家水平，2010 年，我国人均国民总收入为 4240 美元，到达上中等收入国家水平。国家统计局的数据表明，近十年来我国的国内生产总值持续保持平均约 8% 的增长率，虽然不同时期的增长率数据有所变化，但是明显高于世界同期的增长水平，呈现出强劲的增长态势。跨时段的数据对比表明，新时代中国的总体经济发展水平相比于以前发生了巨大变化，取得了举世瞩目的巨大成就。自 2010 年中国迈入中等国家收入水平行列以来，人民的生活水平发生了巨大变化，截至 2016 年底，我国城镇居民的人均可支配收入为 33616 元，农村居民人均纯收入达到了 12363 元,总体上已经实现了小康社会的建设目标,因而可以说,人民群众的物质文化需要已经基本得到了满足。

　　社会生产力水平的不断发展,引发和促进了人民群众的新的需要结构变化、顺序变化和层次变化。马克思主义需要理论告诉我们,随着社会生产力水平的不断发展,人民群众的需要生成是一个辩证、不断循环、逐步升级的动态的过程,也就是"生成(需要)→满足→自我否定→再生成(新的、高级的需要)"的往复循环过程。伴随着新时代社会生产力水平的不断发展,人民群众的需求结构、需求层次呈现出新的变化特征。这些新的变化一方面体现在人民群众需求结构的拓展与丰富,另一方面体现在人民群众的需求层次和需求水平的逐级提升。诸如人民群众的物质生活与民生保障需求日益增长、精神文化需求水平不断提升、政治参与需求不断显现、社会法治化公平化诉求愈发突出、城乡和跨区域自由流动诉求不断显现等。在党的十九大报告中,习近平总书记指出,新时代人民群众对美好生活的需要日益广泛,不仅对物质文化生活提出了更高要求,而且在民主、法治、公平、正义、安全、环境等方面的要求日益增长。新时代人民群众需求结构的拓展与丰富、需求层次和需求水平的逐级提升,集中体现了人民群众对美好生活需要的内涵有了实质性的变化和提升。

　　我国经济社会发展的不平衡不充分,难以满足新时代人民群众广泛的社会需求。新时代社会生产力的迅猛发展,使得我国经济规模超过日本并稳居全球第二,人均国民总收入也达到了中等收入国家的水平。但是由于我国人口众多、不同地区、区域发展不均衡、经济社会发展不充分等原因,依然难以解决好人民群众对美好生活的广泛需要的问题。

　　首先,新时代经济社会发展不平衡问题依然突出,主要表现为城乡发展不均衡问题、不同地区发展差距大的问题、收入分配差距大的问题,以及经济领域与社会、生态等领域之间发展不协调的问题。不同地区的发展差距和城乡发展差距大已是不争的事实,据国家公布的数据来看,2015 年国内生产总值最高的省份是最低省份数值的 70 倍,居民消费水平最高的省份是最低省份数值的 5 倍左右。城乡差别和区域发展差别衍生出的居民收入分配失衡问题频现,2016 年我国居民人均可支配收入为 2.4 万元,其中城镇居民为 3.4 万元,而农村居民可支配收入仅为 1.2 万元,农村居民可支配收入仅仅是全国平均水平的一半,收入分配差距显著。在追求经济至上发展模式的过程中,我国经济领域内部设置出现了工业占比高、服务业滞后的结构性失衡现象,同时经济建设成果没有充分转化为民生保障和公共供给,使得人民群众的获得感不强,影响其投身于民族复兴伟大建设事业中的积极性和创造性。其次,新时代我国经济社会发展不充分问题仍然存在。主要表现为实体经济活力有待提高,微观经济发展频受制约,经济发展方式迟滞,创新能力不足,市场壁垒痼疾依然存在,市场竞争机制需要改革完善,公共物品服务供给难以满足人民群众的需求。

新时代社会生产力水平的提升,化解了早先的人民日益增长的物质文化需要同落后的社会生产之间的这一主要矛盾,并且促进了新时期人民群众需求的结构变化和层次变化。人民群众需求结构的变化和层次变化集中体现在对美好生活需要的日益增长上,但是我国经济社会发展过程中的不平衡不充分问题难以满足人民群众的新的社会需求,从而推动了我国社会主要矛盾发生了历史性的变化。

(三)解决新时代我国社会主要矛盾需坚持推进马克思主义意识形态认同

改革开放四十多年来,中国社会发生了广泛而深刻的巨大变革,尤其是社会利益关系这一层面的变化更是突出。人民群众利益思想和行为的自主性、差异性不断增强,自身维权意识愈发突出,过度关注和追求自身的利益需要而引发的失信、贪腐等社会矛盾和问题不断显现;由于过度追求经济利益至上的发展模式,忽视了科学发展、协调发展,从而造成了发展的结构性失衡,形成了各领域发展不平衡、区域发展不平衡、群体发展不平衡、社会发展总量不丰富、发展程度不够高、发展态势不稳固的"不平衡不充分"的态势,使得人民日益增长的美好生活需要和不平衡不充分的发展之间的矛盾成为当前我国社会的主要矛盾。

1.马克思主义意识形态的价值诉求契合于人民群众的利益需求

马克思曾经指出,人类开展社会活动的动因是为了满足自身发展的利益需要,"人们奋斗所争取的一切,都同他们的利益有关"。新时代我国社会主要矛盾中的"人民日益增长的美好生活需要"这一矛盾本质上亦是如此,亦是人民群众在追求自身自由解放和全面发展过程中的更高层次的利益需要。人民群众的美好生活需要涵括政治、经济、文化、社会等精神层面的利益需要,而不单单是仅关注基础性、低层次的物质层面的利益需求。1956 年 11月 15 日,毛泽东同志在中国共产党第八届中央委员会第二次全体会议上说:"人是要有一点精神的,无产阶级的革命精神就是由这里头出来的。"①毛泽东同志在讲话中提到的这种精神,实质上就是要有崇高的理想、坚定的信念和顽强的斗志,要有为共产主义奋斗终身的理想,要有全心全意为人民服务的坚定信念,也正是马克思主义意识形态的价值诉求所在。"马克思主义的全部理论都立足于实现和维护最广大人民的根本利益,把全人类的解放和人的全面发展作为最高价值追求。"②马克思主义意识形态的价值诉求就是要始终维护和处理好人民群众的各种现实需求和所关切的各种利益需要,以及实现人民群众的全面自由发展。

习近平总书记在党的十九大报告中指出:"不忘初心,方得始终。中国共

① 《毛泽东文集》(第七卷),人民出版社,1999 年,第 162 页。

② 中共中央宣传部理论局:《划清"四个重大界限"学习读本》,人民出版社,2010 年,第 7~8 页。

产党人的初心和使命，就是为中国人民谋幸福，为中华民族谋复兴。"①报告中十多次提及人民群众的美好生活需要，这是对新时代人民群众各种需求的主动关切和积极回应，充分体现了人民利益至上的发展方略。中国共产党是以马克思主义意识形态价值目标为遵循的无产阶级执政党，为解决好新时代人民日益增长的美好生活需要这一矛盾，应该从严落实党风廉政建设，准确把握新时代反腐败斗争形势，保持马克思主义执政党的先进性和纯洁性，坚决防止利益冲突，营造公平高效的社会环境；全力遏制社会利益分化、倡导社会公平正义，全面约束和杜绝破坏社会公正的思想和行为，"把生产发展到能够满足所有人的需要的规模；结束牺牲一些人的利益来满足另一些人的需要的状况"②。实施可行且有实效的应对之策，充分协调好各种利益关系，合理有序调节好人民群众的收入分配差距，切实解决好人民群众最关心、最直接、最现实的利益问题，特别是解决看病难、上学难、就业难、住房难等操心事、揪心事、烦心事，不断增强人民群众的获得感、幸福感、安全感，使得广大人民群众都能够共享改革开放带来的发展成果；不断推进社会主义民主法治观念入脑入心，推动不同阶层的政治参与度，维护好不同阶层的政治地位，真正实现人民群众当家作主，全方位构建和创造人民群众美好生活需要的各种条件和制度保障措施。

2.马克思主义意识形态的基本功能有助于解决好发展不平衡不充分难题

当前我国经济社会发展不平衡不充分主要涵括经济发展不平衡和经济发展不充分这两个方面的发展矛盾。经济发展不平衡主要是指城乡发展不平衡、地区区域经济发展不平衡、收入分配不平衡、人才结构不平衡和经济发展与生态建设不平衡等主要方面。经济发展不充分主要是指创新不充分、

---

① 习近平：《决胜全面建成小康社会 夺取新时代中国特色社会主义伟大胜利：在中国共产党第十九次全国代表大会上的报告》，人民出版社，2017年，第1页。

② 《马克思恩格斯文集》（第一卷），人民出版社，2009年，第689页。

改革不充分、开放不充分和实体经济发展不充分等主要方面。城乡发展不平衡突出表现为城乡经济发展差距较大、城乡发展基础要素配置不均、城乡公共服务配置不均和城乡二元结构矛盾依存等主要方面；地区区域经济发展不平衡突出表现为东部地区和中西部、东北地区经济发展失衡、区域合作协同制度有待完善等主要方面；收入分配不平衡突出表现为初次分配机制不健全、税收等调节措施不力和贫富差距扩大趋势未能有效遏制等主要方面；人才结构不平衡突出表现为中低端人力资源过剩和人力资源效能不高等主要方面；经济发展与生态建设不平衡突出表现为经济发展与生态环境保护矛盾形势严峻，致使空气质量、水污染、土壤污染和生态环境退化等问题日益严重；创新不充分突出表现为创新政策机制不够完善、自主创新能力不强和科技创新成果转化应用水平不高等主要方面；改革不充分突出表现为市场化改革体系不完善、市场经济秩序不规范、产权制度建立不健全和政府宏观调控能力仍需提升等主要方面；开放不充分突出表现为市场准入条件复杂、开放程度不够高、产品参与全球竞争的竞争力不够高和全球市场竞争机制、标准制定的话语权不够强等主要方面；实体经济发展不充分突出表现为我国实体经济发展的质量和效率不高、发展源动力不足和经济结构性供需失衡等主要方面。

马克思主义意识形态凝结着人类思想的精华，其基本功能涵括经济指导功能、政治指导功能、文化指导功能、社会指导功能和生态指导功能五个方面。马克思主义意识形态的经济指导功能，有助于简化决策过程、降低利益主体的交易成本，从而提高市场化改革中资源配置优化的效率和市场经济体制运行的效率；有助于规范失范失序的市场经济行为，充分发挥市场经济体制运行中最有效的人力资源效能；有助于评判当下社会的经济制度结构、劳动分工及收入分配等社会问题的合理性与否，从而促进经济发展结构性失衡的有效调整和收入分配机制的进一步完善。马克思主义意识形态理论的生态指导功能，使得人们不得不重新审视人类发展与自然生态保护与建设的两者关系，批判以往控制自然的错误思想观念和反思以技术理性和工具理性为主导的现代性发展观念带来的危害，从而促进绿色发展、协调发展的科学发展理念的最终形成。马克思主义意识形态的政治指导功能、文化指导功能和社会指导功能，有助于引导人民群众正确认识当下的各种利益关系和发展不平衡不充分这一经济社会发展过程中的矛盾，引导人民群众形成共识、积极主动作为，从而在"创新发展、协调发展、绿色发展、开放发展和共享发展"新发展理念的指引下，从总体上破解新时代经济发展不平衡不充分这一发展难题。

三、实现中华民族伟大复兴中国梦的动力源泉

马克思、恩格斯对于民族复兴的问题给予了极大的关注和思考，他们不是单纯地、孤立地考察一个民族的复兴问题，而是始终从整个国际共产主义运动的视域来考察某一民族的复兴。马克思、恩格斯的《论波兰问题》《不列颠在印度统治的未来结果》《中国革命与欧洲革命》《共产党宣言》等著作、信件中均蕴含着丰富的民族复兴思想。"波兰工业的迅速发展（它已经超过了俄国工业），又是波兰人民拥有强大生命力的新的证明，是波兰人民即将达到民族复兴的新的保证。而一个独立强盛的波兰的复兴是一件不仅关系到波兰人而且关系到我们大家的事情。"①从中可以看出，民族复兴的保证是"工业的迅速发展"，单一波兰国家的复兴，不仅仅是关涉一个民族的事情，而且也关系到其他民族的复兴。

鸦片战争是中国近代屈辱史的开端，也是马克思、恩格斯集中分析中国问题的着眼点和切入点，他们在揭露西方列强侵华罪行的同时，坚决维护中

---

① 《马克思恩格斯文集》(第二卷)，人民出版社，2009年，第24页。

华民族的尊严并支持中国人民反帝反封建的正义斗争。他们围绕两次鸦片战争的源起、过程和导致的后果,深刻分析了旧中国面临的重重危机和走向没落的原因,对当时社会变革的时代条件、国际环境、民族特征和发展前途等一系列重要问题进行了深刻的论述。马克思、恩格斯预言,苦难重重的中华民族通过艰辛探索和不懈努力, 必将以民族复兴的崭新面貌屹立于世界东方,"过不了多少年,我们就会亲眼看到世界上最古老的帝国的垂死挣扎,看到整个亚洲新纪元的曙光"①,并明确地指出未来中国的社会主义必将独具特色,"中国社会主义之于欧洲社会主义, 也许就像中国哲学与黑格尔哲学一样"②。自 1840 年鸦片战争爆发以来,中华民族经历了空前严重的民族危机和惨痛屈辱的磨难,无数的革命先烈和爱国的仁人志士为了人民解放、民族独立和祖国振兴前赴后继地探求中华民族的复兴之路。

(一)中华民族伟大复兴中国梦:一个振奋人心、富有感召力的战略目标

2012 年 11 月 29 日,习近平在国家博物馆参观"复兴之路"展览时首次提出了中华民族伟大复兴中国梦的战略目标。他指出,实现中华民族伟大复兴是中华民族近代以来最伟大的梦想, 现在我们比历史上任何时候都更接近中华民族伟大复兴的目标,比历史上任何时期都更有信心、有能力实现这个目标。在党的十九大报告中,习近平总书记振聋发聩地指出,我们要"不忘初心,牢记使命,高举中国特色社会主义伟大旗帜,决胜全面建成小康社会,夺取新时代中国特色社会主义伟大胜利, 为实现中华民族伟大复兴的中国梦不懈奋斗"③。习近平总书记提出的民族伟大复兴中国梦的宏伟战略目标,

---

① 《马克思恩格斯选集》(第一卷),人民出版社,2012 年,第 800 页。

② 《马克思恩格斯全集》(第十卷),人民出版社,1998 年,第 277 页。

③ 习近平:《决胜全面建成小康社会 夺取新时代中国特色社会主义伟大胜利: 在中国共产党第十九次全国代表大会上的报告》,人民出版社,2017 年,第 1 页。

确立了新时代中国的发展道路、民族精神和文化建设的新坐标,蕴含着攻坚克难、接续奋斗的源动力、价值支撑和广阔发展路径,是当今中国稳步发展、继续深化改革开放的雄壮的主旋律和伟大精神旗帜。

1.中华民族伟大复兴概念生成的历史沿革

实现中华民族伟大复兴,是自鸦片战争以来中华儿女坚定不移、执着追求的美好愿望和奋斗目标,凝聚了几代中国人的夙愿,体现了中华民族和中国人民的整体利益,是每一个中华儿女的共同期盼。中国梦的核心内涵是"中华民族伟大复兴"。从历史源流上看,中华民族复兴的话语和观念与近代以后中华民族危机的加深与民族意识的觉醒密切相关,从文字表述上经历了从"民族复兴"到"中华民族复兴",再到"中华民族伟大复兴"的不断丰富过程。中国是一个拥有 5000 年辉煌历史的文明古国,为人类社会的文明进步发展做出了不可磨灭的历史贡献。曾经的中国是世界上最强大、最先进和最有影响力的国家,以中国为中心的东亚国际体系延续数百年,汉唐盛世、康乾盛世更是让中国成为世界的政治经济文化中心。1840 年鸦片战争后,闭关锁国、腐朽无道的清王朝使得中国逐步失去了昔日的辉煌,最终沦落到任人宰割、任人欺凌的半殖民地半封建的社会。

1894 年 11 月,孙中山在上书直隶总督李鸿章寻求政治变革失败后,面对庸懦失政、积贫羸弱、落后愚昧的清政府统治的现实社会状况,"然望治之心愈坚,要求之念愈切,积渐而知和平之手段不得不稍易以强迫"①。于是,孙中山在美国檀香山创建了民主革命团体"兴中会",期求"驱除鞑虏,恢复中国"。他在《香港兴中会章程》中明确提出,"本会之设,专为联络中外有志之士,讲求富强之学问,以振兴中华、维持国体起见"。此后,孙中山先生多次阐述了中华民族复兴的思想,1906 年他在《致鲁塞尔函》中提到,中国这一"占

---

① 《孙中山全集》(第二卷),人民出版社,2015 年,第 218 页。

世界人口四分之一的国家的复兴,将是全人类的福音"①。1924 年他在"民族主义"的讲演中提出了"恢复民族精神""恢复我们民族的地位",并且较早地使用了"民族复兴"这一词语。孙中山先生提出的"振兴中华"思想,是近代以来最早具有民族复兴思想观念的先声表达,开启了近代中华民族复兴思想的先河,描绘了中华民族复兴的宏大蓝图,激励了一代代的中华儿女为中华民族的伟大复兴接续奋斗。

中华民族形成很早,但是中华民族的自我意识却比较淡薄。自 1840 年中英鸦片战争战败,尤其是 1895 年中日甲午战争战败后,日益严重的民族危机方才促进了中华民族自我意识的真正觉醒。近代思想家、革命家梁启超是提出、使用和赋予"中华民族"词语内涵的第一人。1899 年,梁启超在《东籍月旦》中,首次提出了富有现代意蕴的"民族"这一词语,"于民族之变迁,社会之情状,政治之异同得失,……著最近世史者,往往专叙其民族争竞变迁,政策之烦扰杂错"②。1901 年,他在《中国史叙论》中首次使用了"中国民族"的概念,并将中国民族的发展历史划分为上世史、中世史和近世史三个阶段。1902 年,梁启超在《论中国学术思想变迁之大势》中,正式提出了中华民族的概念,"齐,海国也。上古时代,我中华民族之有海权思想者,阙惟齐"③。1905 年,他在《历史上中国民族之观察》中又赋予了中华民族是涵括中国境内所有民族的内涵,"中华民族是我国境内所有民族从千百年历史演变中形成的、大融合的结果。……中华民族自始本非一族,实由多民族混合而成"。梁启超提出的中华民族的概念,经过辛亥革命血与火的洗礼,以及五四新文化运动的广泛传播后,被越来越多的人所认同接受和广泛使用。自此,中华民族成为"民族振兴"或"民族复兴"这一词语的主体,在很大程度上促进和推

---

① 《孙中山全集》(第一卷),中华书局,1981 年,第 319 页。
② 《饮冰室合集》(第 4 卷),中华书局,1989 年,第 94~96 页。
③ 《饮冰室合集》(第 7 卷),中华书局,1989 年,第 21 页。

动了"中华民族复兴"观念的形成。

伟大的马克思主义者李大钊同志,是中国共产党历史上最早系统阐述中华民族复兴思想的先驱者。1916年8月,他在《晨钟报》上发表《〈晨钟〉之使命》的文章,提出了"青春中华之创造"的中华民族复兴思想;同年9月,他在《新青年》第2卷上发表《青春》一文,文中多次使用"中华之再生""民族之复活"等富含民族复兴思想的词语,来继续阐述他的"青春中华之创造"的中华民族复兴思想。1917年2月,他在《新中华民族主义》文中提出了更进一步的"新中华民族主义"的思想,并大声呼吁"新中华民族之少年"要担负起"民族兴亡"的重任,指出了"新中华民族之少年"在创造"青春中华"过程中的关键作用。1917年4月,李大钊第一次将"中华民族"与"复活"联系起来,他在《大亚细亚主义》的文中写道,要以中华国家之再造、中华民族之复活为绝大之关键,"故言大亚细亚主义者,当以中华国家之再造,中华民族之复活为绝大之关键"①。1918年7月,他在《东西文明根本之异点》中继续阐述中华民族复活观念,"中国民族今后之问题,实为复活与否之问题,亦为吾人所肯认。顾吾人深信吾民族可以复活,可以于世界文明为第二次之大贡献"②。李大钊"中华民族之复活"思想观念的提出,标志着"中华民族复兴"思想观念雏形的基本形成。

1931年9月18日,日本帝国主义悍然发动了侵略中国的九一八事变,之后迅速侵占了东北三省,使得中华民族到了生死危亡的紧要关头。正是这一民族危机日益严重的现实背景,唤醒了人民群众比较淡漠的民族主义意识,激发了中华儿女对中华民族复兴的责任感和使命感,并且使之很快衍变为广泛传播且深受各界认同的"中华民族复兴"的社会思潮。1932年5月,政治家张君劢在北平创办了《再生》杂志,明确以"民族复兴"为办刊宗旨,先后

---

① 《李大钊全集》(第二卷),人民出版社,2013年,第155页。
② 《李大钊全集》(第二卷),人民出版社,2013年,第313页。

刊发了《中华民族之立国能力》《民族复兴运动》《中华民族复兴之精神的基础》等一大批围绕"中华民族复兴"为主题的论文。此外,《复兴月刊》《评论周报》《东方杂志》《国闻周报》《大公报》《独立评论》等众多刊物,开辟专栏大量刊发关于"中华民族复兴"的文章,围绕中华民族能否复兴与如何复兴开展大讨论。如《中华民族复兴问题之史的观察》《怎样复兴中华民族》《复兴民族须先恢复自信力》《复兴之基点》《中国复兴之惟一前提》《复兴运动之基点》《文艺之民族复兴的使命》《民族复兴与民族性的改造》《民族复兴的一个先决问题》《民族复兴的几个条件》《短期间内中华族复兴之可能性》等诸多佳作。学术界关于中华民族复兴的广泛讨论,促进了中华民族复兴这一思想观念的广泛传播和人民群众的广泛认同。

1940年1月,共产党人毛泽东在其《新民主主义论》中绘制了中华民族伟大复兴的灿烂愿景,他指出,我们要"建设一个中华民族的新社会和新国家。在这个新社会和新国家中,不但有新政治、新经济,而且有新文化。这就是说,我们不但要把一个政治上受压迫、经济上受剥削的中国,变为一个政治上自由和经济上繁荣的中国,而且要把一个被旧文化统治因而愚昧落后的中国,变为一个被新文化统治因而文明先进的中国。一句话,我们要建立一个新中国"①。1945年8月,中华民族取得了抗日战争的伟大胜利,自此中华民族告别衰弱走向复兴。1949年10月1日新中国成立后,中国共产党领导各族人民稳步迈向了中华民族伟大复兴的康庄大道。

2.中华民族伟大复兴中国梦的主要目标

根据中国共产党章程和国家的政策、方针,以及习近平总书记关于中华民族伟大复兴中国梦的系列重要论述和重要指示,中华民族伟大复兴中国梦主要包括实现中华民族团结统一、全面建成社会主义现代化强国和共筑

① 《毛泽东选集》(第二卷),人民出版社,1991年,第663页。

人类命运共同体历史任务。

实现中华民族团结统一,是全世界中华儿女的共同愿望,也是关涉中华民族整体利益的核心所在。一个国家是否团结统一,是民族复兴与否的重要标志。中华民族是一个团结统一的大家庭,中国的主权和领土完整不容分割,没有祖国的团结统一,就不可能有完全意义上的中华民族伟大复兴。历史和现实表明,只有实现中华民族的团结统一,才能够不断推动我国经济社会的发展进步,才能使中华民族以更加昂扬的姿态屹立于世界民族之林,才能使中华民族在世界舞台上更好地展示中国精神、中国力量、中国风格。台湾自古以来就是中国领土不可分割的部分,两岸人民更是同根、同宗、同源、同命运的"骨肉天亲"。2014年2月18日,习近平总书记在会见连战等台湾各界人士时指出,"两岸同胞一家亲,根植于我们共同的血脉和精神,扎根于我们共同的历史和文化。……两岸走近、同胞团圆,是两岸同胞的共同心愿,没有什么力量能把我们割裂开来"①。

党的十八大以来,习近平总书记就对台工作发表一系列重要论述和重要指示批示,提出了一系列新理念新思想新战略。党的十九大进一步确立坚持"一国两制"和推进祖国统一的基本方略。习近平总书记在《告台湾同胞书》发表40周年纪念会上系统宣示新时代推进祖国和平统一的重大政策主张。党的十九届四中全会明确坚持和完善"一国两制"制度体系、推进祖国和平统一。党的十九届六中全会首次提出新时代党解决台湾问题的总体方略。新时代党解决台湾问题的总体方略,回答了新时代推动两岸关系和平发展、团结台湾同胞共同致力于实现中华民族伟大复兴和祖国统一的时代命题,是做好新时代对台工作的根本遵循和行动指南。"解决台湾问题、实现祖国完全统一,是党矢志不渝的历史任务,是全体中华儿女的共同愿望,是实现

---

① 《习近平谈治国理政》,外文出版社,2014年,第237页。

中华民族伟大复兴的必然要求。"①台湾问题是我国国内战争遗留下来的历史问题,我们坚信在以习近平同志为核心的党中央的正确领导下,中华民族团结统一的历史任务一定会在不远的将来实现。

全面建成社会主义现代化强国,既是中国共产党的中心任务,又是中国式现代化的战略安排。中国特色社会主义进入新时代,社会主义现代化建设的布局和实践方向日益明确,"全面建成社会主义现代化强国"的步骤和目标日渐明晰。党的十八大指出,"建设中国特色社会主义","总任务是实现社会主义现代化和中华民族伟大复兴",并提出"在中国共产党成立一百年时全面建成小康社会","在新中国成立一百年时建成富强民主文明和谐的社会主义现代化国家"的"两个百年"目标。党的十九大发展和完善了"两个一百年"目标任务,提出在"全面建成小康社会"之后,实现由"全面建设社会主义现代化国家"到"全面建成社会主义现代化强国"的"两步走"战略安排,指出"从全面建成小康社会到基本实现现代化,再到全面建成社会主义现代化强国,是新时代中国特色社会主义发展的战略安排"。至此,在全面建成小康社会基础上,从"全面建设社会主义现代化国家"到"全面建成社会主义现代化强国"的"两步走"目标被正式提出。"全面建成社会主义现代化强国,总的战略安排是分两步走:从 2020 年到 2035 年基本实现社会主义现代化;从 2035 年到本世纪中叶把我国建成富强民主文明和谐美丽的社会主义现代化强国。"②习近平总书记在党的二十大上郑重宣示:"中国共产党的中心任务就是团结带领全国各族人民全面建成社会主义现代化强国、实现第二个百年奋斗目标,以中国式现代化全面推进中华民族伟大复兴。"

---

① 习近平:《高举中国特色社会主义伟大旗帜 为全面建设社会主义现代化国家而团结奋斗——在中国共产党第二十次全国代表大会上的报告》,人民出版社,2022 年,第 58 页。

② 习近平:《高举中国特色社会主义伟大旗帜 为全面建设社会主义现代化国家而团结奋斗——在中国共产党第二十次全国代表大会上的报告》,人民出版社,2022 年,第 24 页。

　　展望未来的中国，继续高举中国特色社会主义伟大旗帜，全面贯彻落实习近平新时代中国特色社会主义思想，在"四个全面"战略布局的坚强引领下，深入贯彻落实新发展理念，通过统筹推进新时代"五位一体"总体布局，中国特色社会主义社会的物质文明、精神文明、政治文明、社会文明和生态文明将会极大地得以全面提升。社会生产力水平大幅度提高，经济总量和市场经济发展规模超越其他国家，形成了既有集中又不失民主、既有纪律又不失自由的生机勃勃的政治生态环境，社会主义核心价值观成为人民群众的自觉行动，人民群众的综合素质显著提高，中国精神、中国力量和中国价值成为推动中国发展的重要因素，城乡居民普遍拥有较高的收入、富裕的生活和健全的基本公共服务体系，共同富裕基本实现，公平正义普遍彰显，天蓝、地绿、水清的优美生态环境成为普遍常态，中国的综合国力和国际影响力领先于其他国家，对构建人类命运共同体、维护世界和平和推动人类社会发展将会做出更大的贡献，富强、民主、文明、和谐、美丽的社会主义现代化强国将会以更加昂扬的姿态屹立于世界舞台，实现中华儿女梦寐以求的民族伟大复兴夙愿。

　　共筑人类命运共同体，是在以习近平同志为主要代表的中国共产党人继承和弘扬马克思主义"自由人联合体"的共同体发展思想，顺应当今世界时代发展潮流，把握世界发展格局变化趋势的形势下提出的关于人类社会建设发展的新理念。构建人类命运共同体理念蕴含着传承数千年的中华优秀传统文化基因，体现了中华民族自古以来对人类社会和合共生的由衷向往。中华民族历来追求协和万邦、天下大同，尊崇仁德博爱、立己达人，崇尚道法自然、天人合一，这些精神理想薪火相传、生生不息，凝聚成当代中国人民对建成一个持久和平、普遍安全、共同繁荣、开放包容、清洁美丽世界的美好憧憬。倡导构建人类命运共同体也是中国共产党坚持胸怀天下的使命必然，是中国共产党立足全球视野、厚植天下情怀、担当大国责任的生动体现。

中国共产党将中国的前途命运与人类的前途命运紧密联系，明确提出推动构建人类命运共同体是中国式现代化的本质要求之一。

中华民族伟大复兴中国梦同各国家、民族的梦想紧密相连，实现中国梦离不开和平、稳定的国际大环境。党的十八大以来，习近平主席在系列重要讲话中多次提及"人类命运共同体"理论。2017 年 1 月 19 日，习近平总书记在联合国总部演讲中面向全世界提出了构建人类命运共同体的中国方案，这一方案被国际社会广泛关注和承认，并被写进了联合国社会发展委员会第 55 届"非洲发展新伙伴关系的社会层面"的决议中，成为推动世界文明进步的独特的闪耀中国智慧的中国力量。习近平总书记在党的十九大报告中指出，中国共产党不仅仅是为中国人民谋幸福，而且也始终把为人类进步事业的发展作为自己的崇高使命，"中国将继续发挥负责任大国作用，积极参与全球治理体系改革和建设，不断贡献中国智慧和力量。……中国人民愿同各国人民一道，推动人类命运共同体建设，共同创造人类的美好未来"①。人类命运共同体理论，是在充分尊重当今世界多种社会制度、发展模式共生共存、互信共享和竞争互赢的现实状况下形成的"最大公约数"，深刻反映了国际社会的共识，有利于"主体的全球性""空间全球性"等这一全球性棘手现实问题的解决，有利于形成更加合理、更加公正的国际政治经济新秩序，有利于助推世界文明和人类社会的永续发展。

自人类命运共同体理念提出十多年来，中国政府审时度势提出一系列相关的重要倡议，积极推动人类命运共同体理念内涵的不断丰富和完善。共建"一带一路"倡议搭建起各方广泛参与、致力于共同发展的重要实践平台；全球发展倡议、全球安全倡议、全球文明倡议从发展、安全、文明三个维度回应当前国际社会面临的重大挑战，为构建持久和平繁荣、和合共生的世界指

---

① 《习近平谈治国理政》(第三卷)，外文出版社，2020 年，第 47 页。

明方向;面对肆虐全球的新型冠状病毒肺炎疫情,中国政府提出构建人类卫生健康共同体,同世界各国守望相助,及时分享抗疫经验,驰援他国抗疫物资,积极开展抗疫国际合作;面对伦理道德失序失范、工具理性僭越价值理性的数字网络空间治理,中国政府提出构建网络空间命运共同体,积极参与联合国网络安全进程,成立世界互联网大会国际组织,为全球互联网络共建、共治、共享搭建平台;面对日益严峻的全球气候挑战,中国政府先后提出构建人与自然生命共同体、地球生命共同体等重要理念,积极推动经济发展转型,承诺力争 2030 年前实现碳达峰、努力争取 2060 年前实现碳中和……在事关人类社会福祉的广泛领域,中国政府及时提出丰富主张,并转化为具体行动,为解决世界性难题做出了中国的独特贡献,为推动各领域、各国家间的国际合作注入强劲动力。中国政府还提出了一系列构建地区和双边层面的命运共同体倡议,与相关各方共同努力,凝聚共识,拓展合作,为推动地区和平发展发挥了重要的建设性作用。

(二) 推进马克思主义意识形态认同是实现中华民族伟大复兴的重要力量

实施中华民族伟大复兴中国梦的战略,看似和意识形态并没有关联,但是从人类社会历史的发展来看,无论是中华民族还是世界上的其他民族,不带任何意识形态色彩的民族复兴是不可能存在的。例如,中华民族的"文景之治""贞观之治""康乾盛世"是封建制度意义上的民族复兴,俄罗斯的彼得一世改革、法兰西第一共和国、土耳其的基马尔革命等是资产阶级性质的民族复兴。当今世界的主题虽然是和平与发展,但是资本主义和社会主义这两种制度、主义之争却并未停歇。因而,实现中华民族伟大复兴,决然离不开马克思主义意识形态理论的指导,决然离不开人民群众对马克思主义意识形态的深度认同。

1.马克思主义意识形态理论是实现中华民族伟大复兴的重要理论基石

从意识形态的视角来看,实现中华民族伟大复兴中国梦,首要就是要弄清楚一个重要问题, 即哪种理论能够正确解决好民族复兴这一重大现实问题。历史和现实表明,中国在革命、建设、改革等事业中取得的巨大成功,和坚持马克思主义在意识形态领域的指导地位是分不开的。同样,新时代顺利完成中华民族伟大复兴中国梦这一重大战略任务, 也决然离不开马克思主义意识形态理论的现实指导。马克思主义意识形态对中华民族伟大复兴中国梦战略,做出了科学的回答,它理应成为人民群众信仰的自觉选择。马克思主义意识形态理论还指明,只有坚持社会主义发展方向、坚持中国共产党领导和坚定不移走中国特色社会主义道路,才能引导中国人民完成中华民族伟大复兴中国梦这一战略任务。回溯过往,马克思主义意识形态对中国的革命建设改革已经发挥了重要的作用,毋庸置疑,在新时代伟大征程中,马克思主义意识形态依然是发展中国特色社会主义的最宝贵的政治和精神财富,依然是中国人民团结奋斗的共同思想基础,依然是中国共产党领导全国人民实现中华民族伟大复兴中国梦的正确指导理论。

2.马克思主义意识形态是实现中华民族伟大复兴的强大精神动力

恩格斯阐述精神动力在推动人类社会发展中的作用时指出, 精神动力表现为社会的意识形态, 而意识形态对人类历史的发展有着巨大影响,"物质存在方式虽然是始因, 但是这并不排斥思想领域也反过来对物质存在方式起作用,然而是第二性的作用"[1]。伴随着经济全球化、世界多极化、社会信息化和文化多元化的深入发展, 以及我国改革开放逐步进入攻坚期和深水区,生态环境恶化、贫富差距拉大、城乡发展不均衡等社会转型期所暴露出来的问题,给部分人民群众造成了思想上的困惑和不解,再加上反华敌对势

---

① 《马克思恩格斯选集》(第四卷),人民出版社,2012年,第598页。

力不遗余力地推波助澜，更是导致了一部分人对马克思主义的信仰和中国特色社会主义理想产生了动摇。马克思主义认为，"历史活动是群众的事业"，决定历史发展的是"行动者的群众"。习近平总书记也多次强调，"人民是历史的创造者，是决定党和国家前途命运的根本力量"①。这就要求我们要尊重人民群众在中华民族伟大复兴进程中的主体地位和主体力量，引导他们坚定马克思主义信仰和中国特色社会主义"四个自信"，大力弘扬为建成社会主义现代化强国而不懈奋斗的精神，妥善解决好新时代中国特色社会主义社会的主要矛盾，中华民族伟大复兴中国梦的宏伟战略目标就一定会如期实现。

3.马克思主义意识形态是实现中华民族伟大复兴的有力思想武器

以马克思主义为指导的中国共产党，自成立之日起就勇于担当起实现中华民族伟大复兴的光荣使命，一百多年来，中国共产党带领中国人民历尽千难万险、付出巨大牺牲，创造了一个又一个彪炳史册的世间奇迹。中国共产党结合时代特征和世情、国情、党情、社情，开创的中国特色社会主义道路使党和国家事业的建设发展取得了历史性成就、发生了历史性变革，中华民族迎来了从站起来、富起来到强起来的伟大飞跃，中国式现代化开启了新的篇章。经济平稳快速发展，我国的经济总量跃居世界第二，社会全面进步、人民生活不断改善，社会主义制度的优越性得到了无以复加的彰显，中国特色社会主义道路受到了世界各国人民的广泛关注和认同。在中华民族实现伟大复兴的进程中，总有一些居心叵测的企图西化中国、分化中国、私有化中国的"杂音"叫嚣，这些"杂音"披着"还原历史""价值中立"等外衣，在我国经济、政治、历史、文化、教育等领域甚嚣尘上、余绪不绝，严重扰乱了人民群众的历史情感和历史认知，严重干扰了中国特色社会主义的健康有序发展。他

_____

① 习近平:《在纪念中国人民抗日战争暨世界反法西斯战争胜利75周年座谈会上的讲话》,人民出版社,2020年,第11页。

们秉持错误的唯心主义历史观,妄图通过虚无党史、新中国史、改革开放史、社会主义发展史来动摇马克思主义的指导地位、否定中国共产党执政的合法性和走中国特色社会主义道路的必然性。

因此,我们需要以马克思主义意识形态为思想武器,帮助人民群众厘清中国为什么不能放弃中国特色社会主义道路。道阻虽长,但行则将至;行而不辍,则未来可期!新时代新征程的号角已经吹响,我们要勇敢担负起"全面建成社会主义现代化强国、实现第二个百年奋斗目标,以中国式现代化全面推进中华民族伟大复兴"的光荣使命,加快推进马克思主义意识形态认同,激发建设中国式现代化的强劲动力,凝聚建设中国式现代化的磅礴力量,绝不能让资本主义的错误观点和西方错误社会思潮搞乱人民群众的信仰信念,干扰和破坏我们实现中华民族伟大复兴中国梦的宏伟战略。

第二节　马克思主义意识形态认同的何以可能与建构层次

明晰马克思主义意识形态认同"何以可能"这一源问题,厘清马克思主义意识形态认同的建构层次,是新时代有效开展马克思主义意识形态认同工作的重要基础性问题,有助于新时代马克思主义意识形态认同工作取得事半功倍的效果。

一、马克思主义意识形态认同何以可能

不可否认,在新时代推进马克思主义意识形态认同过程中,确实存在着解释学领域内的问题。可以说,新时代马克思主义意识形态认同这个重大问题何以可能,是始终贯穿于新时代马克思主义意识形态认同全过程的源问题。之所以要提出"马克思主义意识形态认同何以可能"这一源问题,主要是要对马克思主义意识形态认同这一实现过程进行深刻的反思或理论思考,

以便于使人民群众对马克思主义意识形态认同能够在自觉自发的情况下更加健康、更加自然地开展。不解决好这一源问题，新时代马克思主义意识形态认同的各种推进工作就可能由于基础性问题没有得到圆满解决而受到影响。因而，只有对"何以可能"这一源问题进行深入研究和回答，才能更加有效地助推新时代马克思主义意识形态认同进程的快速发展并取得实际成效。

（一）马克思主义意识形态认同何以可能是一个解释学问题

之所以说马克思主义意识形态认同存在着解释学领域内的问题，或者说马克思主义意识形态认同是一个真正意义上的解释学问题，主要有三个原因。首先，提出马克思主义意识形态认同何以可能这个问题，是希望在推进马克思主义意识形态认同的进程中激起人们的解释学意识，避免在探讨当代中国马克思主义意识形态认同问题的时候出现"理解的遗忘"。"理解的遗忘"主要是指在实际工作中，忽视自身的主体地位、不联系社会实际发展状况，而盲目地照搬照抄理论、文本，并且以为这才是真正的运用理论文本来指导我们的实际工作。回顾以往，这样的"理解的遗忘"，自新民主主义革命以来在我国的理论研究和社会实践中是常有出现的，并且造成的危害也是难以承受的，譬如因教条主义、本本主义而产生的阻碍经济社会建设发展等案例。

其次，借助于马克思主义意识形态认同何以可能这个源问题的提出，方可将新时代推进马克思主义意识形态认同进程中所蕴含的关于理解方面的问题一并提出来加以研究、阐述，从而更好地助推马克思主义意识形态认同。一般情况下，当我们提出新时代马克思主义意识形态认同何以可能这个问题时，必定会萌发出现代解释学中的"理解间距""解释学循环""视域融合"和"解释学运用"等问题。譬如，存在着的"理解间距"究竟是我们推进马克思主义意识形态认同的障碍还是基本条件？现代解释学中理解循环的"三种样式"与马克思主义意识形态认同的运行逻辑关系什么？……我们之所以要理解马克思主义意识形态理论，其根本目的就是要达到共同的或同一的理解，即将我们对马克思主义意识形态理论的正确理解运用到我们的生产、学习、工作和生活中去，从而去创造更加美好的生活方式。因而，妥善处理好上述问题，诸如"理解间距"、运行逻辑等问题，才可能更好地解决马克思主义意识形态认同何以可能这一源问题。

最后，当代中国马克思主义意识形态认同何以可能这一源问题，只能通过现代解释学这一方法加以阐述、研究才能更好地得以解决。如果说马克思主义意识形态认同何以可能这一问题，是新时代推进马克思主义意识形态认同的源问题，那么，我们就需要在提出问题的同时寻求解决这一源问题的有效途径、方法，也就是不仅要提出这一源问题而且也要准备解决好这一源问题。德国思想家海德格尔在《存在与时间》中写道："在探索性的问题即在理论问题中，问题之所问应该得到规定而成为概念。此外，在问题之所问中还有问之何所以问，这是真正的意图所在，发问到这里达到了目标。"①伽达默尔也曾说过，如果所提出来的问题是一个不带有明确目的的问题，那这个问题则是"没有明确意义的问题"。总之，在研究新时代马克思主义意识形态认同这一问题时，如果忽视现代解释学的研究方法，那么这个问题可能得不到合理的解决，这也印证了马克思主义意识形态认同何以可能这个问题，与解释学之间具有莫大的关联。

（二）马克思主义意识形态理论本身具有可理解性

德国哲学家伽达默尔认为，诠释学对文本的理解是要把这个文本的正

---

① ［德］海德格尔：《存在与时间》，陈嘉映等译，生活·读书·新知三联书店，1987年，第6~7页。

确性、合理性挖掘出来、阐述出来,理解"无非只是表示,我们试图承认他人所言的东西有事实的正确性。甚至,如果我们想要理解的话,我们还将力求加强他的论证。……该有意义物自身是可理解的,并且作为这张自身可理解的有意义物无须再返回到他人的主体性中。诠释学的任务就是要解释这种理解之谜,理解不是心灵之间的神秘交流,而是一种对共同意义的分有"①。也就是说,一个文本或理论具有可理解性,它是要站在全人类立场上为人类谋求福祉的,它是彻底的代表和维护大多数人利益的,而不是那种站在一小部分人立场上仅仅代表和维护一小部分人利益的。因而,理论或文本自身具有可理解性是我们对它进行理解、研究和认同的基础和前提。

现代解释学(诠释学)不同于注经释典、借助于"神秘的心灵交流或者来自上帝的启示"的传统解释学,它是从理解和解释的技巧演变而来,用于表明人们何以相互理解并且成功实现这种理解的哲学。它认为,理解不属于主体的主观行为方式,而是属于人本身客观存在的一种行为方式。也就是说,理解之所以能够可能,不是因为理解主体与理解客体之间存在着外在的或对象性的关系,而是因为理解者与理解对象存在着相互隶属的关系,理解则是对这种存在的相互隶属关系及其意义的科学把握。理解对象得以被理解主体理解,单凭理解者的理想或思考是无法达成的,理解主体必须与理解对象处于某种意义上的一定的先行关系之中或是两者具有一种实质性的联系。伽达默尔明确地指出:"其实历史并不隶属于我们,而是我们隶属于历史。早在我们通过自我反思理解我们自己之前,我们就以某种明显的方式在我们所生活的家庭、社会和国家中理解了我们自己。"②因而,理解主体要真正把握好与理解对象间的相互理解,这就要求我们更多地从理解者的生活实践、生存状态、现实境遇等方面去把握。

---

① [德]伽达默尔:《真理与方法》(上卷),洪汉鼎译,上海译文出版社,1999年,第374页。
② [德]伽达默尔:《真理与方法》(上卷),洪汉鼎译,上海译文出版社,1999年,第355页。

　　人民群众对于马克思主义意识形态理论的认同也是如此，马克思主义意识形态理论只有与理解主体也就是人民群众发生一种存在论意义上的关系，也就是马克思主义意识形态要能够在实践层面上、在人民群众的现实社会生活中发生正方向正能量的关照作用，只有这样，马克思主义意识形态才能够被人民群众得以正确理解，才能够被人民群众真正地、自觉地、深度地认同。历史和现实表明，马克思主义意识形态的正方向正能量的关照作用，只能来自它本身的实践性特质、世界性特质和当代性特质。前文已经阐述过马克思主义意识形态理论的实践性特质，这里不再赘述，仅简要浅述马克思主义意识形态理论的世界性特质和当代性特质。

　　马克思主义意识形态理论的世界性特质和当代性特质，为新时代推进马克思主义意识形态认同提供了根本前提。马克思主义意识形态理论的世界性特质，主要是因为马克思是从世界历史这个宏大的视角来整体把握世界的，他深刻阐述了世界历史之所以存在和发展的根本基础，指明了人类历史发展的规律和未来社会的特征。马克思主义意识形态的当代性特质毋庸置疑，这是因为马克思主义意识形态理论依然是当前时代的精华，表现在它的唯物主义历史观上，表现在它的辩证的、否定的或深刻的批判和自我批判精神上。它的一切从人类物质生产实践活动出发来认识和把握人类的一切历史和精神活动这一宏大的视角，是我们推进新时代中国特色社会主义伟大事业应该永远遵循的基本准则；它的唯物主义历史观是今天我们分析问题、妥善处理好各种问题的根本方法论；它对时代精神、时代本质的精准把握和对各种矛盾的揭示，是我们现阶段处理面临的新时代社会基本矛盾等各种错综复杂问题的根本遵循；它的辩证否定的或深刻的批判和自我批判精神的思维方式，是我们今天永不能弃的思维方式。

(三)中国人民对马克思主义意识形态理论具有特殊的理解力

人类的理解力是指对某个事物或事情的认识、认知、转变过程的一种能力,而人类的理解过程则是一种追求共同性和普遍性的过程,并通过这一追求过程来激发人们之间的共通感、同情心进而形成统一的价值观。中国人民对马克思主义意识形态的理解力主要来自两个方面,一是中国人民在与马克思主义意识形态理论接触后,从所形成的情感共鸣上获得并逐步稳固而建立起来的。近代以来,由于封建统治阶级的腐朽没落和资本主义国家的入侵,中华民族内忧外困、岌岌可危,无数爱国仁人志士为救亡图存,试着把眼光转向西方文明,期许资本主义理论能挽救中国于水深火热之中,可资本主义是为资产阶级服务的,带有浓厚的阶级性、殖民性和逐利性,根本不适合中华民族和中国人民推翻三座大山、翻身获得解放的初衷。唯有马克思主义及其意识形态理论,其人民性、科学性等特质获得了中国人民无以复加的青睐之情,这是因为马克思主义意识形态理论是对资本主义及资产阶级不择手段唯利是图本性持猛烈抨击和辩证否定的态度的科学理论,是因为马克思主义意识形态理论是对世界上落后的民族、国家遭受资本主义殖民政策的剥削和压迫所表现出来的深深同情。

马克思曾经指出,由于资本主义生产关系的扩张和其逐利的本性,中国封闭的社会必定会被卷入世界历史之中,"英国用大炮强迫中国输入名叫鸦片的麻醉剂。满族王朝的声威一遇到英国的枪炮就扫地以尽,天朝帝国万世长存的迷信破了产,野蛮的、闭关自守的、与文明世界隔绝的状态被打破,开始同外界发生联系,这种联系从那时起就在加利福尼亚和澳大利亚黄金的吸引之下迅速地发展起来"①。英国等资本主义国家用坚船利炮打开了中国

---

① 《马克思恩格斯选集》(第一卷),人民出版社,2012年,第779页。

的封闭国门,使得中华民族被动地融入世界资本主义体系,中华民族开始了饱受屈辱和蹂躏的苦难开端。为拯救中华民族于被亡国灭种的险境之中,无数爱国仁人志士东奔西走、上下求索寻求救国安民之道,他们极度渴望一种能够与资本主义有效抗衡的理论武器。俄国十月革命开创了无产阶级革命的新纪元,也为中国人民送来了与帝国主义、封建主义、资本主义相抗争的思想武器——马克思主义。中华民族及中国人民反帝反封建的斗争迫切需要马克思主义科学理论的指导。

中国人民对马克思主义意识形态理论的理解力的另一个来源是中国人民迫切需要改变中国落后的社会现实和实现民族振兴祖国繁荣的强烈愿望。马克思主义意识形态理论,是世界无产阶级和劳动人民认识世界、改造世界的强有力的思想武器和现实力量,它具有强大的实践威力,深深吸引了中华民族的先进分子——早期共产党人,并使得他们积极主动地信仰、引进和宣传马克思主义。通过一代又一代中国共产党人的接续奋斗和持续努力,中国的革命、社会主义建设和改革开放事业相继取得了举世瞩目的巨大成就,这无疑是马克思主义指导思想巨大威力的现实佐证。历史和事实表明,中国人民对于马克思主义意识形态理论具有天然的理解力和情感认同因素,这定将为人民群众在新时代实现中华民族伟大复兴中国梦的新征程中,继续信仰和认同马克思主义意识形态理论奠定深厚的理论根基和情感根基。

二、马克思主义意识形态认同的建构层次

一种理论是否被人民群众认同,不单是一个纯理论形式的认知问题,而且是一个涉及更深层次的价值认同问题。学者王成兵在《当代认同危机的人学解读》中认为,认同问题研究的核心是该问题的价值认同研究。"当代认同问题归根到底是一个价值认同问题,同样,当代认同危机问题的核心也必然内聚到一个价值认同的危机问题, 对认同危机的思考和解决必须与价值认

同的建构联系起来看。"①同样,新时代推进马克思主义意识形态认同研究也是如此,研究的核心也还是要回归到对马克思主义意识形态的价值认同研究。

马克思主义哲学认为,价值是指主体对客体属性的需要,以及客体属性对主体需要的满足的统一。也就是说,价值是主、客体两者相互关系的一种表现形式,它既不能被单纯归结为客体所固有的属性,也不能只被归结为主体的需要或愿望,而只能存在于主、客体发生的相互关系之中。目前,对价值认同的阐述和概括,诸多学者从不同的视角有着多种不同的看法,但是它们的共通点都是基本统一的,都是认为处于经济社会生活中的人民群众,以某种经过识别、认可后的价值观念来规范自身的行为方式,并将之作为自身的追求目标或价值取向。价值认同,是认同主体在对认同客体本身的意义及价值属性认可赞同的基础上而生成的较为稳定的一种行为方式,它比被动认同、利益认同、机会主义认同等认同具有更深刻、更持久、更加稳定的特性。

马克思主义意识形态的价值认同,就是人民群众不断完善、调整自身价值结构,自觉遵循马克思主义意识形态的基本规范和总体要求,将马克思主义意识形态内化为自身的价值取向,外化为自觉的价值目标的认同过程。根据社会心理学家凯尔曼的态度生成及转变理论,人民群众认同马克思主义意识形态主要涵括认知认同、情感认同、理性认同和行为认同四个相互衔接、逐步递进的结构层次。

(一)认知认同

认知是人民群众对外部信息进行加工、选择并加以应用的过程。认知认同,是指人民群众在对认同客体有着一定的理解和认识的基础上所形成的

---

① 王成兵:《当代认同危机的人学解读》,中国社会科学出版社,2004年,第20页。

理性认知的心理活动。一般而言,作为认同主体的人民群众,对特定的认同客体生成认同之前,首先都要对认同客体有着初步的认知、了解,进而由感性认识转变为理性认识,最后才能对这一认同客体形成全面的、相对稳定的认知认同。马克思主义意识形态认知认同,是指人民群众在经过感觉、想象和思维等感性认知的基础上,在消除对马克思主义意识形态理论科学性、正当性和合法性的疑虑后,从而获得或生成的对马克思主义意识形态理论的认同。就马克思主义意识形态认同的整个层次结构而言,认知认同是整个认同过程的逻辑起点和基础阶段,是实现马克思主义意识形态认同有效性的根本前提。

认知认同主要包括外显认知和内隐认知两个环节。外显认知是指有意识、有计划、有规则地,施行一定的方法、策略来获取特定的认同客体相关信息知识的过程。人民群众对马克思主义意识形态的认知认同,首先要经过外显认知来获取。人民群众在经过马克思主义意识形态理论的初步教育后,在需要契合、利益关系等因素的推动下,对马克思主义意识形态理论的历史渊源、基本内涵、理论本质、社会功能等经由了解、熟知的活动过程。内隐认知,也被称为无意识认知,是指人民群众在无意识、无特定规则计划的情况下发生的接纳接受现象,它也是实现认知认同的有效认知方式。马克思主义意识形态的内隐认知,就是人民群众对马克思主义意识形态理论相关内容、社会功能在反复认知的过程中,沉淀下来的积极的、无刻意的印记或影响,这种印记或影响是"花落无声""落地无痕""潜移默化"的,是人民群众在意识水平或意识状态上无法明确觉察、知晓的,但它又潜在地、实实在在地影响着人民群众对马克思主义意识形态的价值认知、价值评价、价值选择和价值行为。

(二)情感认同

人类的情感主要涵括情绪和情感这两个心理状态。情绪是初级的心理状态,具有暂时性、爆发性的特性特征;而情感是人类较为稳定的一种心理状态,相较于情绪则体现出较为稳定的、持久的特征。人类对特定的认同客体一旦形成相应的情感,这种心理状态就不会轻易地消失。情感认同,是指人民群众在对特定的认同客体生成认知认同的基础上,根据自身的主观体验,对认同客体进行评价、选择过程中所产生的情绪、情感、心境上的心理倾向,它是一种积极的、系统的、稳定的、正能量的情感体验。正如列宁指出的那样,"没有'人的感情',就从来没有也不可能有人对于真理的追求"①。马克思主义意识形态情感认同,是指人民群众在对马克思主义意识形态实现一定的认知认同的基础上,从而产生的对马克思主义意识形态满意的、积极的、肯定的心理倾向,并且最终成为促使和调节马克思主义意识形态认知活动的重要的态度倾向。就马克思主义意识形态认同的整个层次结构而言,情感认同是整个认同过程的驱动层次,是行为认同实现的准备阶段,是实现马克思主义意识形态认同有效性的"催化剂""助跑器"。

情感认同主要包括情绪体验、情感共鸣两个层次。情绪体验,是人在主观上感受或意识到的情绪状况,它是一种非理性因素,具有正、反两方面的调节功能,能够对人民群众的认同活动产生组织或瓦解作用。积极的情绪能够促使认同主体的认知活动变得更加敏锐、情感变得更加丰富,有助于认同主体对认同客体的情感认同的顺利实现。因而,新时代有效推进马克思主义意识形态认同,要在人民群众对马克思主义意识形态认知认同的基础上,选择能够充分调动他们欢乐、愉快等积极情感的方法、载体,从而为马克思主

---

① 《列宁全集》(第25卷),人民出版社,1988年,第117页。

义意识形态的情感认同构筑坚实基础。例如,人民群众在身心愉悦的心境中感受到中国特色社会主义社会的文明、美好、公正、幸福等,能够切实感受到马克思主义意识形态的功能是与自身需要、利益、发展等价值目标密不可分的,那么这样积极的情绪体验就会让认同起到事半功倍的效果,从而高质量地推动认同的进一步发展。

情感共鸣,也称之为情绪共鸣,是指在他人或外界的情境(或处境)的刺激作用下,从而引起自身与他人或外界有着相同或相似的情感、情绪上的反应倾向。情感共鸣始终贯穿于马克思主义意识形态认同的整个过程中,无论是最初的对认同客体相关信息的接受,还是最后将认同客体的核心价值目标内化为自身的行为准则,它始终如影随形作用于认同的整个过程中,对推进马克思主义意识形态认同发挥着巨大的强化巩固作用。一般来说,人民群众对认同客体价值目标的信仰追求往往不是来自外部的压力,大都是来自认同主体自身内在的情感体验的积极转化。正如马克思曾指出的那样,"激情、热情是人强烈追求自己的对象的本质力量"①。人民群众对马克思主义意识形态一旦产生了充足的激情、热情,就会生成强大的精神内驱力,就会自觉主动地将马克思主义意识形态内化为自身的价值追求和信仰,并以此为自身的行为准则和规范,进而形成比较稳定的价值行为。

(三)理性认同

一种理论、思想之所以能够被人民群众信仰和认同,首要条件就是该理论要在理性上让人深信不疑。人民群众对马克思主义意识形态理论生成认同,一般来说,往往是从由"相信"转化为"认同"这一理性层次开始的。理性认同,是指一种思想、理论以其自身的科学性、彻底性,来说服、引导他人与

①　《马克思恩格斯全集》(第三卷),人民出版社,2002 年,第 326 页。

其达成理性共识,进而对其生成认同。马克思主义意识形态理性认同,是指马克思主义意识形态理论以其自身的真理性、科学性、人民性、彻底性,以及人民群众对其信仰、认同有望获得契合自身利益的一些理性期望,进而激发人民群众对其生成内在的、理性的信仰、认同。就马克思主义意识形态认同的整个层次结构而言,理性认同是整个认同过程的核心层次,是实现行为认同的关键触发阶段。

理性认同主要涵括内源理性认同和外源理性认同两种类型。内源理性认同,是指某种思想、理论以其科学性、真理性和彻底性的自身魅力引发认同客体对其信仰、认同,内源理性认同着重强调的是认同客体自身的理论魅力。马克思主义意识形态内源理性认同,就是指马克思主义意识形态理论以其自身的真理性、科学性和人民性等理论特质,从而引发人民群众主动自觉的对其生成信仰、认同。

马克思主义意识形态理论之所以是一种科学信仰,在于究其本质来讲它是一种科学理论,自身闪耀着真理性和人民性的光辉。马克思主义意识形态理论是马克思、恩格斯长期潜心研究得出的关乎人类社会发展规律的重要科学成果,对此,法国马克思主义理论家保尔·拉法格说过:"马克思虽然深切地同情工人阶级的痛苦,但引导他信仰共产主义观点的并不是任何感性的原因,而是研究历史和政治经济学的结果。"[1]事实上,马克思主义意识形态正是马克思、恩格斯在吸收和改造人类思想文化优秀成果的基础上,创立的逻辑严整、体系完备、内在统一、内蕴深厚的科学认知体系。马克思主义意识形态理论自诞生以来,以其独特的完备性、逻辑性、科学性和人民性特质,获得了广大人民群众的理性认同。

马克思主义意识形态外源理性认同,是指人民群众对马克思主义意识

---

① [法]拉法格等:《回忆马克思恩格斯》,马集译,人民出版社,1973年,第2页。

形态理论的内涵及其倡导的价值所带来的契合自身利益、需要的理性认同。外源理性认同着重强调的是马克思主义意识形态理论指导社会实践的有效性。正如马克思所言:"群众对目的究竟'关注'到什么程度,群众对这些目的究竟怀有多大'热情'。'思想'一旦离开'利益',就一定会使自己出丑。"①因而,人民群众对特定思想、理论生成信仰与理性认同,不仅仅在于其理论自身的科学性、真理性,重要的是这种思想、理论要能够满足人民群众日益变化的、美好生活的需要,要能够为人民群众带来实实在在的、更多的实际利益。

(四)行为认同

认同主体对马克思主义意识形态在经历认知认同、情感认同、理性认同的基础上,经过价值选择最终要转化到自身的行为认同上来。行为认同,是指认同主体自觉将认同客体的价值内容转化为自身的价值信仰和行为准则的过程。马克思主义意识形态行为认同,是指人民群众主动自觉地用马克思主义意识形态理论的价值内容、信仰系统严格要求自己,按照社会所认可的马克思主义意识形态价值目标来指导自身的社会实践活动。就马克思主义意识形态认同的整个层次结构而言,行为认同是认同结构中的最高层次,是整个认同过程逻辑发展的必然结果,是认知认同、情感认同和理性认同的不断量变的效果体现,是实现马克思主义意识形态认同由"知"到"行"的质的飞跃。

行为认同主要包括内化、外化两个重要阶段,其中内化是行为认同的关键环节,外化则是其最终效果的外在体现。内化是人民群众将马克思主义意识形态理论的知识内容和价值系统自觉转化为自身的价值准则和行为指

---

① 《马克思恩格斯文集》(第一卷),人民出版社,2009年,第286页。

南。外化是人民群众在将马克思主义意识形态知识系统内化的基础上,重构自身的价值观念,形成符合马克思主义意识形态理论要求的价值观念,将之固化并养成良好习惯的过程。行为认同是马克思主义意识形态理论教育的根本目的和最终效果体现,因而,在推进马克思主义意识形态认同的过程中,要高度重视行为认同这一重要环节,要科学制订整体规划,有力把握关键阶段,将"知行合一""言行一致"作为马克思主义意识形态认同效果的检验标准。2014 年 5 月 4 日,习近平总书记在与北京大学师生的座谈会上指出:"道不可坐论,德不能空谈。于实处用力,从知行合一上下功夫,核心价值观才能内化为人们的精神追求,外化为人们的自觉行动。"因而,要使马克思主义意识形态认同取得成效,在人民群众对马克思主义意识形态理论内化环节完成后,必须要积极推动内化向外化转变,引导人民群众对自身的价值观念、信仰系统进行自我分析、自我调节,实现由知到行的转化,使人民群众的外化行为固化之并形成自然而然的行为习惯。

第三章　新时代马克思主义意识形态认同面临的现实冲击

马克思主义认为,"人们的意识,随着人们的生活条件、人们的社会关系、人们的社会存在的改变而改变"①。伴随着经济社会的迅猛发展和后工业化时代的到来,因来自社会变迁衍生出的社会矛盾、西方社会思潮渗透侵蚀和由社会变迁引发的对于马克思主义意识形态自身的质疑等因素的冲击和影响,人民群众的价值观念和行为选择方式出现偏差,马克思主义意识形态的主导权和话语权受到质疑和挑战,新时代的马克思主义意识形态认同建设工作态势依然严峻。为此,面对新的社会发展特点和时代特征,厘清和正确对待马克思主义意识形态认同建设工作中存在的现实挑战和问题尤为必需。

第一节　社会变迁对马克思主义意识形态认同的冲击

全球化、新媒体和社会转型在推动我国经济社会的飞速发展和信息科学技术全面进步的同时,其对马克思主义意识形态认同建设的负面影响也不断显现:全球化革新了马克思主义意识形态认同的生态环境,新媒体衍生

---

① 《马克思恩格斯选集》(第一卷),人民出版社,2012年,第419~420页。

的"技术异化"在一定程度上消解了马克思主义意识形态的价值引领和整合功能,社会转型导致的利益分化削弱了马克思主义意识形态认同的基础。因而,亟需明晰社会变迁对新时代马克思主义意识形态认同造成的冲击危害。

一、全球化对马克思主义意识形态认同的影响

全球化是现今人类社会发展过程中最显著的发展趋势和最重要的时代特征,全球化进程是伴随着西方资本主义生产方式的确立和资本对外扩张的步伐而发展的。1985 年,经济学家提奥多尔·拉维特在其《市场全球化》中首次提出了全球化的学术概念,当时涉及的主要范围还仅限于在经济领域内的全球化。1992 年 10 月 24 日,联合国第六任秘书长布特罗斯-加利在联合国日中宣告"具有真正意义的全球化时代已经到来",自此,全球化浪潮风起云涌,在经济、政治、文化、社会和生态等领域冲击并影响着世界上的每一个国家、民族和个人。

马克思主义关于世界历史的思想是全球化理论的重要先驱,马克思、恩格斯在《共产党宣言》中指出,资产阶级为了榨取更多的剩余价值,积极奔走于世界各地,"把一切民族甚至最野蛮的民族都卷到文明中来了",他们"由于开拓了世界市场,使一切国家的生产和消费都成为世界性的了"①。这里的"生产和消费成为世界性",就是指经济领域内的全球化。随着经济全球化进程的不断加快,由西方主导和推动的全球化逐步影响并渗透到其他国家的政治、思想文化,尤其是意识形态等社会生活领域,"地方的和民族的自给自足和闭关自守状态,被各民族的各方面的互相往来和各方面的互相依赖所代替了。物质的生产是如此,精神的生产也是如此"②。时至今日,全球化已成为西方资本主义国家推行资本主义意识形态和价值观念,获取更多利润、掌

---

① 《马克思恩格斯选集》(第一卷),人民出版社,2012 年,第 404 页。
② 《马克思恩格斯选集》(第一卷),人民出版社,2012 年,第 404 页。

控世界的工具和手段。"它迫使一切民族——如果它们不想灭亡的话——采用资产阶级的生产方式;它迫使它们在自己那里推行所谓的文明,即变成资产者。一句话,它按照自己的面貌为自己创造出一个世界。"①

随着我国社会主义市场经济体制的不断完善和改革开放的逐步深入,全球化浪潮在有力促进我国经济社会发展的同时,对我国马克思主义意识形态的认同建设带来了巨大的挑战。

(一)打破了传统的马克思主义意识形态认同环境

全球化时代的典型社会特征是开放性和多元化,而我国早先的尤其是改革开放以前的马克思主义意识形态认同环境则是比较单纯、相对封闭的。一个社会由单纯、封闭转变为开放、多元,这必然会对原先单纯、封闭的认同环境产生巨大冲击。在我国早先相对纯粹、封闭的社会中,马克思主义意识形态理论有着极强的影响力、凝聚力和整合力,人民群众对马克思主义意识形态深信不疑、认同度很高,马克思主义意识形态在我国意识形态领域中稳居指导地位,再加上马克思主义意识形态理论指导下的社会主义革命、建设取得了巨大成功,更是助推了马克思主义意识形态认同工作达到了事半功倍的成效。我国自参与到全球化进程尤其是2001年加入世贸组织(WTO)后,对外开放的广度、力度、深度越来越大,由于历史的原因,西强我弱、中西人民群众社会福利差距较大、西方资本主义国家经济发展水平较高、科技文化优势明显等现实问题在一段时间长期存在,中西发展差距明显的现实无形中会引起人民群众对社会主义终将取代资本主义这一科学社会发展规律的疑虑。

另外,我国正处于改革开放、体制转轨和社会转型的关键时期,社会结

---

① 《马克思恩格斯选集》(第一卷),人民出版社,2012年,第404页。

构深刻变化,经济成分多元并存,利益分配格局不断调整,经济社会发展中的矛盾和问题复杂多变,这些变化极大地改变了原先马克思主义意识形态占据指导地位的社会认同环境和基础,马克思主义意识形态的影响力、凝聚力和整合力难免受到影响和冲击,再加上国内外敌对反华势力对党领导的中国特色社会主义居心叵测的造谣、诽谤和无端攻击,致使马克思主义意识形态认同建设工作面临着巨大的挑战。

(二)加快了对我国实施"和平演变"战略的步伐

随着全球化进程的加快和我国对外开放规模的不断加大,反华敌对势力不断创新和平演变的手段、方法,对我国全方位实施西化分化私有化的政治战略,图谋颠覆中国特色社会主义制度和中国共产党的领导,希冀把社会主义中国改变为"完全西方附庸化的资产阶级共和国"[①]。"和平演变"战略是美国国会议员杜勒斯最早提出的,20世纪50年代初,他针对为解放"被社会主义国家所奴役的人"时所提出的政治构想。1957年4月23日,杜勒斯明确提出了和平演变社会主义中国的六项政策主张,同年6月,他又在旧金山发表演说,明确提出要将"和平演变"中国的希望寄托在中国第三代或第四代身上。"和平演变"计划获得了美国艾森豪威尔政府的支持,"和平演变"政治战略逐步成为反华敌对势力企图颠覆社会主义中国和中国共产党的领导的核心政策理念。

习近平总书记指出:"意识形态领域看不见硝烟的战争无处不在,政治领域没有枪炮的较量一直未停。"[②]意识形态阵地的较量一直是反华敌对势力推行"和平演变"战略的重要领域。在全球化背景下,反华敌对势力采取更加隐蔽的方式对我国的马克思主义意识形态进行侵蚀、消融。在由西方发达

---

① 《江泽民文选》(第一卷),人民出版社,2006年,第573页。

② 《习近平关于社会主义政治建设论述摘编》,中央文献出版社,2017年,第18页。

国家主导的全球化背景下,世界上各个国家间的经济、政治、文化等领域的联系日益紧密,世界经济和国际关系中跨越国界的因素也显著增加,资产阶级金融垄断组织、跨国公司等国际行为主体的影响力也不断增强,全球范围内的经济、政治、文化交锋等问题日益突出。反华敌对势力大肆宣扬"国家主权过时论",认为持有"国家主权观念"的国家和人民群众是削弱和阻碍人类整体意识生成的一大"绊脚石",是与全球化潮流相违背的"极端民族主义",主张国家应该超越民族国家的界限并且要让渡部分国家主权。实际上,反华敌对势力所宣称的"国家主权过时论",只不过是"和平演变"的新的障眼法而已,他们一边奉行利益至上原则攫取和掠夺其他国家利益以满足资产阶级的需要,一边推行和平演变战略希冀其他国家成为他们的附庸。为此,我们要认清全球化背景下反华敌对势力实施和平演变战略的新手法,绝不陷入反华敌对势力设置的"温柔陷阱"。

(三)消融和冲击了新时代的中国精神

在西方资本主义国家主导的全球化进程中,反华敌对势力悄无声息地将西方的思想文化进行输出,妄图消融、冲击中华民族伟大复兴的精神源泉——新时代的中国精神。"争得胜利的既不是臂膀的强壮,也不是武器的精良,而是心灵的力量。"①中华民族的伟大复兴必然需要强大精神的源动力支撑,没有精神和信仰作为支撑的复兴只能是水中月、镜中花。中国精神,是指"以'爱国主义'为核心的民族精神和以'改革创新'为核心的时代精神"②,它是中华民族几千年优秀传统文化和时代精神的有机融合,集中体现了中国特色、中国道路和中国模式的精神品质,代表着中华儿女的精神风貌和价值追求,寄托着马克思主义意识形态建设的精神信仰,是实现中华民族伟大

---

① ［德］费希特:《对德意志民族的演讲》,梁志学等译,商务印书馆,2010年,第133页。
② 《习近平关于社会主义文化建设论述摘编》,中央文献出版社,2017年,第15页。

复兴中国梦的强大精神源动力,是增强人民群众团结奋斗的向心力、激发人民群众创造力的兴国之魂。在全球化进程不断加快的背景下,中西方思想文化不断交流、交融、交锋,西方资本主义的生产方式和价值观念在我国产生了不小的负面影响,消费主义、历史虚无主义、享乐至上、拜金主义在人民群众的价值观和行为选择中有所显现,艰苦奋斗、勤俭节约的传统美德受到质疑和嘲笑,爱国主义、集体主义的价值观念受到冲击而有所动摇。由于资本主义国家经济社会发展比我国先进、发达,而盲目崇拜资本主义的现象有所抬头,再加上未能对资本主义的改良做出及时的回应和判断,更是导致了一部分人对马克思主义信仰和中国精神的信念动摇。为此,我们需要坚定马克思主义信仰,大力弘扬中国精神,不被资本主义意识形态标榜的"普世价值"所蛊惑,自觉摒弃和抵制"普世价值"思潮的不良影响,保持中国精神的民族性、纯粹性、时代性和科学性,让中国精神在纷争嚣嚷的舞台上熠熠生辉、璀璨夺目。

二、新媒体对马克思主义意识形态认同的冲击

新媒体是当前我国马克思主义意识形态认同建设面临的最主要的社会技术背景,它改变了传统的信息生产、分发、传播、交流和消费方式,为人类社会创建了一种全新的舆论宣传载体。新媒体是一个相对于报纸、电视、广播等传统媒体的新的传播媒介,也可以称之为一种新的传播生态环境,它是利用数字技术为基础,以网络为载体进行信息传播的媒体形态,主要包括网络媒体、移动端媒体、数字化的传统媒体等形式的媒介。新媒体时代传播载体发生了巨大变化,原先传统媒体衍生出来的话语权力受到了互联网等海量信息的冲击和挑战,马克思主义意识形态的权威性和整合力受到一定程度的消解。新媒体时代马克思主义意识形态认同建设工作,具有传播渠道多向度、传播主体多元化、传播模式碎片化和传播环境复杂化等特征。

传播渠道多向度。传统媒体时代的马克思主义意识形态认同建设带有明显的单向度特征，即依托传统媒体将马克思主义意识形态直接传输给人民群众。单向度的传播方式具有极强的稳定性，使得马克思主义意识形态认同建设牢不可破。新媒体时代，传播方式呈现出核裂变式的发展图景，人民群众成为集生产、接受、发散于一体的"信息源"，这样的传播方式体现出多向度的特征，信息传播的覆盖面和影响力相较于传统媒体变得更加难以有效掌控。

传播主体多元化。新媒体时代，信息传播准入门槛和成本降低，任何人、任何组织都可以平等地组织或被组织来交流讨论感兴趣的话题或是主动设置相应的话题，原先依靠传统媒体的垄断来推进马克思主义意识形态认同建设的局面受到巨大的冲击，以前较为集中的传播主体逐渐为多元的话语主体所代替，多元化的话语主体通过新媒体竞相传播并衍生出一套相对以自我为中心的话语体系，这些话语体系呈现出一定的"去权威化""去中心化"的倾向。

传播模式碎片化。一些裹挟着资本主义意识形态的新媒体文化，日益影响着人民群众对马克思主义意识形态及对现实世界价值观念行为的理解。由于市场经济体制的改革、时代的进步，我国的社会阶层分化成为价值观念多元、不同阶层的碎片化社会。另外，人民群众大都利用上下班途中、休息前的"碎片化"时间去获取网络信息，社会的"碎片化"和人民群众阅读习惯的"碎片化"，对新媒体时代的马克思主义意识形态认同建设工作的话语模式、话语内容提出了更高的要求，譬如要注重运用短视频、动漫、表情包等新颖的表达形式来彰显高度凝练的话语内容。

传播环境复杂化。随着全球化进程的加快，数字信息网络技术的转型升级，使得我国意识形态领域里的斗争形势愈发尖锐、复杂。反华敌对势力将我国深化改革和社会转型过程中出现的腐败、生态环境恶化等社会矛盾和问题无限放大并转化到人民群众的话语传播体系中，雇用大量的网络"水军"丑化、诋毁党和政府的形象，并大肆宣传资本主义的民主制度、先进科技等方面的优势，将人民群众一些情绪化的话语表达演化成为攻击党和政府、攻击马克思主义意识形态指导思想的反动话语。传播环境的复杂化，对我国主流意识形态的安全建设、认同建设带来了巨大的现实挑战。

反华国际资本集团利用掌控的数字信息网络优势，通过新媒体传播平台，大肆传播资本主义意识形态及其价值观，不断加大对我国马克思主义意识形态认同生态环境的侵蚀和干扰力度，为我国的马克思主义意识形态认同建设工作带来了巨大的冲击。

（一）加大了马克思主义意识形态认同建设的推进难度

单向度的传播模式具有正面性、导向性、权威性和强制性等特征，容易使得人民群众的思想观念、价值取向和行为选择与党和政府所要求的目标达成一致，对推进马克思主义意识形态认同建设进展往往起到事半功倍的成效。传统媒体时代的马克思主义意识形态认同建设，党和政府主要是依靠报纸、电视、广播等传统媒体自上而下、单向度、单通道的传播模式，通过严格筛选传导给受众者的传播内容，充分发挥广播、报纸等传统媒介的"以正确的舆论引导人、以科学的理论武装人"的功能，维护和巩固了马克思主义意识形态在我国意识形态领域内的指导地位，有力地促进了人民群众对马克思主义意识形态理论的自觉信仰和深度认同。

新媒体时代传播主体多元化、传播渠道多向度的特征，打破了时间和空间的限制，人民群众成为拥有既是受众者又是传播者双重身份的人，以往只能是编辑、记者和政府工作人员才能发布信息的局面不复存在，当前的人们"个个都有麦克风、个个都是播音员"，任何一个人只要有手机都可以在网络上发布任意的抑或杜撰的信息内容，那些反马克思主义、反社会主义的思想观念也可以通过新媒体四处传播。人民群众对于党和政府的马克思主义意识形态理论的认同教育和宣传不再是像以往那样被动地全盘接受，而是通过自己的主观判断或自身的利益需求对所传播的内容加以选择，选择的结果往往是仁者见仁，智者见智，有的对传播的马克思主义意识形态的内容表示赞同，有的提出疑问，更有甚者明确表示反对。境内外的反华敌对势力更是借机蓄意造谣、歪曲历史，企图制造思想舆论领域内的混乱，希冀达到浑水摸鱼、否定现实的效果。以上种种，无形之中加大了马克思主义意识形态认同建设的推进难度，对新时代的马克思主义意识形态认同建设形成了严峻的挑战。

（二）文化霸权主义冲击了马克思主义意识形态的指导地位

新媒体平台现今已是境内外反华敌对势力输出资本主义意识形态和价值观念的重要平台和"最新型武器"，正如有的学者所指出的那样，"从性质上看，它是一种构建现实的权力；从形式上看，它是一种得到普遍认同的软性暴力"[①]。文化霸权，又被称为文化领导权，最早是由意大利共产党领袖安东尼奥·葛兰西提出的，文化霸权主要是资本主义和国际资本垄断集团在全球扩张的产物，是西方资本主义发达国家凭借其先进的、发达的网络技术优势，通过新媒体传播平台，在文化领域内对不发达国家所进行的文化支配、控制和同质化。西方发达国家不遗余力实施的文化霸权主义，所针对的最主要的领域就是目标国的意识形态领域，最根本的目的就是颠覆目标国的意识形态认同体系和政权，希冀实现资本主义独霸全球的"黄粱"梦。

资本主义国家推行的文化霸权主义，势必带来文化领域内外来文化与中国文化的冲突、交锋、交融。后殖民时代的国际关系，并不是西方发达国家

---

① 朱国华：《权力的文化逻辑》，上海三联书店，2004年，第176页。

所宣称的那样公平、共享,文化领域内话语权的争夺依然是靠其国家综合实力来支撑。外来文化尤其是西方文化,凭借其强大的综合实力和文化话语权,严格操控着各种新媒体传播平台,大力实施文化霸权主义,强化其"普世价值"的输出,通过影视作品、音乐作品和文学作品等文化作品的制作、传播,将资本主义的价值观念、生活方式、文化思想等藏匿其中,造成了国内一部分人民群众价值观念的扭曲、生活方式的无序糜烂、马克思主义信仰信念缺失等现实危害。为此,我们要厘清文化霸权主义逐步稀释马克思主义意识形态指导地位的实质危害,深刻揭批西方资本主义国家推行的"普世价值",时刻提高警惕,积极应对文化霸权主义对马克思主义意识形态认同建设工作的冲击。

(三)技术异化影响了人的自由全面发展的价值追求

新媒体技术的日趋成熟,对我国的经济社会发展发挥着很大的助推作用,但是西方资本主义国家凭借其强大的经济实力和先进的科技优势,操控着各类传播媒介,在我国人民群众中间大肆倾销其资本主义意识形态和价值观念,这就势必对我国人民群众的价值观念和精神文化生活产生负面影响。"技术是把双刃剑",当我们在享受新媒体带来的各种便利时,可能已落入其潜藏的"陷阱"或"诱惑"中。"我们和工具之间形成的紧密联系是双向的。就在技术成为我们自身的外延时,我们也成了技术的外延。"[①]新媒体的传播模式碎片化、传播渠道多向度等特征,逐步消融了人民群众的主体性、创造性、独立的批判精神和发展的全面性,"技术异化"对人民群众的负面影响日益趋深。

技术异化对于人民群众的影响,正如马克思在谈到异化劳动时指出的

---

① [美]尼古拉斯·卡尔:《浅薄:互联网如何毒化了我们的大脑》,刘纯毅译,中信出版社,2010年,第227页。

那样，"他的劳动成为对象，成为外部的存在，而且意味着他的劳动作为一种与他相异的东西不依赖于他而在他之外存在，并成为同他对立的独立力量；意味着他给予对象的生命是作为敌对的和相异的东西同他相对立"①。新媒体技术派生出的技术异化，禁锢了人的自由全面发展，使得人民群众沦落为单向度的、被物欲控制的人，最终只能导致人的片面化发展或畸形发展，这完全有悖于马克思主义的社会发展理论，有悖于中国特色社会主义致力于追求的根本目标和最高价值。人的自由全面发展是社会全面发展的根本标志，马克思在《1844 年经济学哲学手稿》中指出，实现对人本质的全面占有必须消除掉"异化"，"人以一种全面的方式，就是说，作为一个完整的人，占有自己的全面的本质"②。"哲学的真正社会功能在于它对流行的东西进行批判，……防止人类在现存社会组织慢慢灌输给它的成员的观点和行为中迷失方向。"③为此，我们要提高警惕，深刻把握新媒体传播所派生出技术异化的问题实质，高举马克思主义意识形态理论旗帜，积极应对技术异化对当前的挑战。

三、利益分化对马克思主义意识形态认同的挑战

利益分化，是指由于社会结构调整或社会转型而导致的原有利益关系的变迁、重组，不同利益主体间因获得利益渠道和获得利益程度不同，而使利益主体间的利益差距迅速扩大的过程。在人类社会的发展进程中，利益分化现象的出现是不可避免的。我国自改革开放以来，尤其是党的十四大召开后，我国的经济体制成功由计划经济体制转型为市场经济体制。我国计划经济体制到市场经济体制的转型，主要是以创新经济活动的组织形式和变革

---

① 《马克思恩格斯选集》(第一卷)，人民出版社，2012 年，第 52 页。

② 《马克思恩格斯文集》(第一卷)，人民出版社，2009 年，第 189 页。

③ [联邦德国]马克斯·霍克海默：《批判理论》，李小兵等译，重庆出版社，1989 年，第 250 页。

经济体制为基本内容,将以往单一、纯粹的全社会共同占有生产资料的公有制为主导的利益格局转变为多元化的社会利益结构。随着利益分化的加剧,原有社会的利益格局被打破,利益主体的权益意识不断觉醒,人民群众对自身权益的关注和维护日益显著,各种利益诉求纷至沓来、错综复杂,不同利益主体间的冲突、矛盾也日趋凸显。

在利益分化加剧的社会背景下, 新时期我国利益主体分化呈现出一些新的特征。利益主体的多元化。当下中国的社会结构已经不是像以往由工人阶层、农民阶层、知识分子等构成的社会结构那样简单、清晰,很多阶层并没有完全固化下来。诸如近些年火爆的房产中介这一行业团体,随着未来国家对房产行业调控力度的加大,房产中介这一行业前景如何则难以预测。利益主体间的经济差距较大。我国社会结构转型以前,不同利益主体间的差距主要体现在政治身份、政治待遇上,以平均主义为主导的分配方式使不同利益主体间的经济差距较小,经济差距也在比较合理的范围内。随着市场经济体制的逐步完善和改革开放的持续深入, 效益和效率成为市场经济最直接和最根本的价值追求,不同利益主体间因获利渠道的多寡和获利程度的高低,导致社会上贫富悬殊的问题比较严重,我国的基尼系数长期高于 0.4。利益主体的利益诉求多样化。随着小康社会的全面建成,我国社会的主要矛盾业已转化为人民日益增长的美好生活需要和不平衡不充分的发展之间的矛盾, 人民群众的利益需求已不仅仅限于经济层面的物质生活需求,文化层面、政治层面、社会层面和生态环境层面的诉求也日益成为人民群众的需求内容。

利益是人民群众最为敏感的神经,"人们为之奋斗的一切, 都同他们的利益有关"①。但是,"利益就其本性来说是盲目的、无节制的、片面的,一句

①《马克思恩格斯全集》(第一卷),人民出版社,1995 年,第 187 页。

话,它具有无视法律的天生本能"①。马克思在其《德意志意识形态》中指出,"一切历史冲突都根源于生产力和交往形式之间的矛盾"②,利益是思想的基础和前提,可控范围内的利益分化,有助于我国政治稳定、文化繁荣和马克思主义意识形态认同,不可控的利益分化会导致社会不安定的因素增多,不利于主流意识形态的认同。为此,要深刻把握利益分化背景下涌现出的新特征,积极应对新时代利益分化对马克思主义意识形态认同造成的现实挑战。

(一)贫富分化削弱了马克思主义意识形态认同的基础

人民群众自身的利益诉求是他们认同某种意识形态的前提和基础,他们拥护和认同某种意识形态,必然是这种意识形态能够维护和代表他们自身的根本利益。马克思、恩格斯在《共产党宣言》中强调:"无产阶级的运动是绝大多数人的,为绝大多数人谋利益的独立的运动。"③中国共产党始终牢记全心全意为人民服务的宗旨,始终"没有任何同整个无产阶级的利益不同的利益"④,始终将追求民族独立和人民的幸福自由作为己任,这也正是在早期中国革命、建设和改革时期,马克思主义意识形态被人民群众普遍认同的根本前提所在。"'思想'一旦离开'利益',就一定会使自己出丑。"⑤中国共产党始终坚持以马克思主义在意识形态领域内的指导地位为根本,始终坚持和发展马克思主义群众利益观,始终维护和代表人民群众的根本利益,始终"为工人阶级的最近的目的和利益而斗争",始终"在当前的运动中同时代表运动的未来。"⑥

---

① 《马克思恩格斯全集》(第一卷),人民出版社,1995年,第288~289页。
② 《马克思恩格斯选集》(第一卷),人民出版社,2012年,第196页。
③ 《马克思恩格斯选集》(第一卷),人民出版社,2012年,第411页。
④ 《马克思恩格斯选集》(第四卷),人民出版社,2012年,第277页。
⑤ 《马克思恩格斯文集》(第一卷),人民出版社,2009年,第286页。
⑥ 《马克思恩格斯选集》(第一卷),人民出版社,2012年,第434页。

改革开放四十多年来,我国在经济、政治、文化、社会和生态等领域取得的丰功伟绩举世瞩目,全面建成小康社会、消灭绝对贫困⋯⋯我国的综合国力和在世界舞台上的国际影响力显著增强。然而,在利益分化深刻复杂的现实背景下,利益主体间的贫富分化问题比较突出、严重,譬如社会上出现的仇富现象。中国特色社会主义的本质是解放和发展生产力,消灭剥削,消除贫富两极分化,最终达到共同富裕,这也是马克思主义意识形态对人民群众所宣传的。利益是人民群众认同的基础,如果不妥善处理好利益分化带来的利益主体间的贫富差距问题,人民群众很容易会对马克思主义意识形态的科学性产生疑问,并最终影响到对马克思主义意识形态的认同度。

(二)个体利益意识的增强助长了非马克思主义意识形态的蔓延

人类的利益意识指导着自身的社会实践活动,它主要涵括个体利益意识和整体利益意识两个部分。个体利益意识,主要是指人类为了实现自身的个体利益或相对的个体利益的心理状态、过程。整体利益意识,主要是指人类为了实现整体利益或者是相对的整体利益的心理状态、过程。个体利益意识和整体利益意识是对立统一的,两者既相互斗争又相互统一。一方面,个体利益意识和整体利益意识是对立的互相存在。当利益主体的个体利益意识占据指导地位时,个体利益意识就会对利益主体的社会实践活动起着主导性的作用,利益主体的占有观念往往是私有观念表现得比较突出;反之,当利益主体的整体利益意识占据指导地位时,整体利益意识就会对利益主体的社会实践活动起着主导性的作用,利益主体的占有观念往往是公有观念表现得比较突出。另一方面,个体利益意识和整体利益意识是互相依存、互相统一的。利益主体的个体利益意识是整体利益意识存在的前提和基础,没有了个体利益的存在,整体利益的存在就毫无价值;反之,整体利益意识是个体利益意识的重要保障,没有了整体利益,利益主体的个体利益就不可能得到很好的发展和满足。

在利益分化的社会现实背景下，随着市场经济的完善和改革开放的深入，人民群众的个体利益意识不断觉醒并呈现出不断的上升趋势，利益主体的价值评判标准和价值取向逐步趋向多元化、功利化。人民群众的个体利益意识的觉醒并不是坏的事情，毕竟利益是人们日常生活中最为敏感的神经。但是，如果人民群众没有正确处理好个体利益和整体利益这两者的关系，如果人民群众陷入过分关注和追求个体利益的误区，就无形中助长了西方资本主义国家长期对我国人民群众所渗透的消费主义、实用主义、功利主义等资本主义意识形态思想的影响，无形中为这些反马克思主义意识形态的蔓延提供了生长环境和土壤，也就为马克思主义意识形态认同建设工作增加了难度。

（三）利益主体间的利益冲突影响了马克思主义意识形态的价值整合功能

不同利益主体间的利益冲突，是功利价值冲突中的一种，它是引发价值冲突的一种重要表现形式，对马克思主义意识形态的价值整合功能危害很大。我国在逐步完善市场经济体制的过程中，由于市场经济本身的缺陷和各项保障的政策、法规、机制的不健全、不完善、不及时，再加上区域经济发展的不平衡、不协调，各阶层的贫富分化现象严重，致使不同群体间的利益冲突、矛盾等问题不断显现，坦白地说，这些社会矛盾、冲突是社会发展过程中的不可跨越的"发展阶段"，正如马克思指出的那样，"一个社会即使探索到了本身运动的自然规律，……它还是既不能跳过也不能用法令取消自然的发展阶段"①。

---

① 《马克思恩格斯文集》(第五卷)，人民出版社，2009年，第9~10页。

由于不同利益主体对社会资源占有量的差异性，致使不同利益主体的社会财富占有量有着很大的差别，有的没有分享到改革开放和市场经济竞争机制带来的机遇，反而承担了改革和市场经济的"阵痛"和代价，使得自身处于被忽视、被边缘化的尴尬境遇。相较于积累了大量财富、拥有大量社会资源的利益主体，他们难免会产生失落感、不公平感和被剥夺感；再加上利益诉求机制不畅，基层政府相关工作不透明、不公开，一些官员的权力寻租、贪腐现象，诚实守信没有成为富有者，非法经营反而获得了大量的社会财富现象，以上这些社会现实问题极易导致社会矛盾和冲突，严重影响了人民群众对改革开放和市场经济体制的认同感，严重影响了马克思主义意识形态的价值整合功能。"无直接利益冲突"这种社会矛盾就是典型的一种。所谓无直接利益冲突，是指参与冲突事件的参与者与事件本身并没有直接的利益、利害关系，只是通过这一突发的事件来宣泄心中对社会不公正的不满而已。为此，要在马克思主义意识形态群众利益观的科学指导和调控下，构建有效的疏导和化解机制，积极应对和解决好不同利益主体间的利益冲突，让人民群众在共建共享中有更多的获得感、满足感和幸福感。

第二节　西方社会思潮对马克思主义意识形态认同的侵蚀

现今泛滥于中国社会生活各领域的西方社会思潮，颇具深刻的学理性和学术性，对当下我国主流意识形态的认同建设，既有着正面的促进作用，也有着反向的阻碍作用。但是，西方社会思潮大多隐藏着极强的资本主义意识形态因子，其政治属性和阶级立场与我国的马克思主义意识形态存在根本性的差异。因而，这就内在地使得西方社会思潮对我国马克思主义意识形态认同建设的反向阻碍作用，成为它发挥作用的主要方面。为此，厘清我国意识形态领域内这些西方社会思潮的实质和根本危害，清除这些"精神迷雾"和"精神障碍"就显得尤为必要。本节主要选取历史虚无主义、新自由主义、民主社会主义、消费主义等国内关注程度高、现实影响深刻、具有代表性的西方社会思潮加以研究、评析,通过对这些社会思潮的本质审视,希冀能够"窥一斑而知全豹",引导人民群众认清西方社会思潮的唯心主义认识论、历史观等错误的思想基础、方法论及其现实危害。

一、西方社会思潮的本真认识

社会思潮是指在特定的历史时期内,反映特定阶级、阶层或某一利益集团的诉求、需要,并对所处时代的经济社会生活产生广泛影响,是一种比较系统的思想理论体系或思想潮流。社会思潮是经济社会生活变迁的"方向标"和"晴雨表",它通过影响和干预人们的思想生活观念和行为方式选择等,达到对所处时代社会存在的干涉和改造。当下影响新时代马克思主义意识形态认同建设的西方社会思潮烦冗复杂、名目繁多、学派林立,有的社会思潮仅影响经济、政治、文化、社会、生态、哲学、宗教等领域中的单一领域,也有的影响到经济社会生活中的多个领域。这些社会思潮虽然涉及的领域、系列主张有所不同, 但是它们的初衷都是源于对西方国家资本主义经济社会生活变迁、发展的思考,希冀从不同视域寻求解决资本主义社会发展中的突出矛盾和现实社会问题,以求更好地促进资本主义国家的社会发展。

自我国实行改革开放以来, 尤其是加入世贸组织及逐步加大改革和开放的力度以后, 西方社会思潮对我国的经济政治文化等领域的影响日益加深。西方社会思潮在我国的传播蔓延,最早是以学术研究、学术争鸣的面目出现的,学术上的百家争鸣是有助于相关学科的建设发展的。但是,随着其由学术研究的立场转向为带有明确的政治目的, 企图颠覆中国特色社会主义制度、中国共产党领导和马克思主义意识形态指导地位,这就使得它们在我国经济社会生活中的蔓延传播极具危害性, 极易引起人民群众思想认知层面的混乱，干扰人民群众科学思想认知的生成，甚至引发社会动荡、政权解体。

为深刻揭批西方社会思潮的谬误所在，不断增强人民群众对西方社会思潮的辨别力和抵御力，首先需要追根溯源、去伪求真，厘清西方社会思潮的发生渊源及其发展过程。

（一）历史虚无主义思潮审视

泛滥于中国的历史虚无主义是一种外生性思想，它与西方的传统文化思想渊源颇深。历史虚无主义是一种反科学、反历史的唯心主义历史观，主要经历了虚无人的存在和虚无人存在价值两个阶段，主要表现形态为形而上学的虚无论、理性主义的事实虚无论、实证主义的虚无论和后现代主义的历史本质、规律虚无论等。

柏拉图主义和中世纪基督教神学，两者都有着形而上学的共同特点。柏拉图认为，理念世界是客观存在，文艺世界、现实世界是虚无存在且不具有普遍真实性；基督教神学也是这样，以虚幻的天国来影响人民群众的精神世界。法国的启蒙精神和德国的理性主义，用"理性之光"替代"万能的上帝"，具有一定的进步性，但他们认为历史只是一些英雄人物或某种思想所创造产生的，而与普通人民群众是没有任何关联的。针对否定人的存在的虚无主义，马克思指出，"人不是抽象的蛰居于世界之外的存在物。人就是人的世界，就是国家、社会"[1]。盛行于 19 世纪初的历史实证主义，假借"学术规范""价值中立"之名，避开史学研究中的价值维度，对史学的研究仅仅出于娱乐需要或利益需要。马克思评价历史实证主义为"非历史的臆想、模糊的空想和故意的虚构"[2]。后现代主义文化思潮坚持价值取向多元化和无中心意识，

---

[1] 《马克思恩格斯选集》（第一卷），人民出版社，2012 年，第 1 页。

[2] 《马克思恩格斯全集》（第一卷），人民出版社，1995 年，第 238 页。

宣称历史的"结构""秩序"具有预设性,因而需要重新解构。那么,果真需要重新结构、重新研究吗?提出重新结构的真实的目的就是"实质上按照货币与市场原则肆意解构和消费历史,……正如胡适所言:'历史成了任人打扮的小姑娘'"①。

"在历史事件和政治事件中,不可能有'纯理论'。……在每一种理论的背后,都隐伏着集团的观点。集团思维这种现象依照利益以及社会环境和生存环境表现出来。"②历史虚无主义思潮绝不是反思历史本身,而是政治倾向明显、阶级立场鲜明、有着明确指向的反华敌对势力和平演变中国的又一种手法,企图颠覆中国特色社会主义和中国共产党领导执政的锐利思想武器。历史虚无主义者坚持反历史、反科学的唯心主义历史观,披着"价值中立""研究范式转换"的外衣,否定历史的承继性、连续性,故意混淆历史的主流与支流、现象与本质,强调非此即彼,搞二元对立。杜撰、歪曲历史和曲解英雄人物事迹,污蔑和攻击党的领袖、路线方针政策,否定人类社会发展规律,否定马克思主义唯物史观,历史虚无主义者的这些做法严重扰乱了人民群众的历史认知,对我国的马克思主义意识形态认同建设产生了严重的消极影响。

(二)新自由主义思潮审视

新自由主义错误思潮于我国的改革开放时期传入,是"以实现个人的独立和自由为最高原则,不对中国的社会矛盾作切实研究和准确判断,而力求在中国实现英美式的自由、民主的经济政治制度的思想体系"③。究其根本,

---

① 邹诗鹏:《解释学史学观批判》,《学术月刊》,2008 年第 1 期。

② 卡尔·曼海姆:《意识形态与乌托邦》,商务印书馆,2000 年,第 126 页。

③ 陆剑杰:《中国的自由主义和中国的马克思主义之关系的历史、现状与未来》,《哲学研究》,1999 年第 11 期。

新自由主义就是旨在全力改造中国的政治、文化、经济、社会、生态等领域的运行模式,全面效仿西方社会的现代治理模式,可以说是彻头彻尾的资产阶级意识形态。新自由主义以其特有的方式、方法,干扰着我国经济社会的健康良性发展。

自由主义兴起于欧洲文艺复兴时期,是新兴资产阶级反对封建王权的思想武器。自由主义尊崇个人的自由和权利,认为国家的政治、经济、社会等一切活动都要以维护个人的自由和权利为中心,国家在经济活动领域应当尽可能少的加以干预。近代以来,西方自由主义发生了多次变革,经历了繁杂的变化。其先后经历了从文艺复兴时期到早期的自由主义,从放任自由主义到以功利主义为基础的自由主义等变革过程。20 世纪 30 年代,西方资本主义国家普遍爆发了严重的经济危机,彻底暴露了资产阶级古典自由主义所推崇的国家不干涉经济活动这一实践模式的弊端。面对着社会经济衰退的大环境,人民群众的消费热情和资本家的投资热情全面衰退,有效需求不足的形势迅速普遍化并成为一种常态。为此,迫切需要国家和政府出面来干预和促进经济增长。自由主义由当初强烈主张不加干涉经济活动,转变为主张国家干预经济领域内的活动,也就是凯恩斯主义所主张的运用国家干预的方式,最终帮助美国的经济走出了低迷的困境。

20 世纪 70、80 年代的"里根革命"和"撒切尔主义",是自由主义演变历程中的又一次重大变革。经过 60 年代低通胀、高增长的黄金发展时期后,70 年代的美国出现了滞胀的危机,这使得人们对由凯恩斯主义主导的国家干预经济的模式产生了怀疑。在这种情况下,代表资产阶级金融垄断资本集团利益的里根和撒切尔,用新自由主义理论逐步取代了凯恩斯主义所主导经济学思想的地位。新自由主义理论推崇古典自由主义关于自由的核心理念,"自由是一种状态,一个生活在人群之中的人,只能希望逐步接近这种状态,而不能完全达到它。因此,一种自由政策尽管不能完全消灭强制及其恶果,但应该尽量将之缩小到最低限度"①。新自由主义认为,要减少国家对经济的干预活动,让市场机制自行调节经济活动;实施货币主义,以货币学派的控制供应量应对通货膨胀;压缩福利,减税减支;调整所有制结构,主张国有企业私有化。新自由主义的这些主张,取得了良好的实际成效,确实促进了以美英为代表的资本主义国家走出"滞胀"的局面。

随着"汇率"生成机制市场化,资本流动及运作自由化,以美元为核心的国际金融货币体系的形成,以及数字信息网络技术的广泛运用,以"市场化、自由化、私有化、全球一体化"为核心内容的新自由主义,开始由单一的经济学理论逐步转向为政治化、模式化和意识形态化,成为以美英为代表的国际金融垄断资本对外扩张、推行全球经济一体化的重要理论。"新自由主义化的进程带来了非常大的'创造性毁灭',不仅摧毁了先前的制度框架和力量(甚至挑战了传统的国家主权形式),而且摧毁了劳动分工、社会关系、福利供给、技术混合、生活方式和思考方式、再生产活动、土地归属和情感习性。"②新自由主义成为资本主义国家的国际金融垄断机构攫取高额利益的扩张手段,其实际推行全球资本主义化的本质显而易见,根本目标就是毁灭性的击溃目标国的"制度框架、社会关系、生活方式和情感习性"③。

(三)民主社会主义思潮审视

民主社会主义是当前危害我国社会思潮中最具有迷惑性的一种社会思潮,是彻底的维护资本主义制度的一种改良主义。民主社会主义虽然冠以"民主"和"社会主义",但与科学社会主义有着本质的区别,列宁形象地称其为"资本主义病床边的医生和护士"。民主社会主义在与马克思主义意识形

---

① 〔英〕弗里德利希·奥古斯特·冯·哈耶克:《自由宪章》,杨玉生等译,中国社会科学出版社,2012 年,第 29 页。

② 〔美〕大卫·哈维:《新自由主义简史》,王钦译,上海译文出版社,2016 年,第 3 页。

③ 〔美〕大卫·哈维:《新自由主义简史》,王钦译,上海译文出版社,2016 年,第 3 页。

态争夺主导权、话语权的过程中,把目光盯在了中国特色社会主义理论和马克思主义意识形态指导思想上,极力煽动、迷惑人民群众,图谋以资本主义社会的政治民主、经济民主、社会民主等民主形式来改造我国的社会主义。

民主社会主义理论的前身是社会民主主义理论,其产生于19世纪中叶的欧洲革命时期,最早的理论形态是拉萨尔主义,他们反对无产阶级专政和暴力革命,实质上不过是为了维护德国贵族的统治、希望能够缓和社会矛盾的改良主义而已。从20世纪初到第二次世界大战前,民主社会主义的代表人物是卡尔·考茨基,他们否认国家和民主具有阶级性,反对无产阶级专政和共产党的领导,反对暴力革命的方式而主张和平过渡,倡导三权分立和民主议会制。第二次世界大战后,社会党国际通过了《法兰克福宣言》,声称社会主义只能通过民主(主要涵括政治民主、经济民主、社会民主和国际民主等方面)来实现,并且重申反对无产阶级革命和专政,同时责难和攻击苏联和东欧的社会主义国家革命的正当合法性。

1959年德国社会民主党通过的《歌德斯堡纲领》,成为民主社会主义转型的重要标志,纲领强调"西欧的基督教伦理、人道主义和古典哲学"是民主社会主义理论源泉和哲学基础,并且强调了民主社会主义的伦理性特征。民主社会主义鼓吹"伦理社会主义",认为社会主义只能存在于彼岸世界而不是现实世界,只是一种道德需要、道德价值而已,并不是人类社会制度发展的最后归途。他们褒扬改良反对革命,不再追求超越资本主义制度,认为社会主义只是一种追求民主、扩大公民权利的运动,并且将"社会主义运动"局限在资本主义民主的框架内进行。他们对生产资料的占有归属采用"民主监督"的方式,认为科学社会主义所主张的"消灭私有制"并不是"医治社会弊病的特效药"。

马克思对社会民主主义(民主社会主义)有着深刻的认识,指出社会民主主义是"空论的社会主义",罔顾现实社会的实际发展状况,"幻想借助小小的花招和巨大的感伤情怀来消除阶级的革命斗争及其必要性"①。他们把民主共和制度作为一种手段，最终目标并不是为了消灭资本和雇佣劳动这两个不合理的存在，而仅仅是为了协调与缓和资本、雇佣劳动这两者之间的矛盾，"无论目标本身涂上的革命颜色是淡是浓，其内容始终是一样的：以民主主义的方法来改造社会，但是这种改造始终不超出小资产阶级的范围"②。从中可以看出，民主社会主义是彻底的资产阶级改良主义，它完全剥离了科学社会主义的基本原则，"民主社会主义才能改变中国""中国特色社会主义就是民主社会主义"这些罔顾事实的论调，只能让我们陷入反华敌对势力的西化分化私有化中国的陷阱。

（四）消费主义思潮审视

第二次世界大战后，资本主义国家有了一段黄金发展时期，其间经济增长迅速，社会财富大量增加。在资本集团的操控下，一种超前消费、任意消费、奢靡消费的消费观念开始弥散。另外，随着凯恩斯主义成为美英等资本主义国家的指导思想之后，政府也相继出台了鼓励和刺激消费的相关政策，这也为消费主义的发展提供了环境和土壤。随着经济全球化的发展，消费主义思潮逐步由西方发达资本主义国家蔓延到广大发展中国家，对广大发展中国家人民群众的价值观念、生活方式、消费行为造成了很大的负面影响。

和历史虚无主义、新自由主义、民主社会主义等有着严密逻辑理论体系的理论化的意识形态特征相比较而言，消费主义思潮似乎不从属于意识形态的哪一种形式。马克思在论述关于上层建筑的构成时指出，"在不同的财产形式上，在社会生存条件上，耸立着由各种不同的，表现独特的情感、幻

---

① 《马克思恩格斯文集》(第二卷)，人民出版社，2009年，第166页。
② 《马克思恩格斯文集》(第二卷)，人民出版社，2009年，第501页。

想、思想方式和人生观构成的整个上层建筑"①。这里的"情感、幻想"就是指以感性化的形式存在的意识形态。也就是说，意识形态既有像历史虚无主义、新自由主义那样的理论化的存在形式，也可以有以感性化、更加隐弊化的诸如消费主义这样的方式存在。

消费主义思潮最初产生于20世纪初的美国，是伴随着资本主义国家经济复苏、迅速发展的步伐而扩张蔓延的，是资本垄断集团为了攫取更多的利润而推行的一种消费方式。马克思指出，"以资本为基础的生产，其条件是创造一个不断扩大的流通范围，……要从一切方面去探索地球，以便发现新的有用物体和原有物体的新的使用属性……培养社会的人的一切属性，并且把他作为具有尽可能丰富的属性和联系的人，因而具有尽可能广泛需要的人生产出来"②。这就是说，为了更多地攫取利润，资本家会在"不断扩大的流通范围"内，不断创造出"普遍的产业"和"普遍利用自然属性和人的属性的有用性的体系"，想方设法去引导和鼓励消费者消费。对于资本家创造需要去骗取本应要去"爱的邻人"的这种手法，马克思曾指出，"工业的宦官即生产者则更厚颜无耻地用更卑鄙的手段来骗取银币，……工业的宦官迎合他人的最下流的念头，充当他和他的需要之间的牵线人，激起他的病态的欲望，默默地盯着他的每一个弱点，然后要求对这种殷勤服务付酬金"③。

消费主义在资本主义国家内部取得了巨大成功，普通人民群众也被成功的蛊惑成为拥护认同资本主义意识形态的忠实的"消费者"。西方国际金融垄断集团在资本逐利的驱动下，将贪婪的目光转向了发展中国家，巧妙地将隐藏了阶级性质和政治诉求的消费主义，美化成为替全世界人民群众谋求个人自由、幸福的价值观和行为方式，通过将创造出的商品赋予特定的文

---

① 《马克思恩格斯文集》(第二卷)，人民出版社，2009年，第498页。
② 《马克思恩格斯文集》(第八卷)，人民出版社，2009年，第88~90页。
③ 《马克思恩格斯文集》(第一卷)，人民出版社，2009年，第224~225页。

化意义、形成特定的符号价值,例如远超商品使用价值而具有象征意义的奢侈品,使广大发展中国家的人民群众在消费的过程中,被商品本身之外所带有的价值观念、思想所控制,在潜移默化中接受资本主义意识形态所力荐的享乐主义、个人主义等价值观念和行为方式,最终沦落为资本主义制度的附庸。

二、西方社会思潮消融马克思主义意识形态认同的根本指向

西方社会思潮在我国思想文化领域甚嚣尘上、异常活跃,有着明确的政治倾向和价值诉求,对新时代我国的马克思主义意识形态认同建设带来了巨大的冲击。西方社会思潮往往假借解决社会中的现实问题及未来社会的发展问题,并通过各种媒介宣传其主张,希冀争取人民群众的认同和支持,图谋夺取我国意识形态领域内的话语权和主导权。西方社会思潮消融我国马克思主义意识形态认同的主要表现为:

(一)历史虚无主义社会思潮的根本指向

当下中国社会历史、思想文化等领域泛滥、蔓延的历史虚无主义,虚无方法花样百出,具有很大的迷惑性、欺骗性和蛊惑性。究其根本,历史虚无主义的目的就是干扰人民群众的正确的历史认知,激起人民群众对马克思主义的信仰危机;质疑和否定中国共产党的历史功绩和中国共产党执政的合法性地位;图谋消解中国精神,颠覆中国特色社会主义道路、中断中华民族伟大复兴的事业。

第一,虚无马克思主义意识形态的科学性,削弱马克思主义在意识形态领域的指导地位。马克思主义意识形态指导地位的确立,是中国人民自然选择的结果和社会历史发展的必然选择。马克思主义意识形态打破了唯心主义历史观一统天下的局面,创立了符合社会历史发展规律的唯物主义历史观。一些人打着"重新评价历史"的旗号,用非此即彼的二元对立的思维方式极力混淆视听、搬弄是非,企图动摇马克思主义意识形态在我国的指导地位,颠覆坚持马克思主义在意识形态领域指导地位的根本制度。敌对势力借东欧剧变、苏联解体苏共垮台事件,大肆污蔑马克思主义是教条主义,鼓吹马克思主义失败论、过时论;将国内经济社会发展过程中出现再正常不过的问题和矛盾,归结于马克思主义意识形态指导思想的自身悖论,妄图通过这所谓的"悖论"来否定马克思主义意识形态的指导地位;他们诡称马克思主义意识形态背离了启蒙精神,是对资本主义的虚无,马克思主义才是最大的历史虚无主义,那些秉持唯物主义历史观的人们才是"真正的历史虚无主义者";他们扛着"信仰自由"和"思想多元化"的大旗,否定马克思主义中国化理论的指导意义,企图动摇马克思主义意识形态的根本指导地位;他们竭力鼓吹资本主义制度的普适性和优越性,宣称契合人类社会发展的只能是自由主义而不是马克思主义,竭力营造人民群众的信仰误区,干扰人民群众生成正确的马克思主义信仰,力图颠覆马克思主义意识形态在中国特色社会主义伟大建设事业中的指导地位。

第二,虚无中国共产党的历史功绩,质疑和否定中国共产党执政的合法性地位。一个国家的政治制度和政党执政制度,往往是由该国的经济制度决定的。我国实行的是以公有制为主体、多种所有制经济共同发展的基本经济制度,这就决定了人民群众的根本利益是相同、一致的,因而其对应的上层建筑只能是由代表人民群众利益的中国共产党来执政。然而,历史虚无主义蓄意混淆是非,意图虚无中国共产党为实现民族独立、人民幸福、国家富强所取得的丰功伟绩,质疑和否定中国共产党执政的合法性地位。漠视人民选择和历史选择共产党执政地位的正当性,图谋模糊和误导人民群众对中国共产党合法性执政的情感认知;大肆鼓吹西方社会以"民主普选""权力分设"为核心的政党轮流执政的先进性,叫嚣"一党执政不合法""专政而不民主",攻击共产党领导的多党合作制度,否定中国共产党这一坚强领导核心的合法性执政地位。

第三,诋毁中国特色社会主义,消解中国精神。"一切民族都将走向社会主义,这是不可避免的,但是一切民族的走法却不会完全一样,……每个民族都会有自己的特点。"①中国特色社会主义是科学社会主义中国化的伟大成果,是资本主义制度无可比拟的"康庄大道",他开拓于中国人民潜心奋斗,扎根于广袤的中华大地,是一代又一代党和人民历经风风雨雨、付出巨大代价方才取得的根本成就,是实现中华民族伟大复兴中国梦的唯一正确道路。历史虚无主义者蓄意诋毁我国革命建设改革所取得的丰功伟绩,对我国所走的社会主义道路、理论和制度横加指责和肆意诋毁。他们否定五四运动的历史地位,认为五四运动背弃了民主、科学、反封建蒙昧主义的主张,从而使得国家走上背离近代文明主流"以俄为师的歧路",认为中国走资本主义道路也是可行的,并且认为走资本主义道路远比社会主义更适合于中国;他们否定新中国成立后进行的全国范围内对农业、手工业和资本主义工商业进行的社会主义改造,认为改早了、改错了,对推动我国的社会发展毫无积极意义可言;他们无视历史的整体性和连续性,蓄意将改革开放前和改革开放后的历史割裂开来,声称改革开放后发展非公有制经济是为了补资本主义的课,因而改革开放后就不是社会主义,而是资本主义或是资本社会主义;他们肆意编排社会上出现的贫富差距、贪腐现象等现实问题,认为这些问题的产生都是由社会主义制度本身固有的"顽症""顽疾"而造成的,企图西化分化和私有化中国,把中国纳入资本主义世界体系,最终沦落为西方资本主义国家的附庸。

---

① 《列宁选集》(第二卷),人民出版社,2012年,第777页。

(二)新自由主义思潮的根本指向

新自由主义思潮在我国持续时间长、影响范围广、现实危害大，其价值诉求在我国的政治、经济、文化等领域均有所体现。

第一，在经济领域蛊惑推行"市场化、自由化、私有化"，图谋削弱马克思主义意识形态认同的经济基础。他们反对马克思主义劳动价值论，蛊惑市场万能、自由至上和私有制的无比优越性，企图将我国的公有制经济关系改变成资本主义国家的私有制经济关系，使我国沦落为资本主义国际金融垄断集团的附庸。国有经济即社会主义全民所有制经济，是我国国民经济中的主导力量，是社会主义市场经济的物质基础，是中国特色社会主义社会制度的强大经济基础。如果取消国有经济的主导地位，实行国有资产私有化，则会使我国的国家性质和社会主义制度发生根本性的变化；对于市场和政府这两者间的关系，他们极力推崇"市场原教旨"主义，认为自由的市场是万能的，它能够自发产生良好的秩序，并且效率和效益也都极高，而政府的宏观调控只会带来权力寻租的空间、官员腐败和社会矛盾。中国特色社会主义市场经济既有市场经济的一般属性，也有我国社会主义制度特有的特殊性，政府在一定范围内对经济适度干预是必要的。对此，习近平总书记在党的二十大报告中再次强调了市场和政府两者间的相互关系，"坚持和完善社会主义基本经济制度，毫不动摇巩固和发展公有制经济，毫不动摇鼓励、支持、引导非公有制经济发展，充分发挥市场在资源配置中的决定性作用，更好发挥政府作用"①。

第二，在政治领域宣扬鼓吹"宪政民主"，图谋消解马克思主义意识形态认同建设中的领导核心。新自由主义者所倡导和推崇的"宪政民主"，不是单

---

① 习近平：《高举中国特色社会主义伟大旗帜 为全面建设社会主义现代化国家而团结奋斗——在中国共产党第二十次全国代表大会上的报告》，人民出版社，2022年，第29页。

纯的学术层面的争鸣问题,而是彻底的政治倾向明显的政治问题。对此,毛泽东很早就说过,宪政民主不过是骗取人民群众信任的借口而已,其实质就是要在我国推行资产阶级的民主政治。新自由主义者将人民民主专政和党的领导作为攻击目标,否定党领导执政的合法性地位,污蔑中国共产党的领导是"悬在公民头上的达摩克利斯之剑",主张取消《中华人民共和国宪法》中的中国共产党的领导地位,推行多党制并代之以西方式的总统制;要求修改我国的根本大法《中华人民共和国宪法》,鼓吹以选举民主和纯粹民主来推进中国的民主化进程。宪政民主是服务于资产阶级专政的资本主义制度的制度架构,表面上是民主自由、一人一票,体现了每一个社会成员的个人愿望,但是究其实质而言它仍然是资产阶级专政统治的产物,真正在背后起决定性作用的还是资本利益集团或少数精英群体,真正涉及国家政治生活和社会生活等重大事项则是普通社会成员所无法控制的,这和我国的人民民主制度有着显著的、本质上的差别。

第三,在文化领域盲目迷恋西方文化,妄图打击马克思主义意识形态认同建设的文化自信。新自由主义者配合敌对势力,极力贬低、诽谤中华优秀传统文化,为西方文化歌功颂德、美化赞扬,散布"中华文化落后论"等谬论,妄图架空和消解人民群众的精神支柱,全力打击我国马克思主义意识形态认同建设的文化自信。他们诋毁中华传统文明中的爱国主义精神,认为专政的中国是不会生成爱国主义精神的,只有建立宪政民主的制度才能生成爱国主义精神;他们数典忘祖推崇殖民主义,认为西方殖民文化有助于推进中华民族的现代化进程,中国的反帝反封建是错误的。新自由主义者在文化领域里的这些谬论,无疑为敌对势力西化分化私有化中国发挥了吹鼓手的作用,对人们的历史认知、民族情感和传统文化产生了消极影响。

第四,在社会领域主张"福利个人化",坚决反对福利国家,图谋扰乱马克思主义意识形态认同建设的社会环境。新自由主义者强烈反对由政府牵头建立的社会保障体系与公共福利制度,主张"福利个人化"政策,认为单凭市场自由机制的调节就可以让财富流向老百姓、公共福利就会最大化,而充分的福利国家制度会降低社会成员的自我生存能力和工作的积极斗志,从而增加社会成员对国家依赖的惰性。显而易见,"福利个人化"的主张是维护资本利益集团、站在资本家或是特定利益集团立场上的,竭力为资本家或特定利益集团减少税收和摆脱社会责任,以便于最大限度地榨取剩余价值。"福利个人化"认同社会上的贫富差距现象,认为少数富人是推动中国社会发展进步的中坚力量,而大多数的普通人民群众无助于我国社会的发展进步;认为房价高、上学难、看病贵等民生问题是私有化、市场化不彻底造成的,甚至认为是普通人民群众太有钱才推动了市场上的高房价……这些言论是他们反人民、维护既得利益集团立场的具体化表现。为此,我们需要看清"福利个人化"这一政治主张背后维护资本利益的实质,并坚决地予以批驳和摒弃。

(三)民主社会主义思潮的根本指向

中国和英国等西欧国家有着不同国情、世情、社情和文化传统,虽然民主社会主义在西欧国家有着广阔的生存、发展空间,但它终究是维护资产阶级利益和资本主义制度的一种改良主义,与我国所坚持的科学社会主义及我国的国情毫无关联之处。"橘生淮南则为橘,生于淮北则为枳",鼓吹在我国实行民主社会主义制度更能推进中国社会的良好发展,只能是结出反华敌对势力所乐见的"枳"这样的变异苦果。

第一,反对公有制经济的主体地位。民主社会主义主张私有制和自由市场经济的结合,鼓吹生产资料所有制的归属问题不是衡量社会制度异同的标志,生产资料私有制也并不是造成资本主义社会矛盾和经济危机频发的根源所在,社会主义完全可以在实行生产资料私有制的前提下得以实现。恩格斯早在给布雷斯劳的回信中就曾指出,社会主义社会"同现存制度的具有决定意义的差别当然在于,在实行全部生产资料公有制(先是国家的)基础上组织生产"①。对于民主社会主义者所鼓吹的"社会主义公有制和私有制相容存在的混合经济模式"言论,列宁指出:"在保存生产资料私有制的情况下,所有这些使生产更加垄断化、更加国有化的措施,必然会加重对劳动群众的剥削和压迫。"②民主社会主义的这些主张,无非是粉饰其图谋动摇我国以公有制为主体、多种所有制共同发展的经济制度和体制的伎俩、花招罢了。

第二,反对无产阶级专政。民主社会主义采取形而上学的民主自由观念,罔顾社会经济发展状况和阶级存在的客观现实状况,认为民主和专政之间毫无共同之处,宣称要"摒弃一切阶级的专政,摒弃一切专政的阶级"③。列宁在批判考茨基时指出,"专政不一定意味着消灭对其他阶级实行专政的那个阶级的民主,但一定意味着消灭(或极大地限制,这也是消灭方式中的一种)被专政的或者说作为专政对象的那个阶级的民主"④。民主社会主义者公开反对我国的无产阶级专政,认为无产阶级专政是中国共产党一党执政的独裁政权,主张实行议会民主、政党轮流执政和三权分立的政治体制。施行议会民主、轮流执政等政治主张,彻底暴露出民主社会主义的"假民主、假自由""真资本主义"的本真面目。

第三,反对马克思主义一元化指导地位。民主社会主义主张指导思想多样化,反对马克思主义的一元化指导地位。民主社会主义之所以倡导指导思想多元化,与它的思想源泉和基本构成是来自西欧的基督教伦理、人道主义和古典哲学、伯恩斯坦的修正主义、凯恩斯主义等多种思想来源息息相关,

---

① 《马克思恩格斯文集》(第十卷),人民出版社,2009 年,第 588 页。

② 《列宁全集》(第 29 卷),人民出版社,1985 年,第 441 页。

③ 《社会党国际文件集》(1951—1987),黑龙江人民出版社,1989 年,第 504 页。

④ 《列宁选集》(第三卷),人民出版社,2009 年,第 593~594 页。

这也就造成民主社会主义一直要倡导指导思想多元化的根本缘由所在。科学社会主义要求坚持马克思主义指导思想的一元化地位，这和民主社会主义的指导思想多元化是格格不入的，换句话说，民主社会主义之所以主张指导思想多元化，就是反对马克思主义意识形态的一元化指导地位，其根本就是针对我国的社会主义制度。社会党国际副主席澳洛夫·帕尔梅曾毫不讳言，"社会党人确实是同资本主义共同生存的"。民主社会主义在一定程度上改变了欧洲人民群众的生活，缓和了资本主义社会固存的一些社会矛盾，但无法回避的是人民群众受剥削压迫的地位没有变，社会生产资料私有制的性质没有变，其作为资本主义制度的"医生护士"的本质依旧没有变。

第四，反对一党执政的政党制。民主社会主义主张采用两党或多党轮流执政的政党执政制度，并且政党执政地位的取得必须在资本主义民主范围内通过议会选举才可以取得；他们否认政党具有的天然的阶级属性，宣称他们的党是由不同思想和不同信仰的人组成的超阶级的"全民党"；他们认为，随着社会生产力的发展，工人阶级已经丧失了作为先锋队的指导地位，无法作为建设社会主义事业的坚强领导核心；他们反对民主集中制原则，主张实行无条件的党内民主；他们反对共产党一党执政的政党执政方式，反对暴力革命，主张通过资本主义民主的方式来取得政党的执政地位。民主社会主义所推崇的这些政党主张，并没有解决好资本主义社会自身的政局动荡、经济危机、社会不稳定等弊端，其标榜的优越性并没有得到显著体现。反观近代中国以来的革命、建设和改革的成功实践，中国共产党的领导是社会主义社会的最本质要求和根本特征，是广大人民群众的历史选择。回首奋斗历程，正是因为有了中国共产党的坚强领导，中国创造出了令世人瞩目的经济快速发展奇迹和社会长期稳定奇迹，全面建成小康社会、消灭绝对贫困，实现了中华民族伟大复兴进入了不可逆转的历史进程。历史和实践已经证明，中国共产党是风雨来袭时中国人民最可靠的主心骨，是团结带领中国人民早日实现中华民族伟大复兴中国梦的最可靠的领导力量。正如习近平总书记所说的那样,"办好中国的事情,关键在党"①。

(四)消费主义思潮的根本指向

消费主义是隐形化、感性化的意识形态,其实质是政治倾向明显、阶级属性明确、维护资产阶级利益和认同拥护资本主义意识形态的一种社会思潮。它的隐形化意识形态的存在和传播方式容易混淆视听,它无上追求物的消费观极易对我国人民群众的正确消费观形成误导,如若任由其传播蔓延,就会对国家的政治建设、经济社会发展、生态建设领域等带来极大的危害。

第一,消费主义思潮极易让人民群众的消费行为异化。"消费的意义在于给人一种更幸福、更令人满意的生活。"②但是,消费主义思潮倡导的无上追求物的消费观,使得消费成为人生的最大意义所在,使得人民群众被这些消费需要及生产这些消费需要的人们所控制,沦入无限追求物的死循环的境地。消费主义利用现代传媒技术,将商品贴上特定意义标签的符号,诸如能够满足人的地位、安全、尊重和自我价值实现需要的标签符号,使得人民群众忽视商品原本的使用价值而越来越注重商品的精神价值和特定含义。在商品特定价值的驱使下,人们沦入"需要—消费—再需要—再消费"死循环,欲求过度,毫无节制,最终沦为物的奴隶,忽视了人存在的真实意义,变成了异化的存在,最终成为被资本集团掌控的"单向度的人"。

第二,消费主义思潮极易引发生态危机。消费主义倡导的无限消费观念,势必导致生产领域内的过度生产,而生产领域内的过度生产必然导致原材料或是自然环境的枯竭、衰败和不断恶化。无限消费导致毫无节制的攫取大自然的社会生产活动,破坏了自然环境自身的修复能力和平衡能力,诸如

---

① 习近平:《在庆祝中国共产党成立100周年大会上的讲话》,人民出版社,2021年,第10页。

② [美]艾里希·弗洛姆:《健全的社会》,孙恺祥译,上海译文出版社,2011年,第109页。

物种灭绝、水源污染、空气污染、土地污染等生态环境问题频频发生。现实中惨痛的案例很多,譬如,西方发达资本主义国家将耗能严重、污染严重的企业转移到发展中国家进行产品的代加工,致使发展中国家的生态环境至少需要上百年、千年的时间才可能得以修复。支持和鼓励消费的消费主义,在导致生态环境恶化的同时,对国家的经济社会发展、文化建设和政治建设都会造成恶性的连锁反应,对人类社会的综合协调发展危害很大。

第三,消费主义思潮极易消解中华民族勤俭节约的传统美德。中华民族自古就有勤俭节约的优秀传统,"奢靡之始,危亡之渐""历览前贤国与家,成由勤俭败由奢",更是道出了勤俭抑或奢靡对于个人、家庭、国家和社会兴旺发达的正相关度。习近平总书记也多次强调,"能不能坚守艰苦奋斗精神,是关系党和人民事业兴衰成败的大事"①。消费主义所倡导的消费至上、及时享乐之风,冲击和影响了一些干部群众的消费观和人生观,生活上超前消费、活在当下、腐化堕落,工作上拈轻怕重、畏首畏尾、毫无担当,这些现象的发生有着反方向的导向作用。我国现在还处于并将长期处于社会主义初级阶段,这就要求我们要加强对消费主义思潮的鉴别力和抵制力,有效掌控自身的物欲,保持精神的独立自由,绝不让过度消费、奢靡消费之风冲淡中华民族勤俭节约的优良传统。由俭入奢易,由奢入俭难。弘扬中华民族传统美德,在全社会大兴勤俭节约之风,需要我们每个人把艰苦奋斗、勤俭节约付诸实践、见诸行动,从而真正使"克勤克俭""戒奢以俭"的价值理念在全社会蔚然成风,共同抵御消费主义错误思潮的现实危害。

第四,消费主义思潮极易削弱马克思主义意识形态的话语权。消费主义价值理念与马克思主义意识形态是性质迥异的两种意识形态,消费主义思潮的广泛传播严重影响了马克思主义意识形态在人民群众中的话语权、主

---

① 《习近平重要论述学习笔记》,人民出版社,2014年,第91页。

导权。无限消费、过度消费的理念势必导致人民群众沉湎于物的消费和相互攀比中，后果就是逐渐认同资本主义的生活方式、价值理念等，变成以实用主义、个人主义为中心，过分注重物欲而精神信仰缺失的没有灵魂的人。那么，在消费主义长此以往的侵蚀下，人民群众对马克思主义意识形态的认知认同也只能是类似于空中楼阁那样，认为马克思主义意识形态高高在上、不接地气，对其人生发展并没有现实指导意义，后果就是他们会逐渐远离马克思主义意识形态，马克思主义意识形态的科学性及其话语权的功能就会受到不断的削弱。人民群众是人类社会历史发展的推动者，是民族振兴的重要人力资源，这就要求我们加强人民群众对消费主义思潮的免疫力和批判力，揭露批判消费主义的实质性危害，坚决捍卫马克思主义意识形态的话语权和主导权。

西方社会思潮在我国的蔓延传播，是全球化进程下世界各国经济、政治、文化相互交融、交流、交锋的客观现实造成的结果，是我们实现社会主义现代化强国目标进程中不可回避的客观现实。为此，我们应以正确、理性的态度对待出现在我国思想文化领域内的西方社会思潮，坚持运用马克思主义的立场、观点和方法论来引导、规制它们，对于那些秉持唯心主义历史观、人性论、方法论的社会思潮要予以坚决的揭批、驳斥，对于那些反党、反社会主义、反马克思主义的社会思潮更应旗帜鲜明地予以抵御和斗争，坚决为我国意识形态领域的良性发展营造风清气正的健康氛围，坚决捍卫马克思主义意识形态的话语权和主导权，不断巩固坚持马克思主义在意识形态领域指导地位的根本制度，稳步、有序推进新时代的马克思主义意识形态认同建设。

第三节 时代变迁引发对马克思主义意识形态指导地位的质疑

时代特征是指从经济、政治、文化、社会、生态等视角,对人类社会发展的一定历史时期的总体特征和发展趋势所作出的凝练和概括。新时代加快推进马克思主义意识形态认同建设,必须以瞬息万变的时代变迁为切实的研究基点,精准把握时代变迁的总体特征,以时代变迁涌现出的社会新问题、新矛盾为导向,不断增强问题意识,批判性反思马克思主义意识形态理论与当前的关系,在与时俱进中全面加强马克思主义意识形态理论的自身建设。唯此,方能保持马克思主义意识形态理论生命力的经久不衰,方能科学地解释、正确地解决好当前涌现出的社会问题和矛盾,方能使马克思主义意识形态无愧于"时代精神的精华"这一称号,方能巩固马克思主义意识形态在我国意识形态领域内的指导性地位不动摇,更好坚持和捍卫马克思主义在我国意识形态领域指导地位的根本制度。这也正如恩格斯指出的那样,"随着自然科学领域中每一个划时代的发现,唯物主义也必然要改变自己的形式"[1]。

改革开放四十多年来,我国的经济社会建设取得了举世瞩目的辉煌成就,我国综合国力、国际地位和在国际事务中的影响力不断提升。然而一个不争的现实是,当下马克思主义意识形态理论的自身建设明显滞缓于急剧变迁的社会发展,难以对急剧变化的社会所涌现出的问题做出系统的、令人信服的回答。诚然,意识形态自身的相对独立性使其有一定的滞缓于社会实践的现象,但是马克思主义意识形态自身理论建设未能完全适应经济社会转型、与当前社会的现实状况有着一定的差距、自身发展创新滞缓解释力不

---

[1] 《马克思恩格斯选集》(第四卷),人民出版社,2012年,第234页。

足等问题确实存在。马克思指出,"一定的意识形式的解体足以使整个时代覆灭"①,东欧剧变、苏联解体苏共垮台的历史悲剧犹在眼前,为此,我们需要深入分析当前马克思主义意识形态理论自身存在的问题,主动满足时代变迁和中国特色社会主义事业伟大实践的需要,在各种质疑和挑战中不断发展和创新马克思主义意识形态理论,更好地坚持和捍卫马克思主义在我国意识形态领域指导地位的根本制度。

一、对马克思主义意识形态经济功能的质疑

当前马克思主义意识形态经济功能受到质疑,主要表现为对资本主义社会必将被社会主义代替、所有制理论、共同富裕等关键命题及相关核心话语的质疑,具体为:

（一）关键命题面临困境

第一,马克思主义政治经济学预言的资本主义社会终将会因为内部矛盾的激发和不可调和而逐步"走向死亡",而目前看来,资本主义国家确实发生了周期性的经济危机、有着根本难以调和的社会矛盾、出现生态危机等种种问题,但是资本主义国家在做出适当的政策、机制调适后,它们的经济体系依然有活力,资本主义制度也还没有出现分崩离析、崩溃的迹象,资本主义国家人民群众的幸福生活指数也并没有那么低。第二,马克思主义政治经济学讨论的是以私有制为基础的资本主义市场经济,从未讨论过我国这样在公有制和非公有制并存的情况下建立市场经济。那么,马克思主义政治经济学中的研究的资本主义国家发生的周期性经济危机、剩余价值最大化、资本雇佣劳动等是否也会在我国出现呢? 如若出现了这些问题,我们该如何解

---

① 《马克思恩格斯文集》(第八卷),人民出版社,2009 年,第 170 页。

决呢？对于此类问题和疑惑,我国的经济学理论目前并未给出完全彻底的、令人信服的答案,使得部分群众难免会质疑马克思主义政治经济学理论的科学性及其合法性地位。

(二)所有制理论未能解释好当下社会的公有制、私有制之争

所有制问题是马克思主义政治经济学中的一个基本理论问题,马克思指出,未来社会的生产资料应该实行社会所有制,但并未指出社会所有制这种形式的具体组织形式。什么样的社会所有制形式是能够保障人民群众公平占有生产资料、进而实现共同富裕呢？是现阶段的公有制吗？虽然公有制能够解决好私有制带来的社会矛盾、问题,能够缩小贫富差距实现人的解放全面自由发展,但改革开放四十多年来的情况表明,现实状况好像也并不尽然。我国全面建成了小康社会,脱贫攻坚战取得了全面胜利,消灭了绝对贫困,提前10年实现了联合国2030年可持续发展议程的减贫目标,但如何更好调节收入分配问题、减小贫富差距依然有一段很长的路要走。当下的公有制经济所占比重不断下降,民营经济和外资经济比重和影响不断上升,由此引发的新的疑问是,民营经济和外资经济的比重上升是否会实质上改变我国的经济基础呢？马克思主义意识形态经济向度的理论和相关政策并没有完全解释好人民群众的这些疑虑。

(三)共同富裕的理论受到质疑

中国特色社会主义社会的本质是解放和发展生产力,消灭剥削和两极分化现象,最终达到共同富裕。改革开放四十多年来,在现行分配制度的模式下,贫富两极分化现象虽然有了很大程度上的缓和,但还是比较严重,反映人民群众收入差距的基尼系数有时候更是超过了0.4的国际警戒线,甚至一度达到了0.491的最高点。人民群众收入与财富差距悬殊,这是与社会主

义的本质相违背的。党的十九大做出了我国进入新时代的重大政治研判,习近平总书记在报告中郑重指出,我国的新时代是逐步实现全体人民共同富裕的时代,这就意味着共同富裕的这一奋斗目标在新时代离我们越来越近了。在党的二十大上,习近平总书记指出中国式现代化是全体人民共同富裕的现代化,强调要坚持把实现人民对美好生活的向往作为现代化建设的出发点和落脚点,坚决防止两极分化,促进全体人民共同富裕。新时代我国的社会生产力水平显著提升,经济建设取得了令世人惊叹的重大成就,具备了实现共同富裕的基本条件。但发展过程中的贫富差距这一现实难题在短期内难以有效解决,实现共同富裕也还是需要一个长期的历史过程,因此难免有部分人民群众对共同富裕的理论产生怀疑。

(四)市场经济的政策不完善和监管缺位引发质疑

我国从计划经济体制转变为社会主义市场经济体制以来,社会生产力获得了飞速发展,经济发展迅速、充满活力,有力地推动了我国经济的持续高速高质量发展。党的二十大明确提出了要构建高水平社会主义市场经济体制的建设目标,但是现阶段我国的市场经济体制还处于初级发展阶段,还不够健全、完善,离市场机制有效、微观主体有活力、宏观调控有度的经济体制目标还有一定的距离。现阶段存在的市场化行为过度泛滥等问题,引发了诸如只顾追求个人利益和经济利益、社会公德失范、职业道德缺失、拜金主义、享乐主义等系列不和谐的问题。另外,政府监管的缺失、越位,以及部分官员的以权谋私、腐败问题,致使一些地方的经济改革变味,改革变成了权贵等利益集团获利而人民群众利益严重受损的"自留地",这严重影响了马克思主义意识形态经济功能的正常发挥,造成了马克思主义意识形态经济向度的话语处于尴尬境地。

二、对马克思主义意识形态政治功能的质疑

马克思主义认为,社会主义国家的政治体制从属于上层建筑,是阶级社会中最高的组织形式。推进政治体制改革,是我国加强和完善民主政治建设的根本路径。党的十九届六中全会通过的《中共中央关于党的百年奋斗重大成就和历史经验的决议》明确指出:"党的十八大以来,我国社会主义民主政治制度化、规范化、程序化全面推进,中国特色社会主义政治制度优越性得到更好发挥,生动活泼、安定团结的政治局面得到巩固和发展。"①党的十八大以来,我国的政治体制始终坚持共产党的领导、依法治国和人民当家作主三者有机统一的改革理念,从根本上把握中国特色社会主义政治文明建设的本质,使得我国的政治转型和体制变革取得了巨大成效。习近平总书记在党的十九大报告中明确指出,要"加强人权法治保障,保证人民依法享有广泛权利和自由。巩固基层政权,完善基层民主制度,保障人民知情权、参与权、表达权、监督权"②。党的二十大报告又一次做了纲领性的强调,"必须坚定不移走中国特色社会主义政治发展道路,……坚持人民主体地位,充分体现人民意志、保障人民权益、激发人民创造合力"③。随着社会结构的变迁和全过程人民民主的深入推进,人民群众的民主意识和参与政治的诉求日益高涨,加上我国在探索政治体制变革中存在的一些现实问题,使得马克思主义意识形态政治功能中的指导、维护等功能受到质疑。主要表现为:

(一)知情权缺乏有效的制度保证

知情权又被称为知悉权、了解权,是宪法赋予我国公民的一项基本权

---

① 《中共中央关于党的百年奋斗重大成就和历史经验的决议》,人民出版社,2021 年,第 41 页。

② 《党的十九大报告学习辅导百问》,党建读物出版社、学习出版社,2017 年,第 29 页。

③ 习近平:《高举中国特色社会主义伟大旗帜 为全面建设社会主义现代化国家而团结奋斗——在中国共产党第二十次全国代表大会上的报告》,人民出版社,2022 年,第 37 页。

利。知情权即公民对于党和国家的重要决策、政府的重要事务以及社会上当前发生的与普遍公民权利和利益密切相关的事件,有了解和知悉的权利。知情权是公民保护自身利益的需要,是消除谣言,稳定社会秩序和社会发展的需要,也是人民群众实现参与权、表达权、监督权的前提和基础。在全面推进依法治国、发展全过程人民民主的新时代背景下,人民群众依法知晓政府公共事务信息,是民主法治建设的必备条件,人民群众的知情权需要有效的制度加以保障。我国先后颁布实施了《中华人民共和国政府信息公开条例》《关于进一步加强政府信息公开回应社会关切提升政府公信力的意见》《政府信息公开工作 / 政务公开工作要点》等信息公开条例法规,并且明确将政府官方网站、政府新闻发言人及政务微博、微信作为政务公开、人民群众实现知情权的三种主要途径。但是,从信息公开的实际效果来看,由于缺乏相应的实施细则,人民群众对政府目前的信息公开并不是很满意,尤其是人民群众关注度高的民生领域内的教育、医疗、养老等。知情权落实不到位或者缺失,部分人民群众自然会对社会主义民主的真实性产生疑问。

(二)政治参与权与人民群众的期望有一定落差

政治参与权是公民的一项基本权利, 是指公民有依照法律的规定参与国家公共生活的管理和决策的权利, 它更多与公民行动和社会公共实践有关系,主要包含对国家公共生活的管理参与和决策参与。在当代,民主是审视一个国家政府体制是否合法性的标尺, 而政治参与的普遍性和有效性则是检验民主制度真伪的标准。人是最名副其实的政治动物,我国的政治体制改革需要为人民群众的民主参与政治提供一个良好的政治环境。长期以来,我国的政治体制改革一直致力于扩大人民群众的政治参与, 人民代表大会制度、政协制度、信访、职工代表大会、村民委员会等是国家赋予人民群众的主要参与渠道。习近平总书记在党的十九大上更是提出明确要求,新时代我们要"积极稳妥推进政治体制改革,推进社会主义民主政治制度化、规范化、程序化,保证人民依法通过各种途径和形式管理国家事务"①。党的二十大报告又进一步强调、细化,要"拓展民主渠道,丰富民主形式,确保人民依法通过各种途径和形式管理国家事务,管理经济和文化事业,管理社会事务"②。但是,由于缺乏竞争性的选拔机制,各类代表与人民群众之间的联系缺乏制度性的机制保障,再加上各类提案的质量并不完全契合人民群众的多种利益诉求,部分人民群众自然会对现行的政治参与机制表示不满。

(三)政治表达权缺乏健全的运行机制

政治表达权是指公民有权依照法律表达自己对于国家政治公共生活的看法,表达权是民主政治的本质,是发展和实现全过程人民民主的根本体现。马克思曾指出,人民群众能够自由发表意见是所有自由中最为神圣的自由,我国的宪法也规定表达权是公民的一项基本权利。人民群众表达权制度的健全与否,关乎到中国特色社会主义民主的健全和发展。在当前利益分化的社会背景下,利益主体的诉求日益多元化,建立完善的人民群众的利益表达机制势在必行。现实情况是,不同主体在现行的政治结构中,并不是都有利益代表来表达自身的利益诉求和关切,尤其是弱势群体和底层的人民群众,他们缺乏政治参与渠道来表达自身的权益诉求。利益关切表达渠道不畅,没有健全的机制保障,必然导致弱势群体的自身利益在立法等方面得不到有效保证。长此以往,他们自然会对自身享有的且是宪法赋予的表达权感到疑惑,这种疑惑和不满最终自然会转移到对马克思主义意识形态的政治功能上来。

---

① 习近平:《决胜全面建成小康社会 夺取新时代中国特色社会主义伟大胜利——在中国共产党第十九次全国代表大会上的报告》,人民出版社,2017年,第36页。

② 习近平:《高举中国特色社会主义伟大旗帜 为全面建设社会主义现代化国家而团结奋斗——在中国共产党第二十次全国代表大会上的报告》,人民出版社,2022年,第37~38页。

（四）现行的监督权机制难以完全发挥作用

党和政府历来重视国家法治监督体系的完善和建设。2017 年 10 月，中共中央办公厅印发了《关于在全国各地推开国家监察体制改革试点方案》，成立国家监察委员会，进行国家监察体制改革，初步建立了覆盖国家机关和公务人员的国家监察体系，基本形成了严密的法治监督体系，有效预防和遏制了腐败。2018 年 3 月 20 日，十三届全国人大一次会议通过《中华人民共和国监察法》；3 月 23 日，"中华人民共和国国家监察委员会"正式揭牌，标志着国家、省、市、县四级监察委员会全部组建产生，宣告监察体制改革由试点正式迈入全面深化新阶段，党和国家反腐败工作新的篇章就此开启。人民群众是历史的主体，他们不仅是推进我国现代化建设事业的主体力量，更是各种公权力机构运行的监督主体。我国宪法也明确规定公民享有监督权。只有落实好人民群众的监督权，把公权力及其主体关到法律和制度的笼子中，才能从源头上减少公权力腐败现象的发生。党的十八大以来，正是在人民群众的有效监督下，中国"打老虎、拍苍蝇"的反腐败运动才取得了很大成效。但是，当前人民群众作为监督主体的作用并没有得到完全的发挥，现行的自体监督模式并不能有效应对当下各领域腐败呈现的隐蔽性、多元化的新特征，如果不能有效遏制和预防腐败，不能将人民群众的监督权落实到位，人民群众自然会对执政为民、全心全意为人民服务的党的根本宗旨产生疑虑，自然会对人民当家作主的、人民至上、以人民为中心的话语产生疑问。

三、对马克思主义意识形态文化功能的质疑

马克思主义意识形态的文化功能，主要是对主流文化价值的传播与教化认同和对异质文化的扬弃、整合与引领。习近平总书记在谈到文化繁荣兴盛的重要性时指出，"文化是一个国家、一个民族的灵魂。文化兴国运兴，文

化强民族强。没有高度的文化自信，没有文化的繁荣兴盛，就没有中华民族伟大复兴"①。毋庸讳言，在马克思主义的指导下，在"坚持为人民服务、为社会主义服务，坚持百花齐放、百家争鸣，坚持创造性转化、创新性发展，以社会主义核心价值观为引领，发展社会主义先进文化，弘扬革命文化，传承中华优秀传统文化，满足人民日益增长的精神文化需求，巩固全党全国各族人民团结奋斗的共同思想基础，不断提升国家文化软实力和中华文化影响力"②的文化发展原则下，当前中国特色社会主义的文化建设取得了重大成果。但是，我们也要理性地看到，当下中国特色社会主义文化在生产、传播、话语权、领导权等方面还存在一些薄弱环节，主要表现为：

（一）对政治倾向明显的异质文化的批判力度还不够强

新自由主义、历史虚无主义、民主社会主义、消费主义等政治倾向明显的资本主义文化思想，是境内外反华敌对势力企图西化分化私有化中国，实施和平演变战略的又一种手段，这些有着典型政治倾向的思潮在我国思想文化、经济、政治、社会生活等领域日益泛滥、甚嚣尘上，它们借助网络平台等传播炮制假新闻、捏造假事件，公开反对我国的改革开放和社会主义市场经济体制，无限放大改革进程中出现的问题；质疑和否定中国共产党执政的合法性，反对马克思主义和中国特色社会主义道路，鼓吹资本主义价值观念的优越性；极力唱衰中国，诱发群体性事件破坏社会稳定，这些行为对人民群众的价值观念、行为方式和主流意识形态认同产生了难以消除的负面影响。尤其是新媒体技术的广泛运用，更是助推了反马克思主义和社会主义的

---

① 习近平：《决胜全面建成小康社会 夺取新时代中国特色社会主义伟大胜利——在中国共产党第十九次全国代表大会上的报告》，人民出版社，2017年，第40~41页。

② 习近平：《高举中国特色社会主义伟大旗帜 为全面建设社会主义现代化国家而团结奋斗——在中国共产党第二十次全国代表大会上的报告》，人民出版社，2022年，第43页。

社会思潮在我国网络空间上的恣意传播。中国特色社会主义文化不排斥其他国家、不同民族的各种优秀文化,但决不能放弃对反马克思主义和资本主义腐朽思想文化的强力批判。党和政府虽然高度重视中国特色社会主义文化建设工作,但回归到具体操作层面上,由于历史虚无主义等错误社会思潮现时代的传播具有高度的隐蔽性、低密度的渗透性,对它们的批判存在一定的滞后性,对这种新态势新情况目前还需要借助新技术不断增强捕捉和批判力度。

(二)自媒体的监管机制显得不够完善

当前,数字网络空间悄然转变为我国人民群众精神生活的美好家园,各类型的自媒体日益成为人民群众传播、获取信息的重要平台。大多数的自媒体都能够阳光发展,积极传播社会正能量,为网络文化的繁荣发展做出了积极的贡献。但是,也有一些公知大V、公众号、客户端等,为了博取眼球和追逐经济效益,利用新媒体技术的便捷性、即时性和虚拟性等特征,故意捏造虚假新闻事件,传播低俗、淫秽信息,断章取义混淆视听,不断冲击着自媒体的伦理底线。"人肉"搜索、网络"病毒"、窃密泄密等信息安全事件时有发生,对国家信息安全和个人隐私带来了巨大的安全隐患。党和政府高度重视对自媒体的监管,先后颁布实施了《中华人民共和国网络安全法》《互联网新闻信息服务管理规定》《互联网用户公众账号信息服务管理规定》《关于进一步加强网络视听节目创作播出管理的通知》等法律法规,在网络信息监管、制作等方面确实取得了很大的成效。但是,与数字信息网络技术的迅猛发展态势相比,监管机制建设还是显得比较滞后,规范和监督其运行还缺乏明确的操作细则和执行标准,再加上自媒体客户端自身的随机性、虚拟性、隐蔽性等特征,使得相关机构在监管其运行过程中更是难以及时甄别,这就对新时代党和政府的相关部门监管好自媒体提出了更高要求。

(三)文化产品创作的创新活力不够

文化的繁荣兴盛,必然离不开文化的传承、创造性转化和创新性发展。新时代蕴含中国传统文化的中国故事、中国元素、中国风格在国际舞台上频频出现,中国文化的话语优势在世界舞台上也不断显现。但是能够体现当前性、人民性等特点,振聋发聩式的、深受人民群众喜爱的文化产品并不是很多。近年来《战狼1》《战狼2》《红海行动》《湄公河行动》《建国大业》《建军大业》《建党伟业》《长津湖》《金刚川》《志愿军:雄兵出击》《我和我的祖国》《我和我的家乡》等收视率很高的影视作品,将中国作为负责任大国的恢宏气势、自信自强、爱国主义精神弘扬得淋漓尽致,激发了人民群众的爱国热情和作为中国人的无比自豪感,深受人民群众的喜爱。影片所蕴含的爱国主义精神和新时代精神无疑是获得人民群众认同的直接因素,习近平总书记在党的二十大上强调,"坚持以人民为中心的创作导向,推出更多增强人民精神力量的优秀作品,……健全现代文化产业体系和市场体系,实施重大文化产业项目带动战略"①。为此,不断激发文化创新的活力,更好繁荣中国特色社会主义文化事业和文化产业,要结合人民性、时代性特征充分挖掘传统文化精华进行创造性转化,同时加强对现实题材创作,不断创作出能够走在时代前列、引领时代潮流的文艺精品。

四、对马克思主义意识形态社会功能的质疑

马克思主义意识形态的社会功能,主要是侧重于对社会思想、社会行为和社会风险规避等方面发挥其科学的治理把控功能。人类社会的发展实践表明,一个国家的社会治理水平、治理能力和治理体系越高、越完善,该国家

---

① 《习近平谈治国理政》(第二卷),外文出版社,2017年,第313页。

的经济社会发展水平就越快,人民群众的幸福感、满足感、安全感和对国家的认同度就越高;反之,该国家的经济社会发展水平则会很低,社会问题和社会矛盾就会频发并难以调和,极易引发社会动荡、政权更替。改革开放四十多年来,尤其是党的十八大以来,我国的社会治理水平和治理能力不断提升,社会治理体系的现代化建设日趋完善。习近平总书记在党的二十大上从推进国家安全体系和能力现代化的战略高度,对今后一段时间内的社会治理作出了新的战略部署和要求,强调要"健全共建共治共享的社会治理制度,提升社会治理效能。……建设人人有责、人人尽责、人人享有的社会治理共同体"①。根据党和国家的新战略部署和要求,现阶段我国的社会治理科学化水平还不够高,距离新战略的要求还有很长一段路要走,社会建设领域中的有些问题和矛盾依然很突出,亟需加以化解和解决。当前社会治理中存在的突出问题主要为:

(一)深层次的社会问题和矛盾交织叠加

改革开放四十多年来,我国经济社会发展建设取得了举世瞩目的伟大成就,人民群众的总体幸福感、安全感、满足感有了很大幅度的提升。但是,经济社会的深刻变革和快速发展引发了城乡区域发展不平衡、居民收入分配差距大、机会不均不公、公共资源分配不均衡、贫富悬殊、劳动关系紧张等社会问题和矛盾。虽然党和政府出台了相应的政策、保障机制等,使得这些社会问题和矛盾在很大程度上得到缓解和改观,但是依然有一些社会问题和矛盾并未能从根本上得到彻底解决,再加上时代进步衍生出的新的社会矛盾和问题等,都无形中大大增加了社会风险管控的难度。另外,由于人民群众的心理服务疏导机制、社会矛盾预防和化解机制的不健全、不完善,使

---

① 习近平:《高举中国特色社会主义伟大旗帜 为全面建设社会主义现代化国家而团结奋斗——在中国共产党第二十次全国代表大会上的报告》,人民出版社,2022年,第54页。

得人民群众的相关利益诉求难以得到畅通表达，人民群众的不满情绪难以有效转化为理性平和、积极向上的社会心态，长此以往，人民群众的心中必然会滋生不满情绪，甚至导致心理心态失衡，这些都对提升社会治理的有效性及科学化水平提出了现实挑战。

(二)存在信仰危机和道德失范现象并呈上升趋势

党的十八大以来，党和政府尤为重视以社会主义核心价值观引领人民群众的道德建设，并出台了《关于深化群众性精神文明创建活动的指导意见》等相关文件，使得人民群众的思想道德观念得到了历史性的更新、道德素质得到了显著的提高。但是，在推进社会主义道德建设和精神文明建设的过程中，依然会出现一些不和谐的音符，规则意识淡薄缺失、不诚信、道德滑坡等社会现象，反映出人民群众的价值观念、道德观念和行为方式发生了改变，有的甚至于极度扭曲。诸如屡禁不绝的假冒伪劣产品、惊人眼球的"天价虾"、漠视正常秩序而"潜规则"大行其道等现实案例。另外，一些党员领导干部深受拜金主义、享乐主义、极端个人主义的侵蚀，导致马克思主义信仰缺失衍生出的贪污腐败、公权力滥用寻租、不作为乱作为等违法违规行为，严重削弱了党和政府的公信力和权威，使得人民群众对"以人民为中心"的话语产生了疑问，这些现象和不良行为无不加剧了人民群众对马克思主义意识形态所倡导的价值观念的离散。

(三)党和政府基层组织的服务管理能力水平亟需加强

党和政府的基层组织是联系党和政府与人民群众的桥梁和纽带，是直面人民群众的最前沿"阵地"。它的治理能力和水平对促进经济社会发展、社会的安定有序和保障人民群众的权益福祉具有重要意义。"基层治理是党的执政之基、力量之源，是党的群众路线教育实践活动的主阵地。"党的十八大以来,党和政府高度重视基层组织的治理能力和水平,习近平总书记多次强调"基础不牢、地动山摇""基层强则国家强、基层安则国家安""基层治理是国家治理的'最后一公里'",并就抓好基层治理现代化提出了一系列新思想、新理念、新要求。党和政府基层组织的执行力如何、公正与否、影响力如何,影响着党和政府的公信力,影响着人民群众对党和政府的拥护度,以及对马克思主义意识形态这一指导思想的认同度。当前,部分基层组织缺乏活力、服务意识不强、管理能力水平不高、未能充分发挥好基层组织的战斗堡垒作用却是不争的事实,更有甚者欺上瞒下、糊弄人民群众,严重败坏了党和政府的形象。正如习近平总书记在党的二十大上强调的那样:"缺乏担当精神,斗争本领不强,实干精神不足,形式主义、官僚主义现象仍较突出。"[1]基层组织亟需增强服务人民群众的意识和提升社会治理的科学化、专业化水平。

五、对马克思主义意识形态生态功能的质疑

党的十八大以来,党和政府统筹推进中国特色社会主义建设事业"五位一体"的总体布局,始终坚持生态文明建设在总体布局中的基础性地位,始终把生态文明建设作为关系中华民族永续发展的根本大计,牢固树立绿色发展、协调发展的发展理念,不断建构具有"绿色印记"的产业结构、生产方式和生活方式,初步建成了人与自然和谐发展、和谐共生的现代化格局。习近平总书记在党的二十大上指出:"推动绿色发展,促进人与自然和谐共生,……大自然是人类赖以生存发展的基本条件。尊重自然、顺应自然、保护自然,是全面建设社会主义现代化国家的内在要求。"[2]并强调要始终站在人

---

①　习近平:《高举中国特色社会主义伟大旗帜　为全面建设社会主义现代化国家而团结奋斗——在中国共产党第二十次全国代表大会上的报告》,人民出版社,2022年,第14页。

②　习近平:《高举中国特色社会主义伟大旗帜　为全面建设社会主义现代化国家而团结奋斗——在中国共产党第二十次全国代表大会上的报告》,人民出版社,2022年,第49~50页。

与自然和谐共生的高度去谋划经济社会发展。

经过党和人民的不懈努力奋斗,我国生态文明建设的成就举世瞩目,在环境质量、生态保护、绿色转型、制度体系、全球贡献等方面都取得了重大成就、发生了巨大变化。但是,我们也要看到生态文明建设背后隐藏着的诸如反华敌对势力渗透的资本逻辑陷阱等深层次的问题,在对这些问题的处理中我们还存在一些不足,主要有:

(一)人民群众的生态意识需要进一步提升

生态意识是指人与自然和谐发展的思想观念,是现代文明社会的重要标志之一。当前,加快生态环境建设,解决好当前的生态环境问题,恢复绿水青山,需要从提升人民群众的生态意识做起。当前的生态环境建设,总体上还没有达到我们生态治理的目标,这和人与自然的对立、异化及全体人民群众是否具有高度的生态意识是分不开的。自然界与人类的关系,马克思在其《1844年经济学哲学手稿》中就曾指出,自然界,既是人的改造对象,又是人的生存基础。人与自然需要和谐,人类社会与自然界是休戚与共、辩证统一的关系,我们要摒弃那种人类是大自然的主人,要主宰大自然、征服大自然、将大自然作为奴役对象的旧观念、旧思想。恩格斯曾经对于人类盲目奴役大自然的错误观念指出,"我们不要过分陶醉于我们人类对自然界的胜利,对于每一次这样的胜利,自然界都对我们进行报复"①。我们要"学会更正确地理解自然规律,学会认识我们对自然界习常过程的干预所造成的较近或较远的后果"②。雾霾、山体崩塌、森林资源减少、土地荒漠化等生态现象,正是自然界对人类过度利用自然的"报复"行为。面对着生态环境的日益恶化,引导全体人民群众自觉树立科学的生态意识是根本,要着力从生态知识普及、

---

① 《马克思恩格斯全集》(第26卷),人民出版社,2014年,第971页。
② 《马克思恩格斯选集》(第三卷),人民出版社,2012年,第998页。

生态道德涵养、相关制度建设三个方面强化公民的生态意识培育。

（二）反击资本主义生态文明话语霸权力度不足

西方绿色思潮和"有机"马克思主义认为，历史唯物主义是与生态思维背道而驰的经济决定论、机械论和技术决定论，它无法解决当前的生态危机，并且认为马克思主义所倡导的共产主义社会自身带有反生态的特质。事实上，生态危机是由于在资本增殖和工具逻辑主导下，在利益至上原则的驱使下，不顾自然生态系统承受能力和修复能力而超限开采、过度生产、盲目消费、乱排乱放的资本主义生产方式造成的。从生态危机的生成过程来看，这正是在资本主义现代化和国际垄断资本主义全球化的进程中应运而生的，并最终蔓延为全球性的生态危机。西方绿色思潮和有机马克思主义无视生态危机生成的社会制度和生产方式这一根源，无端把当今世界的生态危机责任归咎为后发展国家和社会主义国家，指责、攻击马克思主义和未来的共产主义社会，希冀为资本逻辑洗白进而维护资本主义利益集团。马克思在其《1844 年经济学哲学手稿》中最早萌发了他的生态思想，"人同自然界的完成了的本质的统一，是自然界的真正复活，是人的实现了的自然主义和自然界的实现了的人道主义"①，并且认为只有在未来的共产主义社会才能够得以实现。为此，面对西方资本主义生态话语霸权，我们需要深入研究和弘扬马克思主义意识形态的科学技术观理论、未来共产主义社会的生态特性，积极建构具有中国特色的马克思主义意识形态生态文明理论，运用数字技术创新传播方式和图像内容表达形式，抢夺话语权和主动权，有力回击西方资本主义生态霸权话语的质疑和诘难。

---

① 《马克思恩格斯文集》(第一卷)，人民出版社，2009 年，第 187 页。

(三)生态理性代替经济理性的价值观念没有完全落到实处

解决好当前的生态危机问题，主要是在于要将资本逻辑主导下的经济理性变革为由生态理性主导的发展思路。毋庸讳言，资本推动了工业文明社会的快速发展和市场经济的繁荣，也已成为促进现代社会发展的重要力量，但是资本的工具原则和增殖原则这两个主要特征，则是引发社会生态危机的主要根源。生态理性是指在经济社会实践活动中，遵循大自然自身的客观性、系统性、和谐性和价值性等运行规律，始终树立人与自然和谐发展的一种价值理念。经济理性是指在资本增殖和工具逻辑的主导下而毫无顾忌、追求利润最大化的价值理念，具有典型的反生态性特征。党和政府历来高度重视生态文明建设，党的十八大把生态文明建设纳入中国特色社会主义伟大事业"五位一体"发展战略中，党的十九大更是将生态文明建设提升到关乎"中华民族永续发展的千年大计"的战略高度，党的二十大报告将生态文明建设纳入中国式现代化的本真内涵中，"中国式现代化是人与自然和谐共生的现代化"。新时代弘扬生态理性并用其规制经济理性价值观念，不是一蹴而就、轻而易举的事情，依然有一些地方或个人追求经济利益而顶风作案严重危害当地生态。据2018年11月的央视报道，河南某地发生了为追求经济利益、无视生态环境建设的长期非法采砂事件，这个事件正是反映出生态理性的价值观念还没有真正落到实处的现实写照。

第四章　新时代推进马克思主义意识形态认同的对策思考

新时代推进马克思主义意识形态认同工作极端重要，对于人民群众的自由全面发展和中国特色社会主义现代化建设事业行稳致远的重要性更是毋庸讳言。习近平总书记在党的二十大上指出，"文化事业日益繁荣，网络生态持续向好，意识形态领域形势发生全局性、根本性转变"①。这一科学论断充分肯定了党的十八大以来马克思主义意识形态认同等工作取得的重大成绩。虽然我国意识形态领域的斗争态势发生了全局性、根本性的转变，但是人民群众对马克思主义意识形态的认同不是日月经天、亘古不变的，认同推进工作也不是朝发夕至、一蹴而就的简单工作，而是体量庞大、系统性强、周期性长的浩繁工程。为扎实有效做好新时代马克思主义意识形态的认同推进工作，迫切需要厘清推进新时代马克思主义意识形态认同的工作关键，迫切需要构建推进新时代马克思主义意识形态认同的有效对策，迫切需要制定和完善新时代马克思主义意识形态认同建设工作的相关机制制度。

---

① 《习近平重要讲话单行本（2022 年合订本）》，人民出版社，2023 年，第 81 页。

第一节 推进马克思主义意识形态认同的关键

新时代我国经济社会发展进入了新阶段,世情、国情、党情和民情业已发生了重大变化,意识形态领域内的斗争尖锐复杂、日益趋甚,历史虚无主义等错误社会思潮冲击削弱马克思主义意识形态指导地位的风险愈演愈烈,马克思主义意识形态认同建设工作面临着严峻态势。新时代有效推进马克思主义意识形态认同建设工作,必须抓好坚持党性和人民性相统一的工作原则、构筑以共享为根本目标的认同基础、以展现理论伟力为提升认同主体的内部动力和坚持以系统观念推进认同等关键点。

一、坚持党性和人民性相统一原则

党性和人民性的有机统一,是马克思主义意识形态认同建设工作的根本属性和本质要求。新时代推进马克思主义意识形态认同建设工作,需要遵循党性和人民性有机统一的建设原则。习近平总书记强调,"在中国共产党领导的社会主义中国,党性和人民性是一致的、统一的"[①]。任何将二者割裂、单列、对立的理论观点和实践行为,都会导致曲解马克思主义意识形态的内在规定性,都会导致新时代的马克思主义意识形态认同建设工作偏离正确的前进方向。

(一)党性是推进马克思主义意识形态认同建设工作的灵魂

马克思主义意识形态理论具有鲜明的阶级性,是无产阶级革命胜利、人类自由解放全面发展的制胜法宝和内在要求。中国共产党是中国特色社会

---

① 王一彪:《感悟新思想伟力——一名党报编辑的理论学习笔记》,人民出版社,2022年,第352页。

主义事业的坚强领导核心,是中国最广大人民根本利益的忠实代表,中国共产党的无产阶级政党党性与马克思主义意识形态理论的本质属性有着内在的、天然的一致性。

党性是一个政党本身具有的阶级属性和政治特征的反映,也是区别于其他政党的本质的特征。首次使用"党性"词语的无产阶级革命家是恩格斯,1845 年他在批判"绝对的社会主义"不会使德国走向革命时指出,就是因为它的"理论没有党性,'思想绝对平静'而丧失了最后一滴血、最后一点精神和力量"①。马克思在 1863 年肯定法国布朗斯基派的做法时,也使用了党性这一词语,"在巴黎,在社会党内,党性和团结精神仍然占着统治地位"②。列宁继承和发展了马克思主义的党性思想,在革命斗争中多次强调了马克思主义政党党性的重要性。"狂风使我们党的巨流底下的全部渣滓重新泛起,这些渣滓为过去的失败进行报复。旧的顽固的小组习气压倒了还很年轻的党性。……它大骂小组习气,是为了掩护小组习气对党性的胜利。"③列宁还明确了马克思主义政党的出版物应具有的党性原则,"党的出版物的这个原则是什么呢? 这不只是说,对于社会主义无产阶级,写作事业不能是个人或集团的赚钱工具,而且根本不能是与无产阶级总的事业无关的个人事业。无党性的写作者滚开! "④他还对党性的含义进行了说明,并且明确指出党性是社会主义的思想,"党性是高度发展的阶级对立的结果和政治表现"⑤。"非党性是资产阶级思想。党性是社会主义思想。"⑥

中国共产党是代表和维护无产阶级利益的马克思主义政党, 历来重视

① 《马克思恩格斯全集》(第 42 卷),人民出版社,1979 年,第 357 页。
② 《马克思恩格斯全集》(第 30 卷),人民出版社,1975 年,第 305 页。
③ 《列宁选集》(第一卷),人民出版社,2012 年,第 525 页。
④ 《列宁选集》(第一卷),人民出版社,2012 年,第 663 页。
⑤ 《列宁全集》(第 13 卷),人民出版社,1987 年,第 273 页。
⑥ 《列宁选集》(第一卷),人民出版社,2012 年,第 676 页。

自身的马克思主义党性教育和建设工作。毛泽东丰富和发展了马克思主义政党的党性思想，推动了党性思想发展到了新的历史高度。他在《改造我们的学习》中谈到主观主义时指出，"主观主义的方法，……是党性不纯的一种表现。……我们应当说，没有科学的态度，即没有马克思列宁主义的理论和实践统一的态度，就叫做没有党性，或叫做党性不完全"①，并进一步指出，共产党员应该秉持实事求是、无哗众取宠的态度，唯此，才是马克思主义政党党性的应有表现，才是马克思主义政党的应有作风。以习近平同志为核心的党中央，推动和完善了新时代马克思主义政党党性思想的建设、教育和发展。2013年8月19日，习近平总书记在全国思想工作会议上发表的重要讲话中，特别强调了新时代的意识形态工作和宣传思想工作必须讲党性，"坚持党性，核心就是坚持正确政治方向，站稳政治立场，坚定宣传党的理论和路线方针政策，坚定宣传中央重大工作部署，坚定宣传中央关于形势的重大分析判断，坚决同党中央保持高度一致，坚决维护中央权威"②。

（二）人民性是推进马克思主义意识形态认同建设工作的根基

人民性的问题，实质上就是执政党为了谁、服务谁和代表谁的问题。作为无产阶级政党的指导思想，马克思主义意识形态理论的本质规定性就具有着鲜明的人民性指征，"过去的一切运动都是少数人的，或者为少数人谋利益的运动。无产阶级的运动是绝大多数人的，为绝大多数人谋利益的独立的运动"③。可见，作为无产阶级政党指导思想的马克思主义意识形态具有鲜明的无产阶级立场，是无产阶级和广大人民群众的根本利益代表，具有鲜明的人民性指征。

---

① 《毛泽东选集》(第三卷)，人民出版社，1991年，第800页。
② 《习近平谈治国理政》(第一卷)，外文出版社，2018年，第154页。
③ 《马克思恩格斯选集》(第一卷)，人民出版社，2012年，第411页。

　　1839 年，马克思、恩格斯在批判那些宣扬实体的哲人时首次使用了"人民性"这一词语，并且把"人民性"和"人民"两个词语联系到一起，"所以这些哲人和奥林帕斯山上的诸神的塑像一样极少人民性，……只要这些神谕还没有人民性，它们就是人民的"①。1842 年，马克思在《第六届莱茵省议会的辩论》中，指出自由报刊要有人民性的特征并能够体现出"独特的人民精神"，强调有人民性特征的报刊是"人民精神的洞察一切的慧眼，……是把个人同国家和世界联结起来的有声的纽带"②。马克思认为"好的"人民报刊，只能是"和谐地融合了人民精神的一切真正要素的人民报刊才能形成"③。这就强调了"好的"人民报刊的阶级性和人民性特征，指出了马克思主义意识形态理论具有的人民性特征。1851 年，马克思在给恩格斯的回信中还谈到了人民性的原则问题，"大多数人从此就联合起来了，于是爱·梅因就可以在《纽约州报》公布一个大秘密：现在已经发现德国未来运动的意义，这就是人民性的原则"④。1852 年，马克思指出，不仅无产阶级政党重视人民性，而且资产阶级也很注重"人民性"，只不过资产阶级主张的"人民性"是用来伪装自己、愚弄人民群众的外衣而已，资产阶级利用"人民性外衣"使得日耳曼民族的习俗得以延续，"习俗所以能够作为传统延续到 19 世纪，就是因为它不必承担很大的费用和风险，就能给不列颠的阶级议会披上一件人民性的外衣"⑤。

　　中国共产党人历来重视马克思主义政党的人民性问题。毛泽东提出的全心全意为人民服务的党的宗旨，正是人民性得以彰显的真实写照，也正表明了中国共产党的党性和人民性的有机统一。《在延安文艺座谈会上的讲话》是阐明人民性和党性有机统一的经典著作，"我们是站在无产阶级的和

---

① 《马克思恩格斯全集》(第 40 卷)，人民出版社，1982 年，第 65~66 页。
② 《马克思恩格斯全集》(第 1 卷)，人民出版社，1995 年，第 179 页。
③ 《马克思恩格斯全集》(第 1 卷)，人民出版社，1995 年，第 397 页。
④ 《马克思恩格斯全集》(第 48 卷)，人民出版社，2007 年，第 424 页。
⑤ 《马克思恩格斯全集》(第 11 卷)，人民出版社，1995 年，第 426 页。

人民大众的立场。对于共产党员来说,也就是要站在党的立场,站在党性和党的政策的立场"①。习近平总书记丰富和发展了新时代的人民性思想,他明确指出"人民立场是中国共产党的根本政治立场",明确要求"全党同志要把人民放在心中最高位置",强调当前经济社会实践中"坚持人民性,就是要把实现好、维护好、发展好最广大人民根本利益作为出发点和落脚点,坚持以民为本、以人为本"②。

(三)党性和人民性是有机统一的

政党的党性与人民性之间的关系,取决于该政党与人民之间的关系。作为马克思主义政党的中国共产党,其性质和宗旨决定了她和人民是血肉共存、休戚与共的关系,这就直接决定了中国共产党的党性和人民性之间的关系是有机统一的关系。2013 年 8 月 19 日,习近平总书记在全国宣传思想工作会议讲话中明确指出,"党性和人民性从来都是一致的、统一的"③。这就要求我们在推进马克思主义意识形态认同建设工作时,要时刻清醒并谨记在心,中国共产党是不忘初心、牢记使命、全心全意为人民服务的马克思主义政党,是代表中国最广大人民根本利益而"没有任何同整个无产阶级的利益不同的利益"④的无产阶级政党。

党性和人民性的有机统一,是关乎新时代马克思主义意识形态认同建设工作保持正确前进方向的一个根本性问题。当前社会中有一些党员干部逻辑混乱,竟然出现"你是替党说话还是替老百姓说话""你是站在党的一边还是站在群众的一边"这样的"雷言雷语",还有的人蓄意割裂党性和人民性这一有机的统一体关系,或者别有用心地单列"人民性高于党性""党性高于

---

① 《毛泽东选集》(第三卷),人民出版社,1991 年,第 848 页。
② 《习近平谈治国理政》(第一卷),外文出版社,2018 年,第 154 页。
③ 《习近平谈治国理政》(第一卷),外文出版社,2018 年,第 154 页。
④ 《马克思恩格斯选集》(第一卷),人民出版社,2012 年,第 413 页。

人民性",企图在我国的意识形态领域制造思想混乱。为此,新时代推进马克思主义意识形态认同建设工作,唯有旗帜鲜明地坚持党性原则,才能够保持正确的、科学的无产阶级立场和政治方向。只有不忘初心始终坚持人民性,才能保证新时代的马克思主义意识形态认同建设工作获得不竭的源动力、取得实效。新时代实现中华民族伟大复兴的中国梦,有效提升人民群众对马克思主义意识形态的认同度,必须始终坚持党性和人民性的有机统一的工作原则。

二、坚持共享发展原则

党的十八大以来,以习近平同志为核心的党中央始终坚持以人民为中心的建设思想,深刻洞悉和把握新时代中国特色社会主义发展的阶段性特征,提出了极具战略性和纲领性的"创新、协调、绿色、开放、共享"的新发展理念。创新发展、协调发展、绿色发展、开放发展和共享发展的新发展理念,是我国决胜全面建成小康社会、实现中华民族伟大复兴中国梦的基本方略和重要遵循。共享发展是新发展理念中的重要环节,是新时代中国特色社会主义社会发展的本质要求,是推进新时代马克思主义意识形态认同建设的重要价值引领和实践指南。现阶段阻滞我国马克思主义意识形态认同建设工作推进的新问题、新矛盾日益呈现,如何在矛盾众多、争议众多的现实境遇中凝聚人民群众的共识? 如何在新时代进一步巩固和捍卫马克思主义意识形态的指导地位? 坚持共享发展并真正将其落地生根开花便是一个有效的解决问题的办法。

共享发展理念既是中华优秀传统文化基本精神的体现,也是马克思主义中国化、时代化精神的体现。中华文化源远流长、博大精深,能够体现共享思想的文献,最早可以追溯到《礼记·礼运》,其中蕴含着理想世界的"大同思想","大道之行也,天下为公。选贤与能,讲信修睦,故人不独亲其亲,不独子其子,使老有所终,壮有所用,幼有所长,鳏寡孤独废疾者皆有所养,男有分,女有归。货恶其弃于地也,不必藏于己;力恶其不出于身也,不必为己。是故谋闭而不兴,盗窃乱贼而不作,故外户而不闭,是谓大同"。当然,这时候古人理想世界中的"大同思想"不过是对原始社会公有制的爱恋和"回味"而已。明代冯梦龙的《东周列国志》和罗贯中的《三国演义》中也有关于"共享"的表述,"相国政务烦劳,今寡人有酒醴之味,金石之声,不敢独乐,愿与相国共享。""收复江南以后,天下无事,与诸公共享富贵,以乐太平。"这里的共享主要是共同分享财富、权利的意思。近代资产阶级维新派康有为在其《大同书》中描绘了破除"国、级、种、形、家、产、乱、类、苦"九界,建立社会生产资料公有制,从而达到"天下为公,无有阶级,一切平等"的"大同之世"的美好社会愿景。康有为提出的生产资料公有制思想有着重要的进步意义,表明了共享思想不再是局限于对乌托邦社会的单纯的价值诉求,其所追求的"大同之世"是以物质生产资料的公有制为根本基础。

马克思早在 19 世纪在其《共产主义原理》中就曾论述过关于共享的思想,"结束牺牲一些人的利益来满足另一些人的需要的状况;……所有人共同享受大家创造出来的福利,通过城乡的融合,使社会全体成员的才能得到全面发展"①。可见,马克思指出的共享思想是在共同创造、共同享受的前提下,所有人平等、公平的共享"大家创造的福利",并且最终使得每个人的"才能得到全面发展"。作为历史主体的有生命的人,"为了生活,首先就需要吃喝住穿以及其他一些东西"②。那么,人获取"吃喝住穿以及其他一些东西",是采用何种方式才能够享受到呢? 马克思在《哥达纲领批判》中指出,"消费资料的任何一种分配,都不过是生产条件本身分配的结果;而生产条件的分配,则表现生产方式本身的性质"③。这就是说,人通过哪种方式获取到维持

---

① 《马克思恩格斯文集》(第一卷),人民出版社,2009 年,第 689 页。
② 《马克思恩格斯选集》(第一卷),人民出版社,2012 年,第 158 页。
③ 《马克思恩格斯选集》(第三卷),人民出版社,2012 年,第 365 页。

生存的基本资料和个人发展的发展资料,完全取决于生产方式的所属性质。自党的十八届五中全会提出共享发展理念以来,习近平总书记多次强调贯彻新发展理念是新时代我国发展壮大的必由之路,必须一以贯之,必须"完整、准确、全面贯彻新发展理念,加快构建新发展格局,……坚持在发展中保障和改善民生"①。党和政府始终坚持以人民为中心的发展思想,始终坚持以全体人民群众共享发展成果为目标来确定"消费资料"的分配方式。

从工具理性维度审视共享发展理念,它是有效化解新时代社会主要矛盾的根本方法。习近平总书记在党的十九大报告中指出,我国社会主要矛盾已经转化为人民日益增长的美好生活需要和不平衡不充分的发展之间的矛盾。当前,我国综合国力不断增强,经济持续较快发展,经济增速大大高于世界平均水平,经济总量常年稳居世界第二,制造大国地位日益巩固,贸易大国地位不断提升,经济实力显著增强,人均国民总收入居世界位次大幅度跃升,主要民生指标优于中等偏上收入国家平均水平,人民群众的生活平均水平得到了显著提升。虽然,现阶段我国的人均国民总收入仍处于中等偏上收入的国家之列,但是不同区域间、不同阶层间、城市与农村间的发展差距依然较大,经济发展速度虽然快,但发展质量和效益还不够高,各领域的创新能力不够强,实体经济大而不强的形势依旧没有变,民生领域的民生建设还有待于进一步完善,发展不平衡不充分的问题依然突出。

马克思主义认为,利益对人民群众的个体意识和行为选择起着决定性的作用,人民群众所奋斗的一切都和他们的利益有关。多年来,党和政府高度重视马克思主义的利益理论在革命、建设和改革各阶段中的重要引领功能。中国特色社会主义业已进入了新时代,社会主要矛盾也已发生了重大转变,社会主要矛盾的转化意味着有新的利益关系和利益冲突出现。在这样的

---

① 习近平:《在庆祝中国共产党成立 100 周年大会上的讲话》,人民出版社,2021 年,第 14 页。

形势下，共享发展便成了有效解决这些新的利益关系和利益冲突的有效应对方法。共享发展这一重要战略理念，始终秉持发展依靠人民、发展为了人民、发展成果由人民共享的初心，始终强调的是不断增进人民群众的民生福祉、不断增强人民群众的获得感、幸福感、安全感和正确处理好社会的公平正义问题。为此，新时代凸显共享发展的理念，制定更加有效的机制、政策，正确处理好利益关系的调整和利益冲突问题的协调，在带领人民群众共享物质财富与发展机会、共享社会权力与国家治理、共享精神自由与个体的自由全面发展中凝聚共识、增进团结，有利于提升人民群众对马克思主义意识形态的认同度。

从价值理性维度审视共享发展理念，它是社会主义全面超越资本主义的真实写照。共享发展是新时代中国特色社会主义伟大建设事业的根本目的和本质要求，其内涵丰富、意义深远，有着明确的问题导向和问题意识，充分体现了社会主义制度的优越性、正义性及其价值立场。共享发展主要是指全民共享、全面共享、共建共享和渐进共享四个方面。具体而言，第一，全民共享，主要回答了中国特色社会主义伟大事业"为谁发展"的问题，着重强调的是坚持人民群众的主体地位，彰显了人民至上的鲜明价值立场。全民共享是指全体人民群众共同享受中国特色社会主义伟大事业的发展成就，而不只是一部分人或少数人享有。第二，全面共享，主要回答了人民群众共享什么成就、哪些成就的问题，着重强调的是人民群众共享我国经济社会发展所取得的全方位的成就，即共同享受我国经济、政治、文化、社会、生态文明等领域所取得的一切成就，人民群众各方面的合法权益都会得到有力保障。第三，共建共享，则是回答了人民群众如何共享经济社会发展的成就问题，着重强调的是人民群众要在共建中共享、在共享中共建，向着实现共同富裕的最终目标共同奋进的过程。共建共享反映的是发展的动力和发展的目标这两者间的有机统一的过程，而不是单一的只讲共享不愿共建或只强调共建不提享有权益。第四,渐进共享,则是回答了人民群众共享经济社会发展成果的进程问题,强调的是人们共享经济社会发展的成就不可能一蹴而就,而是一个从低到高、从不均衡到均衡的过程,是渐进性和飞跃性相统一的发展过程。

　　资本主义社会资本过度逐利的攫取性特征、生产资料的私有特点,以及他们所宣扬的社会达尔文主义,必然导致社会财富的垄断、生态环境恶化和人民群众贫富两极的严重分化,社会财富和发展成果也只能是由资产阶级、垄断集团所占有,劳苦大众最终也只能是为了生存沦为资本集团的生产工具而无法"占有自己的全面的本质"①。"所有人共同享受大家创造出来的福利"②,每个人都能拥有"平等的政治地位和社会地位"③,人人都能"在艺术、科学等方面得到发展"④,这些在资本主义社会条件下显得虚无缥缈、遥不可及。新时代共享发展理念蕴含的全民共享、全面共享、共建共享和渐进共享四个内涵,全面彰显了社会主义的价值立场和优越性,有利于团结和带领广大人民群众,增进对建设中国特色社会主义伟大事业的建设热情,提升对马克思主义意识形态的认同度,增强对中国特色社会主义道路自信、理论自信、制度自信、文化自信。

三、坚持彰显理论的现实关照力原则

　　新时代提升人民群众对马克思主义意识形态的认同度,离不开马克思主义意识形态理论自身的理论权威塑造。马克思主义意识形态理论的真理性和科学性,在历史长河的伟大实践中早已得到验证。然而,时代车轮滚滚向前,人类社会发展更是日新月异。当前,中国特色社会主义伟大建设事业

---

① 《马克思恩格斯文集》(第一卷),人民出版社,2009 年,第 189 页。
② 《马克思恩格斯文集》(第一卷),人民出版社,2009 年,第 689 页。
③ 《马克思恩格斯文集》(第九卷),人民出版社,2009 年,第 109 页。
④ 《马克思恩格斯文集》(第八卷),人民出版社,2009 年,第 197 页。

进入了新时代,世情、国情、党情、民情等都发生了新的变化,我国经济、政治、文化、社会、生态等领域更是出现了新的特征和新的问题。"问题就是时代的口号,是它表现自己精神状态的最实际的呼声。"①为此,新时代提升人民群众对马克思主义意识形态的认同度,需要不断推动新时期马克思主义意识形态理论的丰富和创新发展,坚持以当前我国经济社会发展中出现的重大现实问题为导向,坚持用马克思主义意识形态理论科学思想的伟力回应和解决好当前的重大现实问题,以理论伟力巩固和重构自身强大的解释力、整合力和感召力。

当然,马克思主义意识形态理论的丰富和创新发展,不是将原来的理论"推翻重来""另起炉灶",而是要在继承与创新相统一、理论与实践相统一、理论逻辑与历史逻辑相统一,以及落实好"四个分清"工作的基础上强基固本、修"葺"完善,结合新时代特征对马克思主义意识形态理论进行自我完善和发展的过程。推动新时期马克思主义意识形态理论的丰富和创新发展,重点要在理论创新和话语体系建设方面下功夫。

(一)理论创新

马克思主义意识形态在历史长河中之所以能够久盛不衰,始终保持旺盛的生命力,就在于其自身具有的彻底的实践性、科学性和开放性的理论品格。马克思主义意识形态理论不是僵化、一成不变的,而是与时俱进、随着社会实践发展的变化而不断地变化,这正如恩格斯指出的那样,"理论是发展着的理论,而不是必须背得烂熟并机械地加以重复的教条"②。习近平总书记在庆祝中国共产党成立95周年的大会上也郑重指出,"时代是思想之母,实践是理论之源。实践发展永无止境,我们认识真理、进行理论创新就永无止

---

① 《马克思恩格斯全集》(第40卷),人民出版社,1982年,第289~290页。

② 《马克思恩格斯选集》(第四卷),人民出版社,2012年,第588页。

境"①。恩格斯在给康·施米特的回信中也曾指出,"只有清晰的理论分析才能在错综复杂的事实中指明正确的道路"②。恩格斯和习近平关于理论创新的重要论述,突出说明了理论创新对于推进我国经济社会实践发展和马克思主义意识形态认同的重要作用。中国特色社会主义建设已经进入了新时代,面对新时代的社会特点和新的经济社会发展要求,马克思主义意识形态理论必须因时而变、因势而变,必须在同我国发展的具体实际相结合的基础上进行理论创新。

新时期马克思主义意识形态理论的创新,要坚持底线、以问题为导向、真理原则与价值原则相结合等原则。第一,坚守四项基本原则为底线的创新原则。随着经济全球化的深入发展、我国对外开放水平和规模的不断提升,以及中国特色社会主义市场经济改革的逐步深入发展,反华敌对势力推行的分化、西化、私有化中国的和平演变战略从未停歇,它们通过各种形式质疑中国共产党执政的合法性、唯一性,否定马克思主义指导思想地位,攻击党的领袖和革命英雄人物,严重干扰和侵蚀了人民群众的正确的历史认知、坚定的马克思主义信仰和共产主义信念。为此,马克思主义意识形态理论创新必须坚持四项基本原则这一底线不动摇,为新时期马克思主义意识形态理论的继承、发展和创新提供核心的方向指引。

第二,坚持以问题为导向的创新原则。马克思在早期就提出过理论的发展必须坚持以现实中的问题为导向。当前,中国特色社会主义伟大建设事业中的最重大的问题,就是在伟大实践过程中出现的人民群众所关心的公平正义、利益分配、民主政治、生态环保、科学发展等难点、焦点问题。马克思主义对于人民群众所关心的这些新的焦点问题,有的虽然有所涉及但是没有充分展开研究,有的则是没有涉及。为此,马克思主义意识形态理论创新要

① 《习近平谈治国理政》(第二卷),外文出版社,2017年,第34页。
② 《马克思恩格斯全集》(第37卷),人民出版社,1971年,第283页。

自觉走入时代问题深处，深入研究和透视这些新问题并提出有效的应对办法，积极回应人民群众的现实关切，以马克思主义意识形态理论的当前在场彰显其科学伟力和旺盛生命力。

第三，坚持真理性原则和价值性原则相统一的创新原则。真理性和价值性，是统一于马克思主义意识形态理论的两个不同的维度。新时代的马克思主义意识形态理论创新，必须要坚持真理性原则和价值性原则，二者不可有失偏颇，必须齐头并进、并驾齐驱。坚持遵循真理性的创新原则，是马克思主义意识形态理论创新的本质要求，也是坚守马克思主义立场的本源性要求。如果创新过程中背离了真理性原则，所创造出的理论可能就是异己的、非马的理论，抑或变质为反马的理论，这就完全背离了马克思主义的根本性立场。2023 年 6 月 30 日，习近平总书记在中央政治局第六次集体学习时强调，"理论创新必须讲新话，但不能丢了老祖宗，数典忘祖就等于割断了魂脉和根脉，最终会犯失去魂脉和根脉的颠覆性错误"。坚持遵循价值性的创新原则，是因为马克思主义意识形态理论是有着鲜明价值取向的，它从来不是价值中心的学说。那些假借学术争鸣、标榜价值中立的，企图把马克思主义意识形态理论创新片面学术化的做法，最终只能是将其变为无源之水、无本之木的教条主义。因而，马克思主义意识形态理论创新坚持真理原则和价值原则，是展现其影响力、现实关照力的核心保障。

（二）话语体系建设

新时期彰显马克思主义意识形态理论伟力，在我国经济社会发展过程中充分发挥其经济、政治、文化、社会、生态等指导功能作用，需要多主体参与、多维度考量、多路径实施，而通过加强马克思主义意识形态话语体系创新彰显其理论伟力则是一个根本性的路径。马克思主义认为，语言（话语）是思想意识的反映，"思想、观念、意识的生产最初是直接与人们的物质活动，与人们的物质交往,与现实生活的语言交织在一起的"①。这就是说,现实生活中的语言(话语),是与人们的物质交往、物质活动及思想意识的生成相互关联、相互交织的。话语(语言)本身并不具有独立性的特征,它们的变化反映的是其背后思想意识的变化。话语(语言)的如何变化直接影响着它背后的思想意识的传播和生存状况,苏联的解体就与马克思主义意识形态话语的缺位、失声有着直接的关联。话语又具有一定的价值评判功能,而价值评判功能则体现出话语的权利地位问题,也就是话语权的问题。如果话语占据指导地位,则其背后的思想意识无疑也占据主导权,也就是某种思想意识有着话语权、领导权。因而,新时期彰显马克思主义意识形态的理论伟力,创新马克思主义意识形态话语体系建设显得尤为必要。

创新马克思主义意识形态话语体系建设,需要在话题设置、话语内容、话语表达方式、图像化灌输等方面着重加以关注、研究和创新。第一,创新话题设置。契合时代特征的马克思主义意识形态相关话题,容易引起人民群众对相关社会问题的重视、关注,容易使得人民群众和主流意识形态的相关话题产生共鸣,从而提升人民群众对马克思主义意识形态的亲切感和认同度。现有的意识形态相关话题设置存在需要改进的地方,有的仅是盲目跟随国外学术界研究领域中的一些问题,而忽视了我国经济社会发展过程中人民群众关注度高的一些重大现实问题,落入了反华敌对势力精心设置的研究误区。马克思曾严厉批判了德国哲学,认为德国哲学是"闭关自守""谁也不懂得他在念些什么"。为此,在新时代中国式现代化的宏伟建设事业实践中,我们要主动设置契合时代发展特征的话题,增强马克思主义意识形态相关话题的话语权和主导权,并对这些重大问题作出创造性的、富有时代性的分析和解答。

---

① 《马克思恩格斯选集》(第一卷),人民出版社,2012 年,第 151 页。

第二,创新话语内容。新时期在创新马克思主义意识形态话语内容时,要始终将马克思主义的立场、观点贯穿其中,对于现实生活中关乎人民群众利益的重大现实问题和敏感问题,需要将体现真理性和时代性特点的马克思主义意识形态话语内容,有机融入人民群众的日常生活中,让富于鲜活生活气息的马克思主义意识形态话语内容真正走入人民群众的内心深处。另外,要及时的凝练、概括和总结我国改革开放以来,尤其是党的十八大以来经济社会发展所取得的重大成就,尤其是关于中国道路、中国特色、中国经验等问题,要从人类社会发展规律和历史发展规律入手,举重若轻,话语内容创新要避免转变为"话语哲学",要用生活化、具体化、生动性的语言阐述好中国特色社会主义道路的历史必然性及其对于人类发展的世界意义。这样,既增强了马克思主义意识形态话语内容的自信、魅力和话语权,又拉近了其与人民群众的心灵距离,进而能够有效提升人民群众对马克思主义意识形态的认同度。

第三,创新话语表达方式,是新时代马克思主义意识形态彰显其伟力的关键环节。创新话语表达方式的目的,就是更加有效地宣讲马克思主义意识形态理论,让其自身的彻底性来说服人民群众,从而提升人民群众对其的认同度。诸如照本宣科、空话套话、说教口吻的话语表达方式,在当前的宣讲效果会大打折扣,从而影响马克思主义意识形态理论的解释力、说服力功能的发挥,也容易引起人民群众对马克思主义信仰的逆反心理。德国哲学家伽达默尔认为,语言具有无他性特征,即我所阐述的语言必须是受众能够听懂的,否则所讲出的语言只能是空洞的,不可以称之为语言。为此,要按照人民群众能够接受的、喜爱的话语方式和话语形式,宣讲蕴含马克思主义意识形态理论的中国故事,正确引导社会舆论,传播马克思主义意识形态正能量,进而强化新媒体时代网络阵地的马克思主义意识形态话语权。

第四,创新运用图像信息灌输。随着数字技术与网络技术的竞速发展,人类经济社会生活不可逆转地进入数字化生存和交流时代，文化传播也不可避免地呈现出数字技术特征，文化"正在变成一种视觉文化"①，也正如海德格尔所说的那样，"世界被构想并把握为图像"②。根据 CNNIC 发布的第 52次《中国互联网络发展状况统计报告》显示，截至 2023 年 6 月，在线视频等图像信息用户规模达到了 9.5 亿人，占网民总量的 90.4%。在线视频等图像信息用户规模如此庞大愈加凸显了提升优质图像信息供给的重要性。数字时代图像的内涵，不仅仅包括通常意义上静态的图片、宣传海报等，也包括动态的短视频、电影、戏剧、虚拟游戏、动漫等在内的庞大的复杂系统。数字视觉技术主要是通过对数据的整合创造，用直观、生动、鲜活的视觉图像来传递文本内容和价值意义。在数字视觉技术的加持运营下，视觉图像愈来愈成为数字时代视觉文化样态的主导形态，它的象征意义强、用户面广和泛娱乐化特征大大超越了传统意义上的文本价值传播，越来越成为影响用户思想观念和价值信仰生成的重要来源。要运用数字视觉技术开发兼具理论高度和情感温度、贴近人民群众消费习惯的多样化的图像作品，尤其是要注重开发蕴含丰富视听元素、精美影像构图、唯美虚拟场景的更具感染力和吸引力的动态图像作品。通过设计情理融合、不同主题的短视频、动画、动漫、图像、表情包等生动直观的视觉图像作品，例如以红色文化、中华优秀传统文化、现代化建设成就、革命英雄人物事迹、政治类异质信息批判等主题，吸引人们观看、点赞、评论、转发，推动视觉图像传播价值的出场在场，从而达到抓眼球、入耳朵、润心灵的传播效能，让彰显主流意识形态和弘扬社会正能量的优质图像内容充盈数字空间，积极唱响主旋律、弘扬正能量、提振凝聚力。

---

① [美]丹尼尔·贝尔《资本主义文化矛盾》，赵一凡等译，生活·读书·新知三联书店，1989 年，第156 页。

② [德]马丁·海德格尔《林中路》，孙周兴译，上海译文出版社，2004 年，第 89 页。

四、坚持以系统观念推进认同工作原则

新时代推进马克思主义意识形态认同工作是一项系统性的工程，是一个由建设目标、主体、客体、场域（校园环境、社会环境、网络生态环境）、数字媒介载体等诸多复杂性结构要素构成的关联性强的有机系统，需要运用系统观念统筹全局谋划和重点工作推进。"系统观念是具有基础性的思想和工作方法"①，是对马克思主义世界观、认识论和方法论的丰富和发展。唯物辩证法认为，任何事物都处在普遍联系之中，事物及其要素相互作用、相互影响、相互制约，构成了具有稳定结构和特定功能的系统。系统观念注重从全局、整体出发，要求对事物进行立体、多维审视，力求把握事物发展本质及其内部结构、要素间如何相互作用，以便于推动事物运行发展更加有序、更加优化，从而达到整体功能大于结构要素简单相加的思维范式。

系统观念始终贯穿于中国共产党领导中国式现代化建设事业的宏伟奋斗征程中，是中国共产党人的科学思维方式与重要工作方法。毛泽东是运用系统观念的典范，在长期的革命和改革过程中，始终坚持运用系统观念来认识和解决革命和建设期间遇到的问题和矛盾。毛泽东在《中国革命战争的战略问题》中提出了"没有全局在胸，是不会真的投下一着好棋子的"科学论述；在党的七届二中全会上，提出了著名的"弹钢琴"科学方法论。解放战争时期，毛泽东指出，指挥全局的人，最要紧的，是把自己的注意力摆在照顾战争的全局上面。主要的是依据情况，照顾部队和兵团的组成问题，照顾两个战役之间的关系问题，照顾各个作战阶段之间的关系问题，照顾我方全部活动和敌方全部活动之间的关系问题，这些都是最吃力的地方，如果丢了这个去忙一些次要的问题，那就难免要吃亏了。在毛泽东同志和中央军委的系统

① 《习近平谈治国理政》（第四卷），外文出版社，2022年，第117页。

分析、科学部署下,辽沈、淮海、平津三大战略决战不是分散的、孤立的、各自进行的三场战役,而是有着通盘规划,一环紧扣一环,相互照应、一气贯注的完整部署。辽沈、淮海、平津三大战役共歼灭国民党军队 154 万余人,三大战役的胜利为全国的胜利奠定了重要的基础。

改革开放以后,邓小平运用系统观念去把握和推进改革开放宏伟事业,科学探索社会主义事业发展建设规律,强调既要以经济建设为中心,也要注重整体推进。邓小平始终将中国特色社会主义建设事业作为一个完整的系统工程进行研究、考察,他强调,现代化建设的任务是多方面的,各个方面需要综合平衡,不能单打一。邓小平明确提出,社会主义现代化建设伟大事业是包括经济现代化、政治现代化、法制现代化、社会现代化、教育现代化、人的现代化等在内的多领域和多方面,并且社会主义现代化建设事业中的诸多领域和方面并非独立存在、单独发展,而是具有普遍联系、互相依存、互相促进的关系特征。1986 年 9 月,邓小平在党的十二届六中全会上首次提出社会主义现代化建设总体布局:以经济建设为中心,坚定不移地进行经济体制改革、坚定不移地进行政治体制改革、坚定不移地加强精神文明建设,并且要使这几个方面互相配合、互相促进、统筹推进和发展。

以江泽民为代表的中国共产党人运用系统观念推进新时期的社会主义现代化建设,强调必须处理好各种关系,特别是若干带有全局性的重大关系。1995 年 9 月,江泽民在党的十四届五中全会上作了题为“正确处理社会主义现代化建设中的若干重大关系”的重要讲话,讲话中提出了要正确处理 12 条带有全局性的重大关系,这十二条关系是中国共产党对社会主义建设客观规律认识上的新飞跃,包括改革、发展、稳定的关系;速度和效益的关系;经济建设和人口、资源、环境的关系;第一、二、三产业的关系;东部地区和中西部地区的关系;市场机制和宏观调控的关系;公有制经济和其他经济成分的关系;收入分配中国家、企业和个人的关系;扩大对外开放和坚持自力更生的关系;中央和地方的关系;国防建设和经济建设的关系;物质文明建设和精神文明建设的关系。

以胡锦涛为代表的中国共产党人运用系统观念提出了以人为本的科学发展观,突出全面协调可持续的基本要求和五个统筹兼顾的根本方法,将社会主义现代化建设总体布局推至"四位一体"的新局面,取得了改革开放和社会主义现代化建设的显著成就。党的十六大以来,以胡锦涛同志为主要代表的中国共产党人科学把握我国发展的阶段性特征,提出"坚持以人为本,树立全面、协调、可持续的发展观,促进经济社会和人的全面发展"的科学发展观,进一步提出了"五个统筹",即统筹城乡发展、统筹区域发展、统筹经济社会发展、统筹人与自然和谐发展、统筹国内发展和对外开放,五个统筹兼顾充分体现了唯物辩证法的精髓和系统的思想、工作方法。

党的十八大以来,面对实现中华民族伟大复兴的战略全局和世界百年未有之大变局,以习近平同志为核心的党中央坚持系统谋划、统筹推进"五位一体"总体布局、协调推进"四个全面"战略布局,根据新的实践需要,采取一系列战略性举措,推进一系列变革性实践,实现一系列突破性进展,取得一系列标志性成果,团结带领人民群众同心奋斗,经受住了来自经济、政治、意识形态、自然界等方面的风险挑战考验,党和国家事业取得了重大的历史性成就。习近平总书记强调:"在这个过程中,系统观念是具有基础性的思想和工作方法。"①习近平总书记在党的十九届五中全会上首次提出"系统观念"概念,在党的二十大上又一次明确要求"必须坚持系统观念",指出"万事万物是相互联系、相互依存的。只有用普遍联系的、全面系统的、发展变化的观点观察事物,才能把握事物发展规律",强调要"为前瞻性思考、全局性谋

---

① 《十九大以来重要文献选编》(中),中央文献出版社,2021 年,第 785 页。

划、整体性推进党和国家各项事业提供科学思想方法。"①坚持运用系统观念,有助于从整体性出发统筹做好意识形态建设的顶层设计工作,有助于从结构性出发着力做好意识形态教育内容框架结构的改善调整工作,有助于从协调性出发做好机制制度、教育主客体、所处环境及其内部结构要素间运行的高效优化工作,有助于从动态性出发及时做好数字生态背景下教育内容的形式、人民群众认知接受需求等变化的调整应对工作,更好促进数字化生态下马克思主义意识形态认同建设工作的协调统一,筑牢我国意识形态领域安全防线,为中国式现代化建设培育堪当复兴重任的合格建设者,为捍卫马克思主义在意识形态领域指导地位的根本制度提供强力保障。

实践充分证明,系统观念是中国共产党谋划和推进中国式现代化的基础性的科学方法,也是中国共产党理论素养深厚、思维智慧高超的重要体现。在新征程上不断拓展和深化中国式现代化伟大事业,坚持和捍卫马克思主义在意识形态领域指导地位的根本制度,在人民群众中间推进马克思主义意识形态认同,必然离不开系统观念的宏观指导和实践运用。

第二节　推进马克思主义意识形态认同的对策

为积极应对新时代我国经济社会发展的新态势和马克思主义意识形态认同建设受到的冲击和挑战,维护和巩固各族人民团结统一的共同的思想基础,需要从以社会主义核心价值观引领多样化社会思潮、提高人民群众媒介素养促进良好思想舆论生态形成、依托现代传播体系和实施分众化教育等方面,探寻有效推进新时代马克思主义意识形态认同建设工作的应对之策,努力提升人民群众对马克思主义意识形态的认同度,捍卫和巩固马克思

---

① 习近平:《高举中国特色社会主义伟大旗帜　为全面建设社会主义现代化国家而团结奋斗——在中国共产党第二十次全国代表大会上的报告》,人民出版社,2022年,第20~21页。

主义意识形态在我国意识形态领域内的指导地位。

一、以社会主义核心价值观引领多样化社会思潮

随着社会结构的变迁、社会经济关系的深刻变革,以及利益关系和利益诉求的多元化,历史虚无主义、新自由主义、民主社会主义、消费主义等形态各异的社会思潮在我国意识形态领域轮番登场、竞相发声,希冀抢夺马克思主义意识形态的主导权和话语权。意识形态领域内多样化社会思潮的并存、冲撞态势,迫切需要一种核心价值观对其进行正确的引导和规整。

2013 年 12 月,中共中央办公厅印发的《关于培育和践行社会主义核心价值观的意见》中明确指出,要"用社会主义核心价值观引领社会思潮,凝聚社会共识"。社会主义核心价值观 24 字的基本内容——"富强、民主、文明、和谐;自由、平等、公正、法治;爱国、敬业、诚信、友善",是社会主义核心价值体系的最高具象表达,是社会主义价值观本质的精度提炼,深切反映了马克思主义中国化、时代化的理论成果和实践经验,反映了全体人民群众对社会主义未来发展的价值认同和价值共识,具有显著的优越性特征。富强、民主、文明、和谐,体现的是国家层面的价值目标,回应的是建设什么样的中国特色社会主义国家的重大问题。也就是,经济建设方面要实现中华民族伟大复兴的中国梦;政治建设方面要实现真正的全过程人民民主;文化建设方面要实现中华文明引领世界文化潮流;社会建设方面要形成和谐相处、团结有序的友好氛围。自由、平等、公正、法治,体现的是社会层面的价值取向,回应的是建设什么样的中国特色社会主义社会的重大问题。也就是,自由是中国特色社会主义社会的价值理想,平等是中国特色社会主义社会的重要标志,公正是中国特色社会主义的内在要求,法治是中国特色社会主义社会治理的根本方式。爱国、敬业、诚信、友善,体现的是个体层面的价值准则,回应的是培育什么样的公民的重大问题。爱国是公民应尽的神圣义务,敬业是公民应

尽的职业操守,诚信是为人的基本规范,友善是人际和谐的基础。

社会主义核心价值观,对于发展中国特色社会主义,增强马克思主义意识形态的指导地位,实现第二个百年奋斗目标,推进中国式现代化伟大建设事业行稳致远,实现中华民族伟大复兴中国梦,具有重要的理论意义和现实指导意义,可对我国思想文化领域内的多样化社会思潮进行科学引领和有效规制。用社会主义核心价值观引领我国思想文化领域内的多样化社会思潮,就是指在社会主义核心价值观的主导、引领及其制度管理的规范下,对社会思潮的生成机理、传播方式、发展动态和功能发挥等方面进行批判、规整、改造,使之向着核心价值观所规定的方向转化和流变的过程,进而维护马克思主义意识形态在我国意识形态领域的一元指导地位。充分发挥社会主义核心价值观对社会思潮的科学引领功能,需要在辨明不同社会思潮的所属性质、厘清社会思潮传播特征,以及创新社会主义核心价值观宣传教育方式等方面进行探索、发力。

(一)辨明社会思潮的所属性质,提升社会主义核心价值观引领的有效性

当下我国意识形态领域内的社会思潮烦冗复杂、形态多样,呈现出积极与颓废并存,进步与反动并存的复杂特征,深刻影响着人民群众的价值观生成和行为选择。相对于马克思主义意识形态的科学价值取向来说,有的社会思潮表现出中性化的趋向,有的社会思潮表现出弱负相关性的趋向,还有的社会思潮表现出强背离性的趋向。①为此,社会主义核心价值观在引领社会思潮时,首先需要辨明其所属类型,然后再予以区别对待。对于与马克思主义意识形态表现出强背离性趋向的社会思潮,诸如新自由主义、历史虚无主

———————

① 郝保权:《多元开放条件下中国社会主义意识形态安全研究》,人民出版社,2018年,第398页。

义、民主社会主义等反马克思主义、反社会主义、反共产党领导的社会思潮，要作为社会主义核心价值观引领工作中的重中之重。首先厘清与马克思主义意识形态强背离性社会思潮的本质特点及其根本危害，然后再旗帜鲜明地予以坚决的揭批和斗争，并在人民群众中间广而告之这些反动思潮的原初价值指向及利益指向，以便遏制其现实危害以正视听，进而维护和捍卫马克思主义意识形态的指导地位。对于与马克思主义意识形态表现出弱负相关性趋向的社会思潮，在引领的过程中我们应该坚持尊重差异性、包容多样化的引领原则，树立多样共存的意识，将其作为文化多样化的一种特殊的现象，摒弃其糟粕和不合理的成分，积极吸收和借鉴其有科学价值、人文精神等有益的元素，增强社会主义核心价值观的开放性、包容力，提升社会主义核心价值观引领的有效性，从而不断扩大马克思主义意识形态的影响力。对于与马克思主义意识形态表现出中性化趋向及有一定正相关性的社会思潮，诸如创新马克思主义等进步的社会思潮，我们需要大力肯定和支持它们的存在，尽可能对它们的研究、宣传和传播等提供必要的帮助，通过有效引领使得它们能够更加自由、和谐和科学地发展，最终成为马克思主义意识形态的有益补充。

(二)厘清社会思潮传播特征和方式,建构科学的引领进路

当前我国意识形态领域内社会思潮的传播特征、传播方式及未来发展走向不尽相同，为建构社会主义核心价值观引领社会思潮的科学进路，需要厘清其发生、传播的实际状况，因异制宜，采取有针对性、可行性的措施，建构科学的引领进路，规整社会思潮的良性、健康发展走向，从而提升社会主义核心价值观引领社会思潮的实效性。首先，对不同性质社会思潮的现实存在要采取务实、理性的态度。现代社会是多元化的社会，任一国家的意识形态领域必然是多元化、多样化的现实存在。无论是与马克思主义意识形态表

现出中性化趋向、弱背离性趋向的社会思潮,还是表现出强背离性趋向的社会思潮,都应该理性看待他们在我国意识形态领域的现实存在,不能采取一刀切的做法直接予以取缔、封杀。毛泽东在《关于正确处理人民内部矛盾的问题》中指出:"正确的东西总是在同错误的东西作斗争的过程中发展起来的。真的、善的、美的东西总是在同假的、恶的、丑的东西相比较而存在,相斗争而发展的。"①因此,我们应坚定马克思主义意识形态理论自信,采取务实、理性的态度对待异质社会思潮,包括强背离性趋向的社会思潮。其次,精准把握社会思潮存在、传播的发生机理。一种社会思潮之所以能够在意识形态领域内存在、传播和扩散,并能够赢得一部分人民群众的支持和认同,必然有其得以生成的社会根源和现实土壤。因而,在引领社会思潮过程中,要深刻分析其社会根源和现实土壤,明辨隐藏其背后的真实图谋;加大在人民群众中间的教育宣传力度,不断增强人民群众对不同价值观的辨别能力,不断解决好人民群众所关心的热点问题、现实问题和思想问题,不断满足人民日益增长的美好生活需要,为有效引领社会思潮打下坚实的群众基础。最后,加大引领工作机制建设保障力度。以社会主义核心价值观引领社会思潮,不断提升马克思主义意识形态认同度,是一项系统性、长期性的工作,亟需完善引领工作的机制建设。当前,引领工作的社会保障机制是否有力、有时效度?专兼职工作队伍建设是否完善?齐抓共管、共同发力、职责明确、灵活高效的领导体制是否健全?全媒体传播特征如何有效应对?这些都需要结合新时代的新特征进行积极探索并不断加以完善,努力为社会主义核心价值观引领社会思潮工作保好"驾"、护好"航"。

---

① 《毛泽东文集》(第七卷),人民出版社,1999年,第230页。

（三）创新教育宣传方式，绽放社会主义核心价值观的科学力量

新时代以社会主义核心价值观规整社会思潮给人民群众带来的纷扰、困惑，充分发挥社会主义核心价值观的精神引领和行为规范功能，需要不断创新其教育宣传方式，让人民群众在丰富多彩的日常生活中切实感受到社会主义核心价值观的科学力量。唯有如此，才能使得社会主义核心价值观引领社会思潮落地生根、取得实效。首先，要加大社会主义核心价值观引领社会思潮的必要性的宣传力度。要通过通俗化、大众化的逻辑推理和话语表达，使得人民群众充分认识到两者之间存在的必然关联。社会主义核心价值观的科学性、先进性、现实性特征，及其蕴含的价值评判标准，契合于当下社会思潮生成、发展的一般逻辑规律。诸如，社会主义核心价值观中反映国家层面价值追求的"富强"，就与大部分社会思潮的价值目标有着很强的正相关度。其次，不断创新媒介的宣传形式，增强其传播力和辐射力。媒介的传播和辐射功能，是提升人民群众对社会主义核心价值观认同度的关键，更是使得社会主义核心价值观引领社会思潮由逻辑起点变更为行动起点的重要关键。为此，需要创新媒介的宣传形式，不断加大其宣传频次，这样有利于人民群众在潜移默化中养成遵循社会主义核心价值观所倡导的价值标准的行为习惯，有利于引领工作达到事半功倍的效果。例如，针对碎片化时代特征下，人民群众喜爱短视频、微视频等图像式的信息方式，党和政府的相关部门就应围绕社会主义核心价值观相关内容创作优质化的图像信息，让优质化的图像信息充盈人民群众的生活空间和所栖息的网络空间，充分发挥优质化图像信息的价值引导和规制功能。最后，加大创作蕴含社会主义核心价值观价值评判标准的相关文化产品的力度。社会主义核心价值观要真正走入人民群众心灵深处，充分发挥其价值引领功能，需要依托相关文化产品来承载和表达其思想张力。为此，在创作相关文化产品的过程中，需要在以人民为

中心的创作前提下，切实关注人民群众的现实需要，运用多样化的创作手法和表现手法，将社会主义核心价值观蕴含的价值评判标准承载于作品之中，进而发挥社会主义核心价值观的实践引领功能。文化产品的表现形式可以为高大上式的书籍、影视作品，也可以为接地气式的顺口溜、打油诗等。创作多形式的文化产品，让人民群众在文化消费中接受蕴藏于文化作品中的社会主义核心价值观的影响，有利于提升规整引导多元化社会思潮的实际效果。

二、提高全民媒介素养促进良好思想舆论生态形成

新时代，媒介全方位参与了人类的生产生活和经济社会发展，媒介的功能已不再是仅仅局限于内容的生产者和传递者，已成为影响经济、政治、文化、社会和生态发展的重要参与者和推动者，很大程度上影响、改写、重构了人民群众的经济社会生活和社会的整体生态环境。可以说，媒介已参与到意识形态的生产、传播、消费等过程中，已成为新时代引导思想舆论生态发展的重要载体。为有效应对多元化价值导向、"后真相"问题、网络暴力、潜藏的意识形态侵蚀等媒介社会的"次生灾害"对马克思主义意识形态认同造成的影响，引导广大人民群众理性认识、参与、传播和运用媒介，营造良好的网络思想文化舆论生态，关键就是要持续关注和重视人民群众的媒介素养教育问题。

在推进媒介素养教育方面，西方国家尤其是英国、芬兰等国家有着近九十年的发展历史，他们有着完善的国家宏观政策体系、理论研究体系、社会组织参与机制、课程教育体系、教育实践评估体系和丰富的教育实践成果。媒介素养教育最早发端于英国，早期是为了引导学生克服媒介的肤浅化、庸俗化等负面影响。英国文化研究学者 F.R.利维斯和丹尼斯·桑普森在其论著《文化与环境：批判意识的培养》中率先提出并倡导在学校开展媒介素养教

育,并提出了完整的推进实施建议,受到了英国政府的高度重视。经过九十多年来的持续推进,英国、芬兰等国家完善的媒介素养教育体系和高质量的教育水平受到了众多国家的赞誉,"媒介素养教育课程已经相当成熟,它涵盖了从小学到大学教育体系的全过程,并逐步成为终生学习的重要内涵,成为正式教育体系中的教学科目,并有完整的评价系统"。他山之石,可以攻玉。虽然我国与西方国家的国情、政治制度不同,但是西方国家相对成熟的媒介素养培育体系、发展历程、前沿理论研究成果,对于新时代我国推进人民群众的媒介素养教育仍然有着重要的借鉴意义。

我国的媒介素养理论研究和人民群众的媒介素养教育实践相对于西方国家来说发展相对滞后。国内学界公认的媒介素养研究开始于 1997 年著名学者卜卫所著的《论媒介教育的意义、内容和方法》一文,自此,传播学领域内媒介素养这一学术聚焦点引起了国内学者的广泛关注,英国、芬兰等国家媒介素养和教育研究成果的译本和推进我国媒介素养教育的学术成果如雨后春笋般不断涌现。尤其是进入 21 世纪以来,伴随着媒介社会化功能的日益凸显,国内媒介素养问题域的研究势头迅猛、成果丰硕,众多学术成果体现出研究视角多维、研究内容丰富、研究方法多样等特征,很好地推动了我国媒介素养教育实践的发展。但相较于新时代的典型的媒介化社会特征对人民群众的媒介素养提出了更高的要求而言,我国的媒介素养教育实践仍有很大的提升空间。

多年来,我国在推进人民群众的媒介素养教育实践方面做出了很多有益的探索实践,譬如复旦大学 2004 年筹建开通了媒介素养专业在线平台,浙江传媒学院成立的媒介素养学术研究基地自 2007 年起每 2 年举办一次全国性的媒介素养高峰论坛,中国传媒大学自 2008 年起与北京、广东等地中小学联合建立多个媒介素养教育基地,国家广电总局 2014 年成立了中广联媒介素养研究基地和学术指导委员会,还有中国青少年媒介素养网、黄山学院皖南农村小学媒介素养教育网等众多的媒介素养宣传教育网站，上海交通大学、淮阴师范学院等高校在本科生中开设媒介素养相关课程等，使得我国媒介素养二十多年来的教育实践活动取得了很好的成效。但综观二十多年来媒介素养教育实践的发展历程，政府部门参与和支持的力度不够、现有课程开设零散不成体系、缺少社会团体等第三方组织参与等现实问题仍然是阻碍我国媒介素养教育高质量发展的重要动因。新时代推进人民群众的媒介素养教育，不仅仅是涉及个体层面的素养能力提升的问题，更是关乎中国特色社会主义文化安全、坚决打赢网络意识形态斗争和捍卫马克思主义在意识形态领域指导地位根本制度的核心问题。

当然，人民群众的媒介素养提高不是简单的技能糅合、一蹴而就的培育过程，而是一个长期的、多维的、系统的循序渐进的内化过程，它需要通过大中小一体化的学校媒介素养教育体系、政府、学校、社会、家庭齐参与的协同培育体系及完善的法律法规保障体系等途径来加以推动。

第一，建立大中小一体化学校媒介素养教育体系。大中小学生是全面建设社会主义现代化强国和实现中华民族伟大复兴的重要人力资源储备，媒介传播的生态环境特征不可避免地会对他们世界观、价值观和人生观的塑造产生重要的影响，他们的媒介素养整体状况如何直接关系到个体的自由全面发展和中国特色社会主义网络文化的繁荣与安全。第 52 次《中国互联网络发展状况统计报告》显示，截至 2023 年 6 月，我国网民规模为 10.79 亿，互联网普及率达 76.4%，10 岁以下儿童占比 3.8%，10—19 岁占比 13.9%，20—29 岁占比 14.5%。中国社会科学院新闻与传播研究所发布的《青少年蓝皮书：中国未成年人互联网运用报告（2023）》显示，未成年人互联网普及率几乎饱和，且触网低龄化趋势明显。因此，国家要尤其重视大中小学生群体的媒介素养教育问题，他们的媒介素养教育可以在批判借鉴西方国家尤其是芬兰覆盖幼儿教育、学前教育、义务教育、高中教育、高等教育、职业教育、继续教育和终身教育的一体化培育模式基础上，探索构建有中国特色的大中小不同学段的循序渐进、螺旋上升式的高质量的媒介素养教育体系。在学前教育、小学教育学段，应围绕正确认识媒介、简单运用媒介、分辨真假媒介信息和安全防护等能力培育展开。在初中、高中学段，应围绕辨析媒介信息的价值意义、正确地使用各种媒介、避免沉迷网络游戏和简单的创作媒介信息等能力培育展开。在职业教育和大学教育学段，应围绕形成理性的媒介思维、道德伦理意识和运用媒介推进自我全面发展等能力培育展开。通过层层递进、逐步深入的培育模式，不断促进大中小学生走入社会后能正确、符合伦理地使用媒介。

第二，建立政府、学校、社会、家庭齐参与的协同培育体系。索菲亚开放社会研究所颁布的欧洲国家《媒介素养指数 2019》评估报告中，芬兰全民媒介素养指数位列首位，这与芬兰政府、学校、社会机构、媒体等方面的协同培育机制密不可分。他山之石，可以攻玉，我们可以结合国情、文化、教育特征批判借鉴芬兰先进的媒介素养教育方式，建立政府、学校、社会、家庭四位一体的媒介素养协同培育体系。在这一协同培育体系中，政府应是全民媒介素养教育进阶工作的领导者、组织者、推动者和监督者，为媒介素养教育进阶工作制定宏观规划、运行机制、奖惩机制、政策保障和相应的评价评估机制，努力为教育进阶工作的实施指明方向、排除障碍和创造发展条件，推动形成多学科协同、多方面参与的有中国特色的媒介素养教育进阶体系。社会组织、传媒机构和技术平台应积极主动参与到媒介素养教育进阶工作的全过程，社会组织、传媒机构可以制作短视频、免费在线课程等教育资源供给人民群众自由学习，技术平台应加强自身监管力度、明确科技伦理底线和积极弘扬正能量以引领社会健康发展，为提升人民群众媒介素养能力和营造良好的媒介素养学习氛围发挥重要的补充作用。家庭教育是推进媒介素养教育进阶的重要构成环节，它相对于学校教育、社会组织机构等具有难以替代、先入为主的特殊影响力。一个个家庭是休戚相关的共同体，家长的媒介素养可潜移默化地在子女心灵深处生根开花，加之长期的生活陪伴更让子女将相关素养技能逐步内化为价值观念、外化为行为方式。

第三，建立完善的法律法规保障体系。法律法规的强制性、导向性和稳定性等特征，可为我国人民群众媒介素养高质量发展提供支持保障和方向引领。近一段时期以来，党和政府没有专门出台过关于推进大众媒介素养教育的法律法规政策，大众的媒介素养、虚假信息传播与舆论误导、媒介空间安全维护及相关治理要求等只是散见于《互联网信息服务管理办法》《中华人民共和国网络安全法》《国家信息化发展战略纲要》《中华人民共和国英雄烈士保护法》《新时代公民道德建设实施纲要》《中国儿童发展纲要（2021—2030年）》《关于加强互联网信息服务算法综合治理的指导意见》等法律法规中，这也成为新时期制约人民群众媒介素养跨越式提升的重要短板之一。芬兰2019年从国家层面颁布了《芬兰媒介素养：国家媒介素养教育政策》，交通通信部、健康与福利研究所和司法部等其他政府部门各自结合实际提出相关的媒介素养教育政策方案，如芬兰竞争和消费者保护局提供了以消费为侧重点的媒介素养教育，包括辨别广告、将媒介作为支付和交易的手段等。芬兰国家视听研究所则牵头组织团队定期对各区域媒介素养政策实施情况进行评估。芬兰从国家层面出台法律法规政策的做法给与我们重要的启迪。党和政府应从国家层面出台推进人民群众媒介素养教育进阶的宏观规划政策，从国家层面出台完善优化关于推进人民群众媒介素养的法律保障体系和效果评测体系，以便于更好、更快推进具有中国特色的大众媒介素养教育高质量发展，全面提升全民、全社会媒介素养和技能，促进风清气正的良好思想网络舆论生态的生成。

三、依托现代传播体系技术助推认同度的提升

新时代推进马克思主义意识形态认同建设工作，彰显马克思主义意识形态理论当前在场的伟力，引领人民群众塑造科学的价值观念和道德观念，有效提升人民群众对马克思主义意识形态的认同度，离不开媒体传播这一重要的传播载体。21 世纪以来，互联网发生了重大技术变革，元宇宙、云计算、物联网、人工智能、大数据、区块链技术等信息化技术深度融合，催生了新兴媒体的异军突起，致使媒体传播的生态环境及其传播流程，信息的生产方式和管理方式相较于传统媒体时代的传播发生了重大变化，对原先主要依托传统媒体传播的马克思主义意识形态认同推进工作造成了极大的影响。以报纸、期刊、广播、电视等为代表的传统媒体长期经营的传播格局被打破，原先依托传统媒体衍生出的话语权、主导权也受到了来自新兴媒体衍生出的权力的巨大冲击和挑战，新兴媒体日益对人民群众的思想文化道德观念和生活交往消费等行为方式产生重大影响。

面对新兴媒体异军突起带来的传播主体多元化、传播渠道多向度和传播模式碎片化的复杂传播生态环境，传统媒体的传播能力在当前的发展受到了自身的局限，自上而下的单向度的宣传教育方式，传播内容的千人一面，与受众缺乏互动交流等局限性的特征，日益难以适应新时代马克思主义意识形态的传播要求。新兴媒体由于自身的技术逻辑和平台逻辑深受人民群众尤其是青年人的青睐，但是新兴媒体也有其自身的不足，例如在内容生产和规范逻辑这两个方面和传统媒体是无法比拟的。为此，新时代推进马克思主义意识形态认同建设工作，在人民群众日常生活中彰显马克思主义意识形态的科学伟力，迫切需要整合传统媒体和新兴媒体的各自优势，迫切需要建构契合时代需求和马克思主义意识形态认同建设工作需要的现代传播体系。

党的十八大以来，习近平总书记高度重视以融合发展战略推动马克思主义意识形态认同建设工作，多次强调新时代要充分利用新技术创新媒体的传播力，持续增强现代传播体系的传播力、影响力和公信力。2014 年 8 月 18 日，中央全面深化改革领导小组第四次会议审议通过了《关于推动传统媒体和新兴媒体融合发展的指导意见》，习近平总书记在会上明确指出，要"推动传统媒体和新兴媒体融合发展，……建成几家拥有强大实力和传播力、公信力、影响力的新型媒体集团，形成立体多样、融合发展的现代传播体系"。在传统媒体和新兴媒体融合发展的现代传播体系中，不是讲求新兴媒体完全取代传统媒体，也不是两者之间的简单相加，而是需要两者取长补短、相互塑造，最终实现两者的有机互融。正如习近平总书记指出的那样，传统媒体和新兴媒体的融合要"尽快从相'加'阶段迈向相'融'阶段，从'你是你、我是我'变成'你中有我，我中有你'，进而变成'你就是我、我就是你'"①。

近年来，主流媒体在融合发展战略的正确指导下取得了一些成就，初步形成了"素材的一次采集—生成多种新闻产品—依托多媒体传播"的现代传播体系格局，诸如人民日报社精心打造的"中央厨房"融媒体，上海报业集团精心打造的澎湃新闻，浙江日报集团的媒立方传播体系，广东广播电视总台的"触电新闻"等新型主流媒体和传播载体，深受人民群众的喜爱和关注，有力地推进了马克思主义意识形态理论在人民群众中间的广泛传播，显著提升了人民群众对主流意识形态的认同度。但是，总体来看，现阶段传统媒体和新媒体之间的协作性、融合度和顺畅度还不够高，与习近平总书记要求的"你中有我，我中有你"的融合蓝图还有加强和改进的空间。为此，需要在把握新技术创新机遇、变革融合发展理念、实施精准传播等方面深耕厚植。

---

① 《习近平关于网络强国论述摘编》，中央文献出版社，2021 年，第 69 页。

（一）把握新技术创新机遇，促进马克思主义意识形态认同工作整体发展

依托现代传播体系提升人民群众的马克思主义意识形态认同度，必须把握好当前科学技术创新这一大好机遇。可以说，21世纪是依靠技术革新引领社会生活方式变迁的一个时代，现代传播体系的发展更是离不开科学技术的创新进步。因此，有效提升新时代人民群众的马克思主义意识形态认同度，需要以技术创新来推动马克思主义意识形态认同建设工作的整体发展，依托技术创新主要是建设好契合传播体系发展需求和马克思主义意识形态认同推进工作的相关数据库。

第一，建设好推进认同教育工作的人力资源队伍。既要建设一支高质量的马克思主义意识形态教育、宣传和研究的专家型队伍，持续增强马克思主义意识形态认同提升工作的理论根基；又要关注和支持民间组织的意见领袖的队伍建设，充分发挥其在相应（虚拟）社区、粉丝群内的解释、协调和引导功能。另外，也要注重城市发展陈列馆、博物馆、红色景区展馆等场所场地讲解员队伍的人力资源汇聚和培育，他们讲解服务的对象成千上万，也是一种积极传播马克思主义意识形态理论和弘扬社会正能量的重要人力资源。

第二，完善马克思主义意识形态理论的相关数据库建设，主要涵括经典文献、前沿动态、最新研究成果等内容，并辅之以彰显马克思主义意识形态现实关照力的发生在人民群众身边的生动素材。相关数据库在表现形式上要注重多样性，不能仅依托书籍文本来传递马克思主义意识形态相关内容，要注重开发人民群众通勤路上可视可听的作品，人民群众日常上班通勤时间尤其是大城市的通勤时间相对较长，要充分利用好这个时间段来开展碎片式的意识形态认同教育。例如，可在地铁、公交车上播放时长相对较短的微电影、短视频，也可通过蜻蜓FM、喜马拉雅、城市广播电台等音频平台播放相

关音频内容,利用人民群众碎片化的时间辅之以相应的意识形态内容传播。

第三,建设好马克思主义意识形态认同建设工作的大数据分析中心、效果评价中心。运用云计算、大数据、人工智能、算法技术等数字技术,在广泛调研论证的基础上,及时统计、研判目标受众群体对马克思主义意识形态理论的认知认同状况,对受众群体作聚类分析,运用个性化算法推荐技术与不同类别、不同需求的受众群体精准匹配,为马克思主义意识形态认同建设工作的后期整体部署及分众化精准传播适时提供技术支持和意见参考。运用大数据技术和数学模型可为马克思主义意识形态认同教育工作科学评估提供便利,大数据技术进行认同教育效果评估不再是传统意义上通过经验来实现,而是以全数据分析模型从多角度、多方位、多层次提供数据,使得意识形态认同教育效果评估方式更加公正与客观,为意识认同教育科学决策提供可靠、可信、可行的实施建议和对策。

第四,建设好一批基于智能算法虚拟现实交互技术的新型智媒教育空间。要运用智能算法技术与人工智能、AR、MR虚拟现实技术的整合,创建声像具备、实时交互、虚拟动态且仿佛身临其境的新型智媒教育空间。新型智媒教育空间"实现了沟通方式的革命,开创了一种新的主客体之间的共在模式"[①],增强了人民群众与马克思主义意识形态灌输内容的情感交互和场景互动,能够让人民群众对马克思主义意识形态灌输内容有更加深刻的理解、体验和恒久的记忆,从而实现马克思主义意识形态灌输内容的高质量嵌入。天津大学、西南财经大学等高校创建的思想政治课虚拟仿真体验教学中心的新型智媒教育空间,围绕南昌起义、红军长征、开国大典、两弹一星、抗震救灾等重大历史事件开发了众多的智媒全景教育资源,实景再现了当时的历史情境、场景和环境,将虚拟仿真技术与教育工作深度融合,有效增强了

---

① 陈清:《论人工智能融入高校思想政治教育的深层逻辑》,《江苏高教》,2022年第1期。

马克思主义意识形态教育内容的思想性、理论性、趣味性和实效性。

第五，建设好运用数字识别技术自动化检索异质信息的大数据技术平台，遏制异质化信息的传播蔓延。当前，人民群众每天处于既有符合马克思主义意识形态又有敌对意识形态隐藏其中的海量信息包围的信息迷域中。据统计，世界上每天生成约 5 亿条推文、2940 亿封电子邮件、4000T 的 Facebook 数据、600 亿条 WhatsApp 消息和 72 万个小时的 YouTube 新视频。①海量信息在为交往交流、平等交互、文化传播带来新的生机与活力的同时，也造成众多无序、失真、夸大、被资本裹挟、违背马克思主义意识形态的信息轮番侵蚀着人民群众的价值观念、社会心态和认知模式，这在一定程度上影响和损害了民众的正确行为选择和决策能力。因此，为消除异质化信息隐匿的敌对意识形态的反向价值引导，党和政府的网络与信息安全部门等相关部门，要积极依托数字识别技术，加强对人民群众生活空间海量信息的感知和判断、归类、整合海量信息中隐匿敌对意识形态的信息特征，强化源头治理和筛查力度，及时下架有问题的不良信息，及时遏制体现资本主义意识形态和不良社会思潮的异质信息在数字空间的传播蔓延，充分发挥好"把关人"的功能，让异质化信息没有生存空间和传播通道，及时消除其对马克思主义意识形态凝聚力的弱化，更好地净化人民群众的生活、学习、交往空间。

（二）变革融合发展理念，推进深度融合

传统媒体和新兴媒体的融合，既是两者传播载体的融合，也是两者技术资源的融合，更是两者传播理念、模式的深度融合。2015 年 12 月，习近平总书记在解放军报考察时指出，"要研究把握现代新闻传播规律和新兴媒体发展规律，强化互联网思维和一体化发展理念，推动各种媒介资源、生产要素

---

① 喻国明、郭靖一：《从"舆论战"到"认知战"：认知争夺的理论定义与实践范》，《传媒观察》，2022 年第 8 期。

有效整合,推动信息内容、技术应用、平台终端、人才队伍共享融通"①。为此,当前推进传统媒体和新兴媒体的深度融合,需要在移动互联思维、社群传播思维和服务型治理思维等思维领域探索变革。

基于互联网技术的移动互联思维,"开放思维、分享思维、用户思维"是其具有的核心特征。在开放思维下,涌现出很多内容生产主体,个性化、生活化的内容产品变得更加丰富多彩。分享思维,反映了内容产品的受关注度及传播载体的参与互动状况,内在地决定了其生命力。在用户思维下,最主要的就是要实现内容产品的精准推送。为此,基于移动互联思维的变革创新,需要围绕其核心特征积极探索路径。基于社交媒体的社群传播思维,实现社交化功能是其首要任务。融合媒体构建的虚拟社区、虚拟群(组),能够给予其成员在群内的个性化表达,以及产生情感上的共鸣、交融,能够有效促进融合媒体与人民群众之间的互动,进而有利于提升教育宣传的实效。基于社会治理的服务型治理思维,区别于以单向度、缺乏互动交流为特征的集权型治理思维,更多地体现了以人民群众为中心的工作原则,更能够走进人民群众的心灵深处,更容易激发人民群众对意识形态教育内容的认知与认同。

(三)细分受众群体,实施精准传播

马克思主义意识形态理论具有一定的思辨性特征,这内在地决定了马克思主义意识形态理论难以在所有受众群体中实现自适应,这自然会影响到马克思主义意识形态理论的传播效果和认同建设工作的深度推进。根据传播学理论,面向受众群体的传播信息,如具有明确的针对性和指向性特征,传播达到预期的效果就会更加理想。2016年2月,习近平总书记在《提高党的新闻舆论传播力引导力影响力公信力》中指出:"要适应分众化、差异化

---

① 《坚持军报姓党坚持强军为本坚持创新为要　为实现中国梦强军梦提供思想舆论支持》,《人民日报》,2015年12月27日。

传播趋势,……推动融合发展,主动借助新媒体传播优势。要抓住时机、把握节奏、讲究策略,从时度效着力,体现时度效要求。"①为此,在当前大数据、云计算和人工智能等技术的有力保障和支撑下,克服传统"大水漫灌"式的马克思主义意识形态教育模式局限,推动马克思主义意识形态理论在人民群众中间真正入脑入心,实施精准传播策略无疑是有效的应对之策。

所谓精准传播,是指在大数据、云计算和人工智能等技术的支持下,传播者根据受众群体的差异性特点对受众群体进行精准的划分,辅之以有明确针对性、指向性和相匹配的传播内容,并结合时空、互动反馈等因素,从而使得相匹配的传播内容更加具有传播效力,使得传播者的传播意图、目的更容易达成。精准传播依托的理论框架是"7R"模式,即 Right medium(恰当的媒介), Right information(恰当的内容), Right time(合适的时间), Right communicator(合适的传播者), Right audience(合适的受众), Right feedback(适时互动反馈),Right effect(合适的效果),它克服了"5W"模式单向度、无互动交流的局限,使得整个传播过程形成一个闭环状况(见下图),这样的闭环传播更具传播力和影响力,传播效果更佳。

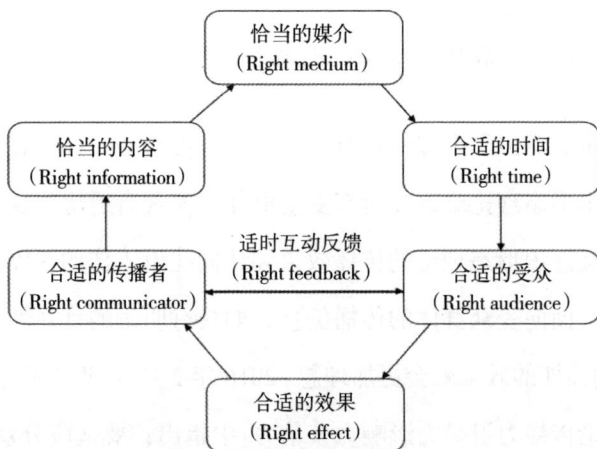

图 4.1　精准传播:"7R"模式

---

① 《习近平谈治国理政》(第二卷),外文出版社,2017 年,第 333 页。

在新时代提升马克思主义意识形态认同建设工作中，实施精准传播策略，是符合马克思主义的具体问题具体分析的方法论要求的。习近平新时代中国特色社会主义思想中也蕴含着精准这一具有明确指向性的策略方法，习近平总书记在谈到关于扶贫、脱贫的问题时就曾指出，必须"在精准施策上出实招、在精准推进上下实功、在精准落地上见实效"①。当前，实施马克思主义意识形态理论精准传播，增强意识形态认同教育的实施效果，需要在精准划分目标群体、优化传播内容及优化传播交互过程等方面下功夫。

精准划分目标群体。细分受众群体，是马克思主义意识形态理论实施精准传播策略的首要前提。借助日益成熟的大数据、云计算等技术方法，科学统计目标受众的网络搜索记录、浏览记录、社交评论行为等信息数据，关联分析出他们的兴趣爱好、人际关系、生活方式和日常活动的时间空间等社会属性，从而为实施优选传播内容的适时、适地和适配的精准性投放打下坚实的基础。

优化传播内容。优选后(恰当)的传播内容契合于目标受众的喜好需求，是提升马克思主义意识形态理论传播效果，提升人民群众对马克思主义意识形态理论认同度的关键。受众群体对马克思主义意识形态理论的理解和认知能力是不尽相同的，因而需要结合细分后目标受众的认知状况及诉求、需要特点，优选有针对性和相匹配的马克思意识形态理论内容及受众喜爱的理论话语表现形式，以增强马克思主义意识形态理论精准传播的鲜活性和实效性。当然，优化优选传播内容并不等于一味地迎合受众的喜好需求，在意识形态内容灌输时也要注重教育内容的完整性、系统性。

优化传播过程。对目标群体实施马克思主义意识形态理论精准传播时，遴选好恰当的传播时机和正确的传播方式极为关键。现代传媒的即时发送

---

① 《习近平谈治国理政》(第二卷)，外文出版社，2017年，第84页。

和定时推送功能为传播时机的遴选提供了便利,在关乎民生的重点、热点领域,或者是重大的突发事件,在恰当的时间及时向目标群体发布相关讯息,并且时刻关注目标受众的反馈动态,以便于适时调整精准传播节奏,这样就能控制好整个传播过程,更能够让人民群众领略马克思主义意识形态理论的现实关照力,从而高效助推人民群众对马克思主义意识形态认同度的提升。

四、实施分众化教育推动认同度提升

分众化(customization)这一概念,最早被广泛运用在传播学领域,它是相对于群体化传播特征而言的。1990 年,美国未来学家阿尔文·托夫勒在预言未来新闻传播的发展趋势时认为,随着社会上信息传播渠道的日益增多,新闻媒介的服务对象将由原先的整体大众分化为拥有共同兴趣或共同利益的群体。十多年后,分众化这一词语成为社会、政治、经济等领域中使用频率较高的词汇。分众化,最初是指在传播学领域中,传播者为更好地达成传播目标,根据目标受众不同的兴趣爱好、需求,对他们进行有指向性的媒介传播。譬如,电视可以分众为体育频道、电影频道、动画频道、新闻频道、财经频道等,广播可以分众为交通频道、文艺频道、生活服务频道等,报纸可以分众为日报类、晚报类、文摘类、教育类等。

马克思主义意识形态认同工作分众化,是指在推进马克思主义意识形态认同建设工作进程中,依托大数据等科学方法对目标受众群体的思想特征、价值行为方式、利益需求、职业等进行统计、归纳和分类,依据分类后不同目标受众群体的特点,优化所传播的马克思主义意识形态理论内容及传播方式,以求达到更好的传播效果。实施马克思主义意识形态认同工作分众化策略,蕴含着马克思主义具体问题具体分析等方法论原则,能够有效避免认同推进工作的盲目性和随意性。正如马克思在《对批判的批判所做的批

判——驳布鲁诺·鲍威尔及其伙伴》中要求的那样,"我们的阐述自然要取决于阐述的对象"①。综观我国的革命时期、建设时期和实行改革开放以来,党的历代领导人历来重视分众化策略在我国经济社会发展实践中的运用。1943 年 6 月,毛泽东在谈到带领人民群众去实施党的路线方针时指出:"群众又大致分为积极的、中间状态的和比较落后的三部分,因此领导者必须善于团结少数积极分子,作为领导骨干,并凭借这批骨干去提高中间分子、争取落后分子。"②1978 年 4 月,邓小平在全国教育大会上针对学校要培育具有社会主义觉悟的新人时指出,"不能不承认每个人在成长过程中所表现出来的才能和品德的差异,并且按照这种差异给以区别对待,尽可能使每个人按不同的条件向社会主义和共产主义的总目标前进"③。

1993 年 3 月,江泽民在党的十四届二中全会上,针对改进领导方法和工作作风时指出,要"体察群众的冷暖疾苦,了解群众的所思所想,解决群众的实际问题,总结群众的创造,注重解剖麻雀,加强分类指导"④。2008 年 6 月,胡锦涛在考察人民日报社针对媒体分众化的现象时指出,"要从社会舆论多层次的实际出发,研究媒体分众化、对象化新趋势,以党报党刊、电台电视台为主,整合都市类媒体、网络媒体等多种宣传资源,努力构建定位明确、特色鲜明、功能互补、覆盖广泛的舆论引导格局"⑤。2016 年 2 月,习近平总书记在党的新闻舆论工作座谈会上指出,"要适应分众化、差异化传播趋势,加快构建舆论引导新格局。要推动融合发展,主动借助新媒体传播优势。要抓住时机、把握节奏、讲究策略,从时度效着力,体现时度效要求"⑥。

---

① 《马克思恩格斯文集》(第一卷),人民出版社,2009 年,第 253 页。

② 《毛泽东哲学思想史》,中国人民大学出版社,2011 年,第 406 页。

③ 《邓小平思想年编:1975—1997》,中央文献出版社,2011 年,第 123 页。

④ 《江泽民论加强和改进执政党建设(专题摘编)》,中央文献出版社、研究出版社,2004 年,第505 页。

⑤ 《胡锦涛文选》(第三卷),人民出版社,2016 年,第 64 页。

⑥ 《习近平谈治国理政》(第二卷),外文出版社,2017 年,第 333 页。

从当前我国的社会结构特征、阶层分化等现实因素来看,在人民群众中间推进马克思主义意识形态认同建设工作,采取分众化的实施方法已是提升意识形态认同工作有效性的一种必然进路。实施分众化策略,对不同的目标受众群体采取实事求是、区别对待的传播方式方法,有助于马克思主义意识形态理论真正融入人民群众的日常生活,有助于提高意识形态认同工作的实效性和加快意识形态认同工作的整体进度。根据人民群众的认知状况、价值行为选择方式、利益需求等不同特点,本书将人民群众主要划分为国家与社会管理者群体、工人、农民、在校大学生和新的社会阶层五个主要群体。

(一)国家与社会管理者群体

该群体主要是由党政机关、社会团体机关、国有企事业等单位中的有管理权、决策权的领导干部组成。国家与社会管理者群体,整体文化水平和理论素养较高,理解能力、接受能力和执行能力较强,是推动我国经济社会发展的重要中坚领导力量,是新时代提升马克思主义意识形态认同工作的领导者、组织者和引领者。国家与社会管理者群体的马克思主义信仰状况、价值行为方式如何,对人民群众的马克思主义意识形态认同有着必然的正相关关系。

习近平总书记在中央党校建校90周年庆祝大会暨2023年春季学期开学典礼上强调,对领导干部来说,马克思主义这个看家本领掌握得越牢靠,政治站位就越高,政治判断力、政治领悟力、政治执行力就越强,观察时势、谋划发展、防范化解风险就越主动。

然而,当前国家与社会管理者群体对马克思主义意识形态的认同度并没有达到理想的效果,将马克思主义束之高阁、工具化,或是只说不做、只说假做,领导干部价值行为失范、思想道德式微、双面人等现象依然存在。因而,为使新时代马克思主义意识形态认同建设工作顺利推进并取得实效,作为教育传播主导者和引领者的管理者群体，需要在强化马克思主义理论素养、增强个体党性修养、拓宽与人民群众沟通渠道等方面加以着力。

第一，强化马克思主义理论素养。党和政府历来重视对领导干部的马克思主义理论素养的培育，习近平总书记在纪念马克思诞辰 200 周年时指出："要把读马克思主义经典、悟马克思主义原理当作一种生活习惯、当作一种精神追求，用经典涵养正气、淬炼思想、升华境界、指导实践。"[①]为此，国家与社会管理者群体需要用马克思主义理论涵育自身的理论素养，始终坚持和运用马克思主义的立场观点和方法，禁绝两面人现象，做言行一致的真正信仰马克思主义的马克思主义者，积极维护、自觉践行和主动传播马克思主义，切实提高马克思主义理论指导工作实践的能力。

第二，增强个体党性修养。面对纷繁冗杂的国际国内环境，增强国家与社会管理者群体个体的党性修养，需要在坚定理想信念、执政为民的权利观和牢固树立四个意识等方面重点培育。坚定的理想信念是领导干部的政治灵魂，如果理想信念不坚定就会得软骨病，精神上就会缺钙，实现中华民族伟大复兴的前进动力就会丧失殆尽。树立正确的执政为民权利观，牢记使命，不忘初心，禁绝滥用公权力现象的发生，持续增强公仆意识，使权利体现在全心全意为人民服务上。四个意识是根本遵循，要树牢"四个意识"、坚定"四个自信"，坚决做到"两个维护"，勇于担当作为、求实奋进，要破除上有政策下有对策、欺上瞒下的陋习，不断彰显领导干部群体始终为人民的正能量和示范带头作用。

第三，拓宽与人民群众的互动沟通渠道。国家与社会管理者群体要利用好新媒体平台、网络平台，畅通与人民群众间的联系渠道，及时获取关乎人民群众切身利益的诉求，减少因中间环节过多而导致的诉求信息失真，为马

---

① 习近平：《在纪念马克思诞辰 200 周年大会上的讲话》，人民出版社，2018 年，第 2 页。

克思主义指导下的政策调整、制定提供直接依据,使马克思主义始终维护和代表人民群众的利益诉求,从而不断提高管理者群体的公信力和凝聚力,为马克思主义意识形态认同工作的有效推进打下坚实的群众基础。另外,国家与社会管理者群体要始终坚定人民立场,树立为人民群众解决问题的工作思维,在解决人民群众急难愁盼等问题中,虚心接纳人民群众的各种建设性的意见和建议,始终将人民群众是否满意作为检验自身工作是否到位的根本标准。

(二)工人群体

工人阶级是中国式现代化伟大建设事业的领导阶级,工人群体对马克思主义意识形态理论认同的状况如何,直接关乎中华民族伟大复兴中国梦的成功与否。改革开放以来,随着我国工业化进程的加速和所有制改革的深入发展,出现了国企改制、产业结构调整、私企外企份额增加等新的情况,使得当前工人阶级的群体构成也发生了新的变化。农民工、知识工人、私企外企工人的出现,改变了以往以国企职工、城镇工人为主的工人群体的构成结构,壮大了工人群体的队伍。农民工份额变大、国企职工份额变少及服务业工人份额超过工业工人的份额等变化,使得工人群体的经济社会地位发生了急剧的分化,不同行业、领域的收入差距较大,分化现象明显。工人群体经济社会地位的分化,直接影响到他们的政治信仰和价值行为方式的选择。因此,为充分发挥工人阶级建设中国特色社会主义伟大事业的主力军作用,弘扬劳模精神和工匠精神,增强新时代工人阶级的使命感和自豪感,提升工人阶级的马克思主义意识形态认同度,需要在思想上高度重视工人群体的重要地位,政治上维护其根本权益,生活上解决好他们的实际困难等方面重点关注。

首先,思想上高度重视工人阶级的重要地位。中国共产党自成立之日起,就把自己定性为工人阶级政党,历来高度重视工人阶级。宪法也明确规定工人阶级是我国的领导阶级。党的十八大以来,习近平总书记始终崇尚劳动、关爱劳动者,多次就工人阶级和工会工作发表重要讲话、作出重要指示,多次强调工人阶级的领导地位和重要作用不容动摇、不容忽视,"工人阶级是我国的领导阶级,是我国先进生产力和生产关系的代表,是我们党最坚实最可靠的阶级基础"[①],"不论时代怎样变迁,不论社会怎样变化,我们党全心全意依靠工人阶级的根本方针都不能忘记、不能淡化,我国工人阶级地位和作用都不容动摇、不容忽视……把全心全意依靠工人阶级的根本方针贯彻到经济、政治、文化、社会、生态文明建设以及党的建设各方面,落实到党和国家制定政策、推进工作全过程,体现到企业生产经营各环节"[②]。因此,无论时代如何变迁,工人阶级的领导地位和伟大建设事业的主力军作用必须坚决捍卫、不容淡化。

其次,要在政治上维护好工人阶级的合法权益。根据新时代市场经济和工业化进程发展特点,要在完善法律法规、政策制定、技能培训、舆论宣传等方面,从根本上维护好工人阶级的合法权益,不断提升工人阶级的经济社会地位,为马克思主义意识形态认同教育的顺利开展打下坚实基础。

最后,在生活上解决好工人阶级的现实困难。工人阶级经济社会地位分化明显,国有垄断行业、新业态的知识经济部门的工人群体收入较高,传统产业工人群体、农民工群体和产业结构调整安置的工人群体经济收入普遍不理想。为此,面对分化严重的现实状况,亟需解决好他们所关心的收入分配、医疗保险等福利保障问题,以及个人技能提升发展等问题,让工人阶级共享我国经济社会改革发展的巨大红利,不断增强他们共享现代化建设成

---

① 《习近平谈治国理政》,外文出版社,2014年,第45页。

② 习近平:《在庆祝"五一"国际劳动节暨表彰全国劳动模范和先进工作者大会上的讲话》,人民出版社,2015年,第11页。

果的获得感、幸福感、安全感,从而引领他们坚定马克思主义信仰和跟党走中国特色社会主义道路的信念。

(三)农民群体

实现中华民族伟大复兴中国梦,实现乡村全面振兴,实现农业强、农村美、农民富,有效提升马克思主义意识形态理论的认同度,最为艰巨、最为关键、最为繁重的工作就是在于农村农民这一群体。改革开放以来,伴随着我国现代化建设和市场化建设的步伐,波澜壮阔的城镇化发展历程改变了当下农村的社会阶层结构。农民群体人数已由改革开放前的占据总人口比重的80%急剧减少为35%,根据国家统计局2023年2月公布的《2022年国民经济和社会发展统计公报》中的数据显示,截至2022年底,我国乡村总人口为49104万人,占据我国大陆总人口的比率为34.8%。农民问题是关系到我国国计民生的根本性问题,当前农民群体在我国各类阶层群体中总体上还是处于比较弱势的地位,虽然农民群体的价值行为方式基本上与马克思主义意识形态的总体要求相一致,但是农民群体中也存在诸如马克思主义信仰动摇、集体主义观念淡漠、道德行为失范,以及宗教迷信活动活跃的现象。为此,面对农民群体中出现的思想意识变化特征,必须加强农民群体的马克思主义意识形态理论教育,不断提高农民群体的文化道德素质和思想政治觉悟,这对于维护乡村社会稳定、实现乡村可持续发展及顺利实施乡村振兴具有重要的思想保证作用。

当下提升农民群体对马克思主义意识形态的认同度,需要加快实施党的二十大报告中提出的"全面推进乡村振兴"的重要战略,早日实现"乡村产业、人才、文化、生态、组织振兴"的奋斗目标,解决好农民群体的切身利益问题,不断提高农民群体的社会地位。第一,深化农村农业改革。农业农村改革主要集中在土地制度、集体产权制度、农业支持和保护机制,以及农村治理制度等方面的改革,为此,需要根据乡村振兴的总体战略规划,在维护农民群体根本性利益的前提下,因地制宜加以改革推进,不断激发农村各要素活力和农民群体的信心,让农民群体切实感受到改革带来的获得感和满足感。第二,持续推进农村劳动力转移。增加当前农民群体的经济收入,总体上来讲,短期内有效可行的进路依然是推进农村劳动力转移。为此,需要不断减少农业劳动力所占的比例,进一步加快城镇一体化建设,推动户籍制度改革向深度发展。第三,优化农业结构,壮大农村发展的新产业。根据市场需求做好农产品的种植、生产规划,另外,可以在开发乡村旅游休闲产业、农产品网络销售产业、农产品加工业和农业生产性服务业等特色产业方面重点谋划,以便于带动农村发展和农民群体的经济增收,不断拓宽农民群体的增收致富渠道。

(四)大学生群体

青年大学生,承载着伟大时代使命,肩负着国家富强、民族振兴的历史重任,是我国实施科教兴国战略、全面建成社会主义现代化强国、实现第二个百年奋斗目标和以中国式现代化全面推进中华民族伟大复兴中国梦的重要人力资源。大学阶段是青年大学生健康成长和勤奋学习的重要黄金时期,也是人生观、价值观和世界观科学养成的关键时期。党和政府高度重视青年大学生的马克思主义素养塑造和健康成长。2016 年 12 月,习近平总书记在全国高校思想政治工作会议上指出:"要坚持不懈传播马克思主义科学理论,抓好马克思主义理论教育,为学生一生成长奠定科学的思想基础。……要教育引导学生正确认识世界和中国发展大势,……不断树立为共产主义远大理想和中国特色社会主义共同理想而奋斗的信念和信心。"①当前,青年大

---

① 《习近平谈治国理政》(第二卷),外文出版社,2017 年,第 377~378 页。

学生大都成长于改革开放后物质生活富足、思想意识多元、文化多样的时代,由于西方资本主义敌对意识形态渗透、自身社会阅历浅、辨析力不足等多方面原因,使得他们的马克思主义信仰和对马克思主义意识形态的认同度参差不齐。

为消除青年大学生马克思主义信仰弱化现象,有效引导和帮助青年大学生塑造马克思主义素养,促进和提升青年大学生对马克思主义意识形态的认同度,应在理论确证、完善教学方法、营造良好校园文化环境等路径方面加以改进和完善。

第一,阐释好马克思主义意识形态的科学性,确保理论得以现实确证。理论无法得以现实确证,其认同度必然就会走低。大学生群体思想活跃、问题意识强,需要将马克思主义理论伟力的彰显与大学生的学习、生活和未来发展紧密结合起来,解释其成长过程中遇到的疑惑和问题,激发大学生对马克思主义意识形态的情感共鸣和认知认同。

第二,加强和改进教育教学方式,增强大学生对马克思主义意识形态的行为认同。要遵循大学生群体的心理特点和认知发展规律以及认同的生成规律,尊重大学生的主体性地位,充分利用好新媒体这一技术平台,采用正面鼓舞反面警醒的案例教学和实践型教学的方式方法,通过小故事来阐释大道理,通过巨大发展成就的事实来展现理论的科学力,从而强化大学生对马克思主义意识形态的情感认同。

第三,以文明校园创建为契机,营造提升马克思主义意识形态认同度的文化氛围。在文明校园创建过程中,要将马克思主义意识形态认同教育与校园文化活动、营造良好的校园环境氛围有机结合起来,依托校风、校训、大学精神、精品校园文化活动、第二课堂、社会大课堂等载体,对大学生群体进行精神渲染教育,进一步增强马克思主义意识形态认同教育的氛围。

第四,注重培育大学生批判性思维和历史思维的养成与发展,不断增强抵御错误社会思潮的侵蚀的免疫能力。数字技术和网络技术的迅速发展,使得大学生处于日益膨胀的海量信息中,隐含敌对势力意识形态和错误社会思潮的信息掺杂其中,容易造成大学生形成海绵式思维。因此,为有效预防和克服海绵式思维带来的驯化、盲从等种种弊端,需要注重建构大学生的批判性思维。培育开发大学生的批判性思维,已是各国和国际组织的普遍性共识。2015 年,联合国教科文组织在发布的《实现可持续发展目标 4—2030 教育行动纲领》中明确提出要注重建构大学生的批判性思维。习近平总书记也强调:"要更加重视人才自主培养,更加重视科学精神、创新能力、批判性思维的培养培育。"[①]批判性思维是一种理性的、反思性的思维,彰显着马克思主义哲学的思维品质,其目的是大学生在参与经济社会实践活动时能够确立正确的信仰信念和行为方式。批判性思维是重在凸显辨析、质疑、解构、重构的思维认识活动,因而在教育实践过程中,需要注重培育大学生运用批判性思维辨别真伪、理性传播分享信息的能力。

历史思维,是指大学生在认识、解释和改造经济社会发展的活动中,运用历史的、整体的、联系的眼光来处理问题的思维活动方式。历史思维在认知活动中强调的是运用联系、整体的方法来审视、辨别,与孤立式、片段化、有选择性的思维认知模式相对立。当前,在各种所谓的历史解密、历史真相等虚假信息肆虐网络的时代,着力建构历史思维,有助于大学生提升抵御历史虚无主义危害侵蚀的能力,有助于构筑我国网络空间意识形态领域安全的坚强屏障。由于全媒体生态环境下传播主体多元、把关人信息管控存在一定的滞后性,为西方国家的文化殖民、历史虚无主义等错误思潮的滋生蔓延提供了"温床"。文化殖民、历史虚无主义思潮利用大学生历史文化知识的薄弱和信息的不对称,假借学术研究之名肆意裁剪历史、恶搞历史,希冀颠覆、

---

① 《习近平谈治国理政》(第四卷),外文出版社,2022 年,第 202 页。

扰乱大学生正确的历史文化认知，其根本目的就是否定马克思主义指导思想、中国共产党执政的唯一性和合法性，以及中国走社会主义道路的必然性。因此，更好地引导大学生坚定历史自信、文化自信，增强对文化霸权、错误思潮的抵御能力，在教育实践过程中培育大学生整体的、联系的历史思维颇为重要。

（五）新社会阶层

改革开放以来，伴随着我国市场经济体制的深入发展和社会经济结构的调整，在原有"两个阶级一个阶层"的社会阶层结构基础上产生了新的社会阶层。根据2015年党中央颁布的《中国共产党统一战线工作条例（试行）》文件中的内容，新的社会阶层主要是包括四个群体，即私营企业和外资企业的管理人员和技术人员，中介组织和社会组织从业人员，自由职业人员，新媒体从业人员。据2021年调查统计，全国新的社会阶层人士总体数量约为9100万人，他们广泛活跃在非公有制经济和社会领域的各行各业、各个方面，呈现分布面广、分散性强、流动性大等鲜明特征。新社会阶层主要以中青年为主，年龄大都集中在36~45岁之间，文化水平普遍较高，社会地位也很显著，收入状况明显高出社会平均水平，是推动我国经济社会发展的重要建设力量，他们的政治态度、价值观念和行为方式对马克思主义意识形态认同工作的进展有着重要的影响。

现阶段提升新社会阶层对马克思主义意识形态理论的认同度，需要在理念引导、利益调控和约束及榜样引领等方面加以重点展开。

第一，理念引导，主要依托现代传播体系的传播技术和手段，通过相关培训、走访慰问、发展论坛、信息推送等感性与理性相结合的教育宣传方法，有针对性地进行宣传教育。第二，建立利益调控和约束机制，使得契合马克思主义意识形态理论要求的新社会阶层人员能够获得经济、政治等方面的利益,譬如税费减免、给予适当的政治安排等;而对于与马克思主义意识形态理论要求相违背的人士,则予以相应的惩戒和约束,譬如建立诚信和信用档案库,从而促使他们的社会活动更加规范化。第三,榜样引领,充分发挥其正能量的示范作用。新的社会阶层人员中,很多都是各行业的领军人物,要注重选树行业中的榜样,以榜样的人格魅力去感染和影响身边的人,带动他们坚定马克思主义信仰和跟党走中国特色社会主义道路的信念,从而推动和提升整个新社会阶层对马克思主义意识形态的认同度。

第三节　推进马克思主义意识形态认同的机制保障

新时代有效提升人民群众对马克思主义意识形态的认同度,引导人民群众坚定马克思主义信仰,坚定共产主义信念和中国特色社会主义共同理想,是一项体量庞大、系统复杂、持久性强和整体性要求高的重大战略工程,不仅需要抓住主要矛盾,厘清实施重大战略工程的关键所在,建构针对性较强的形而下的有效应对路径、策略,还需要不断强化和完善推进马克思主义意识形态认同的制度保障建设。2016 年 12 月,习近平总书记在新闻舆论工作座谈会上指出,"党的新闻舆论工作必须创新理念、内容、体裁、形式、方法、手段、业态、体制、机制,增强针对性和实效性"①。机制是制度的具体化呈现形式,加强和完善制度建设是新时代有效推进马克思主义意识形态认同战略的重要组成部分。马克思主义认为,所谓制度就是指"个人之间迄今所存在的交往的产物"②。制度是人们在互相交往中的所生成的产物,它具有协调性、强制性、规范性、整合性、激励性等特征,对于经济社会的和谐稳定和有序发展有着至关重要的作用。为更好地加强和完善马克思主义意识形态

---

① 《习近平谈治国理政》(第二卷),外文出版社,2017 年,第 333 页。

② 《马克思恩格斯全集》(第三卷),人民出版社,1960 年,第 79 页。

认同战略的制度保障建设,需要在主体责任制度、法治保障机制和预警联动机制等方面加以重点关注。

一、完善认同建设工作的主体责任制度

全面推进马克思主义意识形态认同工作,各级党委、党总支、党支部、党小组要担负主体责任。各级党组织主体责任落实得是否彻底,攸关马克思主义意识形态认同工作向纵深发展的有效推进,攸关实现第二个百年奋斗目标、建设社会主义现代化强国、以中国式现代化全面推进中华民族伟大复兴中国梦等宏伟战略规划的实施进展,攸关党和国家发展的前途命运。2013年8月19日习近平总书记在全国宣传思想工作会议讲话中,明确指出了意识形态工作对于我国经济社会发展的极端重要性,"各级党委要负起政治责任和领导责任,加强对宣传思想领域重大问题的分析研判和重大战略性任务的统筹指导,不断提高领导宣传思想工作能力和水平"①。将各级党组织作为马克思主义意识形态认同工作的责任主体,既抓住了马克思主义意识形态认同工作的关键,又能够有效保证新时代马克思主义意识形态认同工作的成效。

各级党组织在新时代推进马克思主义意识形态认同工作过程中承担的主体责任,主要由主体责任的具体内容及基本要求、主体责任的具体构成要素和追责问责等三个维度的内容构成。主体责任的具体内容,主要包括政治责任、法定责任和首要责任三个方面。政治责任,是指各级党组织要按照党和国家的总体部署,思想上高度重视马克思主义意识形态认同建设工作,并且在实践行动中认真加以贯彻落实。法定责任,是指党和政府颁布的关于推进意识形态相关工作实施意见、细则等条例法规中,明确规定各级党组织、个人应该承担的责任和义务。首要责任,顾名思义,是指各级党组织在推进

---

① 《习近平谈治国理政》(第一卷),外文出版社,2018年,第156页。

马克思主义意识形态认同过程中责无旁贷、承担第一位的责任。主体责任的基本要求是,建设一支勇于担当、奋力作为的人才队伍;各级领导干部要身先士卒、率先垂范;切实以维护和代表人民群众利益为工作的出发点等。主体责任的构成,是一个系统的、整体性的责任体系,而不是对主体责任就某一维度进行单独的划分,主要由领导责任、集体责任和第一责任等要素构成。集体责任是针对党组织班子而言,领导责任是针对各级党组织的书记而言,第一责任是针对党组织班子成员中的分管领导而言,他们共同构成了主体责任的系统的、整体性的责任体系。追责问责,是指在推进马克思主义意识形态认同工作过程中,如果认同工作落实不到位或是出现重大工作失误,就要对照颁布的条例法规,依法依规追究、处罚相关工作的责任人。

为进一步深化和明确马克思主义意识形态认同工作中的总体要求、主体责任、主要责任、阵地范围和考核追责等职责内容,党中央先后于 2015 年10 月、2016 年 4 月、2017 年 8 月、2019 年 6 月出台了《党委(党组)意识形态工作责任制实施办法》《党委(党组)网络意识形态工作责任制实施细则》《党委(党组)网络安全工作责任制实施办法》《中国共产党宣传工作条例》等文件条例,对于加强各级党组织对宣传工作的全面领导、严格落实意识形态工作责任制提供了原则遵循,并将意识形态工作纳入《中国共产党纪律处分条例》《中国共产党党内监督条例》《中国共产党巡视工作条例》《中国共产党问责条例》《党政领导干部考核工作条例》等党内监督保障法规中,这些重要举措有力推动和保障了马克思主义意识形态认同建设工作的顺利展开,有效提升了马克思主义意识形态认同工作的规范化和制度化水平,初步形成了各级党组织领导以身示范、宣传思想部门牵头、多部门联动、人民群众参与热情高涨和追责问责明晰的发展格局。

自意识形态工作责任制实施以来,我国在有效推进马克思主义意识形态认同工作方面取得了良好的成绩,但是,各级党组织在主体责任制度建设落实、履责能力等方面依然存在一些突出的问题。主体责任意识还不够强。一些党组织的领导班子，对担负意识形态认同工作主体责任的认识还不到位，主动履行主体责任的自觉性、积极性还不够高，实践过程中"中庸"思想在一定范围内依然存在；权责不明、界限不清。马克思主义意识形态认同工作的具体责任划分和相关规定还不够科学，集体责任、领导责任、第一责任等责任分解不清，相应工作内容的分工也不太明确；考核评估机制还不健全。考核评估的主体较单一，考核评估方式"老套"，考核评估的标准及一、二级考核评估指标体系的设置还不够科学，马克思主义意识形态认同工作的考核评估结果并没有被普遍运用到干部的晋升、测评中，考核评估的权威性和导向性也有待于进一步的优化。

新时期完善各级党组织的主体责任制度，推进马克思主义意识形态认同工作向纵深发展，有效提升人民群众对马克思主义意识形态的认同度，前提是要不断强化各级党委、总支的主体责任意识，激发其敢于担当、奋力作为的自觉性和积极性；核心是要厘清责任边际和责任清单，建章立制，科学划分责任人的责任归属；关键是要严格执行考评机制，以目标绩效考核为导向，确保主体责任落到实处、取得实效。前提、核心和关键这三者相辅相成、相互关联、逐步深入，组成了落实马克思主义意识形态认同工作党委主体责任的有机整体。第一，不断增强责任主体的责任意识、担当意识、有为意识和危机意识。思想意识是否到位，是责任主体履职尽责和采取有效行动的先决条件。新时代马克思主义意识形态认同建设工作向纵深发展，必须建立在各级党组织在思想上高度重视的基础上。为此，面对新时代意识形态领域斗争的复杂形势，有效推进马克思主义意识形态的认同度，需要持续强化各级党委、总支的主体责任意识、勇于担当意识、奋发有为意识和时不我待的危机意识，让责任意识、担当意识、有为意识和危机意识厚植于各级党委、总支、班子成员的内心深处，不断激发责任主体主动履职尽责的积极性和自觉性，时刻关注马克思主义意识形态认同这项重大政治任务的落实、推进情况,从而全力推动马克思主义意识形态认同工作的有效开展。

第二,完善责任清单机制和外部动力传导机制。完善责任主体的责任清单机制和外部动力传导机制,有利于从根本上为提升马克思主义意识形态认同度提供制度性的保障。制度性的保障机制对责任主体有着强烈的规范、制约和监督功能,从制度层面对责任主体的责任进行界定、分解,并对其责任归属进行科学划分,有利于避免责任界限模糊、有交叉现象的发生,有利于激发各级党委、总支作为责任主体的主体意识,从而保证马克思主义意识形态认同工作的实施效果。责任主体的外部动力,主要是基于人民群众对马克思主义意识形态的经济等功能的现实关照力的期盼,人民群众的热切期盼和积极参与可反向转化成为激发责任主体的担当意识、有为意识的外部力量。因而,各级党组织需要整合内、外部动力因素,进一步完善提升马克思主义意识形态认同度的机制建设,将来自人民群众期盼的外部动力转化为激发自身主体责任意识的内部源动力,推动马克思主义意识形态认同建设的稳健、良性发展。

第三,完善以考核为导向的考评机制。以考核机制推动责任主体的责任落实,发挥奖惩机制对责任主体的反向激励功能,是推动马克思主义意识形态认同度提升的关键环节。制度经济学原理表明,一项制度的实施效果如何,往往取决于其奖惩机制是否完备,以及奖惩机制是否得以严格执行。因此,新时代要根据我国经济社会发展的新形势、新特点,以目标绩效考核为根本导向,进一步完善责任主体的考评机制,将意识形态责任制落实情况作为考核党委、总支领导班子、班子成员个人的工作绩效考核的核心指标,对本单位、本区域出现问题的党组织实行零容忍态度,对领导班子集体及其具体责任人要坚决予以追责问责。另外,要持续加强各级党组织及其成员的意识形态工作能力建设,对当前社会上出现的价值失范行为、不当言论和错误思潮应旗帜鲜明地予以批驳,展现马克思主义意识形态理论的强大正能量,充分发挥党员干部"聚是一团火,散是满天星"的示范引领作用,展现各级党员干部的辐射力、凝聚力和影响力,切实维护马克思主义意识形态的领导权、话语权,助推马克思主义意识形态认同工作的顺利开展。

二、完善认同建设工作的法治保障体系

新时代推动马克思主义意识形态认同建设工作又好又快地向纵深发展,不断提升人民群众的马克思主义意识形态认同度,充分发挥马克思主义意识形态在经济社会发展实践中的引领功能、凝聚功能,必须重视与认同建设工作相关配套的法律法治保障体系建设。法律是治国之重器,可以通过其强制力来规范和引导人民群众的社会行为,从而维护社会有序、和谐和稳定发展。在全面推进依法治国的背景下,马克思主义意识形态认同建设工作更需要从推动法治建设的视域出发,依托相关法律的强有力的强制性、规范性等保障功能,用强大的现代法治力量去维护马克思主义在意识形态领域内的主导权和话语权,不断强化完备的法治体系对推动马克思主义意识形态认同建设工作的保护功能和重要地位。

习近平总书记在党的二十大上着重强调了要坚持全面依法治国、推进法治中国建设的总体目标,要"坚持走中国特色社会主义法治道路,建设中国特色社会主义法治体系、建设社会主义法治国家,围绕保障和促进社会公平正义,坚持依法治国、依法执政、依法行政共同推进,坚持法治国家、法治政府、法治社会一体化建设,全面推进科学立法、严格执法、公正司法、全民守法,全面推进国家各方面工作法治化"①。回顾改革开放四十多年来,尤其是党的十八大以来,我国在各领域推进依法治国方面取得了辉煌的成就,有

---

① 《党的二十大文件汇编》,党建读物出版社,2022年,第31页。

力地保障了经济领域、生态文明领域、社会领域等领域的良性发展。但是在推进中国特色社会主义先进文化建设领域和推进马克思主义意识形态认同建设方面,相关的立法立规、制定修订则呈现出一定的滞后性和恰适性不高的特点,尤其是与信息技术互联、新兴传播媒体涌现等这些新的时代特征相对应配套的法律法规建设更是需要加强立法和进一步的有效管控。马克思主义意识形态认同建设工作亟需现代法治的强力支撑。

第一,完备的法律和法治体系,可以为新时期马克思主义意识形态认同向纵深有序发展提供强有力的秩序规范保障。法律的制定基于一定的道德内容,换句话说,法律是某种道德内容的制度化的体现。法律与其相应道德内容的不同之处在于,法律是以国家强制力为坚强后盾,从而确保人民群众的相关权益得以有效维护。法律的强制实施功能明确规定了人民群众的价值行为方式,诸如哪些应为、哪些可以为、哪些行为是明令禁止的,等等,从而有效保证了立法目的的实现。当前,消解马克思主义信仰和动摇中国特色社会主义道路的不良社会思潮依然甚嚣尘上,图谋颠覆社会主义中国的境内外敌对势力依然蓄势欲动,不明真相的人民群众被蛊惑而参与危害社会良好秩序的事情时有发生。有效应对这类危害行为,提升人民群众的马克思主义意识形态认同度亟需法律法治体系的强力支撑。

第二,法律法治体系传递出的价值导向,能够有效助推人民群众对马克思主义意识形态理论的理论认同、情感认同和行为认同。法律思想是上层建筑中的重要组成部分,具有显著的权威性和恒定性特征。完备的关于推进马克思主义意识形态认同的法律法治体系,是从国家政策维度对马克思主义意识形态理论这一指导思想的认同和肯定,是通过法律的权威性和恒定性来传递出它的价值导向功能。回顾以往,一段时期内的思想文化建设明显让位于经济建设,市场竞争和利益至上的观念更是使得人民群众的价值观念体现出物质化的倾向,部分人民群众对马克思主义意识形态理论束之高阁、难以入脑入心。新时期建立完备的法律法治体系,有助于引领和强化人民群众对马克思主义意识形态理论的理论认同、情感认同和行为认同。

近年来,党和政府在维护马克思主义意识形态安全和推进认同方面,颁布了一些法律法规,也成立了相应的领导机构和监管机构,如 2014 年 2 月成立中央网络安全和信息化领导小组,2015 年 7 月颁布新的《中华人民共和国国家安全法》,2016 年 11 月颁布《中华人民共和国网络安全法》,2017 年 6 月颁布施行的《中华人民共和国国家情报法》,2021 年 1 月 1 日起施行的《中华人民共和国民法典》,2022 年 11 月 4 日印发的《关于切实加强网络暴力治理的通知》等,以及《关于培育和践行社会主义核心价值观的意见》《新时代爱国主义教育实施纲要》《关于促进移动互联网健康有序发展的意见》《关于新时代加强和改进思想政治工作的意见》等一些制度法规。但是在实施法治保障的过程中,依然存在一些问题:①现有法律体系还不够健全,相关立法工作尤其是应对自媒体等新型传播平台的相关立法立规呈现出一定的滞后性。譬如 2018 年 4 月颁布实施的《中华人民共和国英雄烈士保护法》,就是因一些博眼球的大 V、网民和公司多次诋毁英烈后,并且在社会上造成不良影响时才得以立法颁布的。因而,相关立法立规需要适时跟进,及时遏止和处理各种危害马克思主义意识形态理论认同和消融民族精神的不良信息。②现有法律法规的震慑力还不够强,处罚力度偏轻。譬如屡禁不止的诋毁英烈事件,"××红领巾"事件、"××智能锁广告"侮辱排雷战士事件,侮辱"冰雕连"案件,侮辱、歪曲卫国戍边官兵祁发宝、陈红军、陈祥榕、肖思远、王焯冉等同志的英雄事迹和英雄精神等处罚力度明显偏轻,无法起到强力的震慑作用。对于那些肆意挑战民族精神底线的个人、公司或团体,应该从严从重处罚,必须起到"法律之剑出鞘、必定一剑封喉"的强力威慑效果。③相关审查工作还不够全面。党和政府多次强调意识形态工作的极端重要性,但是一些自媒体人、媒体、网站、监管部门等在思想上重视度不够,在对相关内容审查时不够严格、应付了事,致使诋毁党的领导、反马、反社会主义、宣扬资本主义意识形态价值观的事件屡屡发生。更有甚者,一些自媒体平台、网站为了博取眼球、赚取关注率,对一些反马、反社会主义、分裂国家的不负责任的言论、舆情放任不管,任由其发酵,任由其传播扩散误导不明真相的人民群众;舆情涉及的相关部门及网络监管部门也没有能够及时"在场",没有能够及时"亮剑"以正视听。

为有效克服当前马克思主义意识形态认同法治保障体系中出现的问题,进一步完善认同建设工作的法治保障体系,为新时代马克思主义认同建设工作的顺利推进提供坚强的法治保障,需要在以战略思维指导相关立法、完善意识形态审查制度等方面加以着力。

第一,以战略思维指导相关立法,加大对违法违规事件的惩戒力度。我国经济社会的发展是有序、稳定向前推进的,保障马克思主义意识形态认同建设的法律法规也应该根据经济社会的发展而及时调整、完善。习近平总书记多次强调运用战略思维重要性,"要更加自觉地坚持和运用辩证唯物主义和历史唯物主义,增强战略思维、历史思维、辩证思维、创新思维和底线思维能力"①。为此,面对我国经济社会发展的瞬息万变的特点,保障马克思主义意识形态认同建设工作的立法立规也需要运用战略思维来予以指导。运用战略思维指导立法立规,是指要把握事物是处于不断发展变化的这一根本性前提,善于从整体和全局的视角上来思考、谋划,并以长远的眼光客观辩证地对相应的内容进行立法立规,从而提高立法立规的针对性、前瞻性和权威性,不断增强现代法治体系的保障力。在立法立规的过程中,要加大对违法违规行为责任人的惩戒力度,现有的惩戒措施还不够严格,震慑力还不够强。

①《习近平总书记系列重要讲话读本》,学习出版社、人民出版社,2016年,第49页。

第二,完善意识形态工作责任制,加强法律监管。针对当前意识形态把关机制还不够健全、力度还不够大的现实问题,应抓紧建立和完善我国意识形态的工作责任制,以更好地维护马克思主义意识形态的指导地位和话语权、主导权。建立和完善关于意识形态的审查制度,首先,要在充分保证人民群众享有广泛言论自由权利的基础上,充分运用大数据分析技术等现代技术手段,即时筛选网络上出现的反马克思主义、反中国共产党的领导、反社会主义、煽动分裂国家的言论。对于那些超出学术争鸣范畴、直指反华的言论,要及时上报国家安全局、宣传部门等相关部门即时处理、即时监管、重拳打击,营造风清气正、健康和谐的舆论环境。其次,彰显法治体系的保障功能,不断强化法治能力,需要监管部门和相关责任部门勇于担负起法律赋予的神圣使命,公正司法,严格执法,努力将认同建设的相应工作引入法治化轨道,充分履行好宪法和相关法律赋予的神圣职责。另外,要持续加强相关法律的宣讲力度,不断增强人民群众的崇法、守法和用法意识,不断增强人民群众对非马意识形态的甄别力和抵抗力,从而为监管部门法治能力的提升构建良好的法治环境。

三、建立和完善认同建设预警联动制度

当前,我们比历史上的任何时期都更接近中华民族伟大复兴这个宏伟战略目标,但是,在越是接近实现中华民族伟大复兴中国梦的时候,我们更要清醒地认识到当前我国意识形态领域斗争的长期性、复杂性和艰巨性,更要清醒地认识到新时代有效开展马克思主义意识形态认同建设工作的关键所在,以及所处的复杂的国内外形势。党的十八大以来,我国意识形态领域内的总体态势是趋稳、向好的,党和政府牢固掌握着意识形态工作的主导权和话语权,对各种非马意识形态和社会思潮展开了旗帜鲜明的伟大斗争并取得了巨大成效,人民群众的马克思主义意识形态认同度也显著上升。但

是,意识形态领域内的主导权之争依然严峻,境内外反华敌对势力企图消融马克思主义意识形态的指导地位、消解人民群众的马克思主义信仰和中国特色社会主义信念的政治图谋从未停歇,国内经济体制改革和社会结构调整导致的利益分化给凝聚人民群众的思想共识无形中增添了难度,新兴媒体传播格局衍生的话语权给马克思主义意识形态教育、宣传和治理工作带来了巨大挑战。千里之堤,溃于蚁穴,意识形态领域内的这些复杂情况,亟需我们加快构建和完善马克思主义意识形态认同建设工作的预警联动体系。

马克思主义意识形态认同建设工作预警联动体系,主要是为了能够及早发现影响马克思主义意识形态认同的危害因子,及时向相关部门发出相应等级的警迅,以便于相关部门根据预警信息及时制定有针对性、最优化的化解对策,力争将影响认同的危害因子消解在萌芽状态,从而高效保证马克思主义意识形态认同工作的实施效果。现代认同建设工作预警体系(见图4.2)的建立,要充分发挥大数据技术(Big Data Analysis,BDA)的分析技术和分析能力等功能,对出现的危害因子进行趋近适时或者是适时的数据采集、分析,在对采集的数据资源有效整合的基础上,实现数据推动相关对策的最优化制定。2008年,人民网组建了舆情监测室,全面监测涉及文化、教育、金融、环保、司法等领域内的各级新闻媒体的出版物(含网络版)、网络论坛、微博等平台载体,并及时生成相应类别的研究报告,为相关决策的调整和完善提供了重要参考依据,充分地保障了人民群众的权益诉求,对于推进马克思主义意识形态认同工作具有重大的现实意义。虽然已有的监测体系切实保障了人民群众的权益诉求,推动了马克思主义意识形态认同建设工作的进程,但是因来自体系自身等多方面的原因,现有的监测体系呈现出部门之间联动机制不完善、技术运用存在困境、问责机制不健全等现实问题。

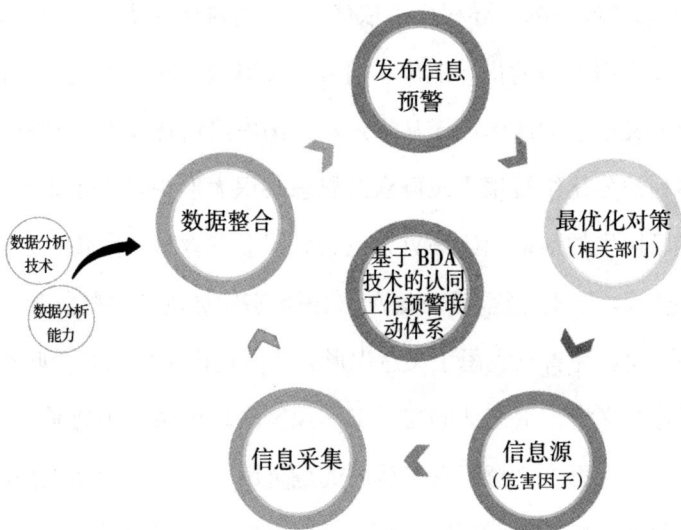

图 4.2 基于 BDA 技术的认同工作预警联动体系

第一,部门联动机制不完善。马克思主义意识形态认同工作预警联动体系中最优化对策的出台,需要多部门间高效率的协同配合。然而,由于现行的行政机制是层级式的,导致了体系发出的预警信息的传送,要经过单向度的"自下而上"和"自上而下"两个回路的缓慢传送过程,这样的传送方式效率较低,不同部门间的信息获取也存在较大的时间差,往往就错过了回应的最佳时间。另外,不同部门间工作人员组成的应急管理团队,在一起磨合的时间较少, 往往还要兼顾好原单位的本职工作, 导致部门联动工作效率不高,处理问题时很难达到高效运转状态。第二,技术运用存在困境。大数据的分析技术和分析能力等功能的有效发挥,离不开专业技术人员、相应信息管理制度等"软件"的支撑,虽然目前各地大都建立了一支数据分析人员队伍和信息管理机制,但是专业分析人员的普遍匮乏、信息管理机制的滞后却是不争的事实,这就直接影响到对信息源中危害因子的采集、筛选,以及后续数据的分析、研判和有效整合,直接导致数据运用的技术化水平不高,最终会影响到整个体系预警信息等级的发布。第三,问责机制不健全。马克思主义意识形态认同建设工作预警联动体系是一个环环相扣的过程，任一环节出现问题都会影响认同工作这一宏伟战略目标的实施效果。一些领导干部、工作人员因认识不到位、"官本位"思想、个人能力水平有限等诸多原因，在处理和解决问题时存在话语表达失范、履职尽责不到位等问题。这些问题严重损害了党和政府的公信力，在一定程度上阻碍了马克思主义意识形态认同建设工作的推进进程，因此，很有必要建立和完善相关责任人的追责、问责机制。

构建基于大数据技术（BDA）的认同建设工作预警联动体系，有效预防、抵御和摒弃各类型危害马克思主义意识形态认同的危害因子，不断提升人民群众的幸福感、满意度和获得感，需要确立优化预警联动体系的基本原则和根本遵循，从而不断提升认同建设工作预警联动体系的科学化水平。首先，确立"以人民为中心"的根本原则遵循。科学的理论是正确行动的先导，在人民群众中间推进马克思主义意识形态认同，引导人民群众认清资本主义意识形态及其价值观的虚伪性和非科学性，有助于人民群众自身实现真正的自由全面发展。党和政府设立马克思主义意识形态认同建设工作预警联动体系，根本性的目的是要切实维护人民群众的各项合法权益免受侵害。因而，在预警联动体系的各项工作中，必须遵循"以人民为中心"的基本原则，不断强化责任意识和使命意识，切实维护好人民群众的安全、发展、教育、文化、医疗等各项合法权益。其次，要遵循"政府主导，多方参与"的原则。当前是思想文化多元、利益纠葛复杂的时代，维护社会的安定有序，实现中华民族伟大复兴，除了依靠党和政府的主体力量支撑外，也需要社会多方面力量的积极参与。同样，马克思主义意识形态认同建设工作预警联动体系也亟需多方社会力量的参与。譬如，在发布某项应对危害认同的政策方案时，除了需要党和政府部门的权威发布，更是需要来自不同层面的自媒体和意见领袖的积极发声，与政府共同阐释好政策制定的缘由、科学性等。这种"政府主导、多方齐参与"的模式有助于加快人民群众对政策的接受度,从而保证了体系的运转效率及党和政府的公信力。最后,要秉持"公开性、透明化"的原则。公开性、透明化的治理方式,是凝聚民心、有效治理的最佳工作模式。因而,在应对各种警讯时,党和政府应该最大限度地对人民群众公开关键信息、处理流程、相关政策法规、处理结果等,这样就能有效规避由于信息、政策等不公开、不透明而造成人民群众的整体性信任危机的发生,有利于不断增强党和政府的公信力和权威度,从而赢得人民群众对党和政府的理解和信任,进而不断提升人民群众对马克思主义意识形态的认同度。

建立马克思主义意识形态认同工作预警联动体系,本质上是为了捍卫和巩固马克思主义意识形态的主导权和话语权,彻底摒弃和抵御危害马克思主义意识形态指导地位的一切危害因子,为我国经济社会的又好又快发展提供坚强的理论武装。为有效克服当下马克思主义意识形态认同预警联动体系的不足,应着重做好预警联动体系管理理念转变、资源共享机制建设、智库建设和后续协调善后等方面的工作。

第一,推进预警联动体系的管理理念的转变。转变政府全能型的管理理念,将积极的社会团体力量加入预警联动体系并接受政府的领导和协调,实现预警联动体系管理主体的多元化。以政府为主导、社会团体参与的管理模式,有利于进一步加深政府与人民群众之间的密切联系,形成人民群众有序、理性参与预警联动相关事务管理的良好生态局面,有助于更好地建设反应迅速、运转高效的认同预警联动体系。

第二,推动预警联动体系的资源共享机制建设。应加快不同地方的政府之间、政府内部不同部门间的资源信息共享机制建设,以及政府和参与共同治理的社会团体之间的资源信息共享机制建设,努力克服资源信息的自然浪费,积极探索资源共享的长效机制,不断提升资源信息共享的合理配置和利用率,从而为马克思主义意识形态认同工作预警联动体系科学化水平的提升提供机制保障。

第三,加快预警联动体系的智库建设。抵御和摒弃危害因子,制定和出台有针对性的、最优化的政策方案,需要组建一支由多学科、多领域的专家组成的智库专家队伍。智库专家可以在信息处理、专业分析、政策研究和决策咨询等方面,为党和政府的决策提供专业知识和智力支持,从而提高党和政府的决策服务水平,增强人民群众对党和政府的信任度和满意度。认同工作预警联动体系的智库建设,应涵括马克思主义意识形态理论领域研究的专家、社会学领域的研究专家、大数据技术运用领域的研究专家、经济学领域的研究专家和数理统计领域的研究专家等,多学科、多领域的专家合作,将会使马克思主义意识形态认同工作预警联动体系的工作变得更有实效。

第四,做好后续协调善后工作。妨碍和影响马克思主义意识形态认同的危害因子具有反复性,不会随着危机的一次平息而偃旗息鼓、自动消失。因而,在有效整治妨碍认同的危害因子后,我们还不能放松警惕,还需要继续对危害因子加以跟进和关注,防止危害因子死灰复燃、再起波澜。

结　语

改革开放四十年多来，党和政府高度重视马克思主义意识形态认同建设工作，尤其是党的十八大以来，以习近平同志为核心的党中央根据新的历史方位、新的实践要求和新的时代特征，深刻阐述了关于马克思主义意识形态认同工作的方向性、全局性和根本性的重大问题，开创了推进马克思主义意识形态认同建设工作的全新局面，马克思主义意识形态的主导性地位日益巩固、更加鲜明，这正如习近平总书记在党的二十大报告中指出的那样，"我们确立和坚持马克思主义在意识形态领域指导地位的根本制度，新时代党的创新理论深入人心，社会主义核心价值观广泛传播，中华优秀传统文化得到创造性转化、创新性发展，文化事业日益繁荣，网络生态持续向好，意识形态领域形势发生全局性、根本性转变"[①]。

在马克思主义意识形态认同工作取得重大成绩之余，我们也要充分认识到马克思主义的指导地位和话语权的取得不是一劳永逸的，要清醒地看到当前我国意识形态领域依然存在的诸多风险因素，必需要做好"进行许多新的历史特点的伟大斗争"各项准备，不断增强有效"应对重大挑战、抵御重大风险、克服重大阻力、解决重大矛盾"的工作能力，更好地巩固和坚持马克

[①] 《党的二十大文件汇编》，党建读物出版社，2022年，第31页。

思主义在意识形态领域的指导地位。习近平总书记在党的二十大报告中作出的"建设具有强大凝聚力和引领力的社会主义意识形态,牢牢掌握党对意识形态工作领导权、全面落实意识形态工作责任制,巩固壮大奋进新时代的主流思想舆论"的重要指示,为新时代马克思主义意识形态认同建设工作奠定了发展基调、明确了工作重点、指明了建设方向。

本书在研究论述的过程中,始终坚持以马克思主义基本原理和方法论为开展研究的根本遵循和必要前提,坚持以充分展现马克思主义意识形态理论本质及其科学伟力为逻辑起点,深刻把握当前危害和影响马克思主义意识形态认同度提升的主要矛盾,结合我国的经济社会发展状况和时代特点,提出了相对有针对性、操作性强的提升马克思主义意识形态认同的实施关键、有效对策和保障体系。书中形成的一些创新性的观点,构建认同的新的思路、新的对策和保障体系,希冀为新时期我国的意识形态治理工作提供一些借鉴和参考。

新时代,新的社会特征,推进马克思主义意识形态认同工作的方式方法也会随着时代特征和所处境遇的变化而发生变化,本书是在现有的研究条件和笔者研究能力下形成的初步工作成果,随着国内外环境的变化发展和时代的发展进步,新时代马克思主义意识形态认同工作也将会继续向纵深发展,对这一工作的研究也必须与时俱进、持之以恒地加以跟进研究!唯此,才能为党和国家的安全稳定繁荣,全面建成社会主义现代化强国,实现第二个百年奋斗目标,以中国式现代化全面推进中华民族伟大复兴中国梦提供强劲而持续不断的思想动力。

参考文献

一、中文著作

（一）经典著作

1.《马克思恩格斯选集》（第一—四卷），人民出版社，2012年。

2.《马克思恩格斯文集》（第一—十卷），人民出版社，2009年。

3.《马克思恩格斯全集》（第一卷），人民出版社，1960年。

4.《马克思恩格斯全集》（第三卷），人民出版社，2002年。

5.《马克思恩格斯全集》（第十卷），人民出版社，1998年。

6.《马克思恩格斯全集》（第十六卷），人民出版社，1964年。

7.《马克思恩格斯全集》（第二十卷），人民出版社，1979年。

8.《马克思恩格斯全集》（第二十二卷），人民出版社，1965年。

9.《马克思恩格斯全集》（第二十五卷），人民出版社，2001年。

10.《马克思恩格斯全集》（第三十一卷），人民出版社，1998年。

11.《马克思恩格斯全集》（第三十九卷），人民出版社，1974年。

12.《马克思恩格斯全集》（第四十卷），人民出版社，1982年。

13.《马克思恩格斯全集》（第四十二卷），人民出版社，1979年。

14.《马克思恩格斯全集》(第四十四卷),人民出版社,2001年。

15.《马克思恩格斯全集》(第四十六卷)(上卷),人民出版社,1979年。

16.《马克思恩格斯全集》(第四十六卷)(下卷),人民出版社,1980年。

17.《马克思恩格斯全集》(第四十七卷),人民出版社,1979年。

18.《列宁选集》(第一——四卷),人民出版社,2012年。

19.《列宁全集》(第14,25卷),人民出版社,1988年。

20.《列宁全集》(第29,32,35,36卷),人民出版社,1985年。

21.《列宁全集》(第6,38,39,41卷),人民出版社,1986年。

22.《列宁全集》(第5,6卷),人民出版社,2013年。

23.《斯大林选集》(上、下卷),人民出版社,1979年。

24.《毛泽东选集》(一——四卷),人民出版社,1991年。

25.《毛泽东文集》(第三,六——八卷),人民出版社,2009年。

26.《毛泽东哲学批注集》,中央文献出版社,1988年。

27.《邓小平文选》(第一——三卷),人民出版社,2010年。

28.《江泽民文选》(一——三卷),人民出版社,2006年。

29.《胡锦涛文选》(一——三)卷,人民出版社,2016年。

30.《习近平谈治国理政》(第一卷),外文出版社,2018年。

31.《习近平谈治国理政》(第二卷),外文出版社,2017年。

32.《习近平谈治国理政》(第三卷),外文出版社,2020年。

33.《习近平谈治国理政》(第四卷),外文出版社,2022年。

34.《习近平重要讲话单行本(2022年合订本)》,人民出版社,2023年。

35.《习近平著作选读》(第1卷),人民出版社,2023年。

36.《习近平著作选读》(第2卷),人民出版社,2023年。

37.《习近平新时代中国特色社会主义思想专题摘编》,中央文献出版社、党建读物出版社,2023年。

38.《习近平新时代中国特色社会主义思想的世界观和方法论专题摘编》,党建读物出版社、中央文献出版社,2023 年。

39.《习近平新时代中国特色社会主义思想学习纲要》,学习出版社、人民出版社,2023 年。

40.《习近平重要讲话单行本(2022 年合订本)》,人民出版社,2023 年。

41.《党的二十大文件汇编》,党建读物出版社,2022 年。

42.《党的二十大报告辅导读本》,人民出版社,2022 年。

43.《党的二十大报告学习辅导百问》,党建读物出版社,2022 年。

44.《学习习近平关于新闻舆论的重要论述》,新华出版社,2022 年。

45.习近平:《在纪念马克思诞辰 200 周年大会上的讲话》,人民出版社,2018 年。

46.习近平:《在庆祝改革开放 40 周年大会上的讲话》,人民出版社,2018 年。

47.《习近平关于社会主义文化建设论述摘编》,中央文献出版社,2017 年。

48.《习近平新闻舆论思想要论》,新华出版社,2017 年。

49.《党的十九大报告学习辅导百问》,党建读物出版社、学习出版社,2017 年。

50.习近平:《在哲学社会科学工作座谈会上的讲话》,人民出版社,2016 年。

51.习近平:《在网络安全和信息化工作座谈会上的讲话》,人民出版社,2016 年。

52.《学习习近平总书记系列讲话精神干部读本》,中国方正出版社,2014 年。

53.《社会党国际文件集》,黑龙江人民出版社,1989 年。

54.《十六大以来重要文献选编》(上,中,下),人民出版社,2005 年。

55.《十七大以来重要文献选编》(上,中,下),中央文献出版社,2013 年。

56.《十八大以来重要文献选编》(上),中央文献出版社,2014 年。

57.《十八大以来重要文献选编》(中),中央文献出版社,2016 年。

58.《十八大报告辅导读本》,人民出版社,2012 年。

59.《周恩来早年文集》(下卷),中央文献出版社,1998 年。

(二)中文专著

1.艾四林:《社会主义主流意识形态与当今中国社会思潮》,人民出版社,2014 年。

2.车文博:《弗洛伊德主义原著选辑》(上),辽宁人民出版社,1988 年。

3.陈锡喜:《马克思主义:意识形态和话语体系》,华东师范大学出版社,2011 年。

4.陈锡喜:《意识形态:当代中国的理论和实践》,中国人民大学出版社,2018 年。

5.陈先达:《坚持马克思主义在意识形态领域指导地位研究》,经济科学出版社,2015 年。

6.陈之骅等:《苏联兴亡史纲》,中国社会科学出版社,2004 年。

7.程伟礼等著:《中国特色社会主义思想史》,学林出版社,2009 年。

8.方旭光:《认同的价值与价值的认同》,中国社会科学出版社,2014 年。

9.冯刚:《新形势下意识形态相关问题研究》,光明日报出版社,2014 年。

10.冯颜利:《金融危机以来国外马克思主义研究的新进展与启示》,中国社会科学出版社,2015 年。

11.顾明远:《教育大辞典》,上海教育出版社,1998 年。

12.关海宽:《改革开放以来我国社会主义意识形态建设研究:经验(问题

与路径选择)》,中国社会科学出版社,2012年。

13.韩庆祥、黄相怀:《历史不会终结》,中国人民大学出版社,2018年。

14.洪汉鼎:《诠释学——它的历史和当代发展》,人民出版社,2001年。

15.侯惠勤等:《国外马克思主义意识形态研究著作评析》,中国社会科学出版社,2015年。

16.侯惠勤:《马克思的意识形态批判与当代中国》,中国社会科学出版社,2010年。

17.侯惠勤:《马克思恩格斯列宁斯大林论意识形态》,中国社会科学出版社,2012年。

18.侯惠勤、吴学琴等:《马克思主义意识形态论》,南京大学出版社,2011年。

19.胡惠林:《国家安全文化研究导论》,上海人民出版社,2013年。

20.胡绳:《中国共产党的七十年》,中共党史出版社,1991年。

21.李慎明:《国际交往与文化软实力:兼论中国特色社会主义新文化战略》,湖南大学出版社,2016年。

22.李慎明:《苏联亡党亡国20年祭》,社会科学文献出版社,2013年。

23.李向国、李晓红:《主流意识形态建设新论》,人民出版社,2013年。

24.刘祚昌:《美国独立战争简史》,人民出版社,1954年。

25.陆南泉等:《苏联兴亡史论》,人民出版社,2002年。

26.梅荣政:《用马克思主义引领社会思潮》,武汉大学出版社,2008年。

27.聂立清:《我国当代主流意识形态认同研究》,人民出版社,2010年。

28.逄先知、金冲及:《毛泽东传(1949—1976)》,中央文献出版社,2003年。

29.皮家胜:《马克思主义哲学中国化的解释学之维》,人民出版社,2014年。

30.沈志华:《一个大国的崛起与崩溃》,社会科学文献出版社,2016 年。

31.史小宁:《马克思主义视域中意识形态批判及其功能研究》,中国社会科学出版社,2016 年。

32.孙伯鍨、侯惠勤:《马克思主义哲学的历史和现状》(上卷),南京大学出版社,2004 年。

33.孙英春:《大众文化:全球传播的范式》,中国传媒大学出版社,2005年。

34.童世骏:《意识形态新论》,上海人民出版社,2006 年。

35.王邦佐:《执政党与社会整合:中国共产党与新中国社会整合实例分析》,上海人民出版社,2007 年。

36.王成兵:《当代认同危机的人学解读》,中国社会科学出版社,2004 年。

37.王庆五等:《马克思主义意识形态指导地位研究》,中国社会科学出版社,2012 年。

38.王永贵:《马克思主义意识形态理论与当代中国实践研究》,人民出版社,2013 年。

39.王永贵:《意识形态领域新变化与坚持马克思主义指导地位研究》,人民出版社,2015 年。

40.吴兆雪、叶政:《利益分化格局下我国主流意识形态建设研究》,合肥工业大学出版社,2015 年。

41.武东升:《社会主义意识形态研究:关于中国特色社会主义核心价值体系建设的一种理解和说明》,中国社会科学出版社,2014 年。

42.夏建平:《认同与国际合作》,世界知识出版社,2006 年。

43.夏正龙:《辞海》,上海辞书出版社,1999 年。

44.薛焱:《当代中国主流文化认同研究》,社会科学文献出版社,2016 年。

45.鄢一龙等:《中国共产党与中国社会主义》,中国人民大学出版社,

2015 年。

46.杨河:《当代中国意识形态研究》,北京大学出版社,2015 年。

47.杨生平:《论马克思主义意识形态理论的形成与发展》,首都师范大学出版社,1998 年。

48.杨昕:《中国共产党意识形态话语权研究》,社会科学文献出版社,2015 年。

49.俞吾金:《实践诠释学》,云南人民出版社,2001 年。

50.俞吾金:《意识形态论》,上海人民出版社,1993 年。

51.张宏毅等:《意识形态与美国对苏联和中国的政策》,人民出版社,2013 年。

52.张全义:《从群体冲突到全球治理:认同的失范与重构》,中国社会科学出版社,2015 年。

53.张秀琴:《马克思意识形态理论的当代阐述》,中国社会科学出版社,2005 年。

54.张志丹:《意识形态功能提升新论》,人民出版社,2017 年。

55.郑永廷等:《社会主义意识形态发展研究》,人民出版社,2002 年。

56.周宏:《理解与批判:马克思意识形态理论的文本学研究》,上海三联书店,2003 年。

57.周民锋:《当代中国意识形态观研究》,人民出版社,2012 年。

58.周琪:《意识形态与美国外交》,上海人民出版社,2005 年。

59.周尚文:《合法性视野下的苏联政治》,上海人民出版社,2006 年。

60.周作翰、梁亚栋:《国际共产主义运动史》,高等教育出版社,1991 年。

61.庄福龄:《马克思主义史》(第 4 卷),人民出版社,1996 年。

(三)译著类

1.[美]S.M 李普塞特:《政治人——政治的社会基础》,张绍宗译,上海人民出版社,1997 年。

2.[法]埃米尔·涂尔干:《社会分工论》,渠东译,生活·读书·新知三联书店,2000 年。

3.[德]艾瑞克·埃里克森:《同一性:青少年与危机》,孙名之译,浙江教育出版社,1998 年。

4.[英]安东尼·吉登斯:《现代性与自我认同:现代晚期的自我与社会》,赵旭东等译,生活·读书·新知三联书店,1998 年。

5.[英]安东尼·吉登斯:《社会学》,赵旭东等译,北京大学出版社,2000 年。

6.[法]安德烈·纪德:《从苏联归来》,郑超麟译,辽宁教育出版社,1999 年。

7.[德]本雅明:《莫斯科日记》,郑霞译,东方出版社,2001 年。

8.[美] 比尔·克林顿:《希望与历史之间——迎接 21 世纪对美国的挑战》,金灿荣等译,海南出版社,1997 年。

9.[美]大卫·科兹等:《来自上层的革命:苏联体制的终结》,曹荣湘等译,中国人民大学出版社,2002 年。

10.[英]大卫·麦克里兰:《意识形态》,孔兆政、蒋龙翔译,吉林人民出版社,2005 年。

11.[美]戴维·比克奈尔.杜鲁门:《政治过程:政治利益与公共舆论》,陈尧译,天津人民出版社,2005 年。

12.[美]恩格尔等:《意识形态与现代政治》,台北桂冠图书股份有限公司出版,1991 年。

13[德]海因里希·格姆科夫等:《马克思传》,易廷镇等译,生活·读书·新知三联书店,1978年。

14.[德]卡尔·曼海姆:《意识形态与乌托邦》,黎鸣、李书崇译,商务印书馆,2000年。

15.[德]考茨基:《一个马克思主义者的成长》,叶至译,生活·读书·新知三联书店,1973年。

16.[美]克拉姆尼克等:《意识形态的时代》,联经出版事业公司,1983年。

17.[德]拉尔夫·达仁道夫:《现代社会冲突》,林荣远译,中国社会科学出版社,2000年。

18.[美]利昂·P.巴拉达特:《意识形态起源和影响》(第10版),张慧芝、张露璐译,世界图书出版公司北京公司,2010年。

19.[美]路德·宾克莱:《理想的冲突——西方社会中变化着的价值观念》,马元德等译,商务印书馆,1983年。

20.[法]路易·阿尔都塞:《保卫马克思》(1977年英文版),商务印书馆,1984年。

21.[法]路易·亚尔杜塞尔:《科学与意识形态——亚尔杜塞尔的马克思主义》,曙光图书出版公司,1983年。

22.[美]罗伯特·A.达尔:《现代政治分析》,王沪宁、陈峰译,上海译文出版社,1987年。

23.[法]罗曼·罗兰:《莫斯科日记》,袁俊生译,广西师范大学出版社,2003年。

24.[澳]迈克尔·豪格、[英]多米尼克·阿布拉莫斯:《社会认同过程》,高明华译,中国人民大学出版社,2015年。

25.[美]曼纽尔·卡斯特:《认同的力量》,夏铸九等译,社会科学文献出版社,2003年。

26.[德]米夏埃尔·莫罗佐夫:《勃列日涅夫传》,张玉书等译,生活·读书·新知三联书店,1975年。

27.[法]莫里斯·迪韦尔热:《政治社会学——政治学要素》,杨祖功、王大冬译,华夏出版社,1987年。

28.[苏]尼基塔·谢·赫鲁晓夫:《赫鲁晓夫回忆录》,张岱云等译,东方出版社,1988年。

29.[德]诺贝特·埃利亚斯:《个体的社会》,崔三江等译,译林出版社,2003年。

30.[美]萨缪尔·亨廷顿:《第三波——20世纪后期民主化浪潮》,刘军宁译,生活·读书·新知三联书店,1998年。

31.[美]塞维林·比亚勒:《苏联的稳定和变迁》,普尔译,新华出版社,1984年。

32.[英]史蒂夫·富勒:《科学的统治:开放社会的意识形态与未来》,刘钝译,上海科技教育出版社,2006年。

33.[美]斯塔夫里阿诺斯:《全球通史——从史前到21世纪》,吴象婴等译,北京大学出版社,2006年。

34.[法]泰尔朋:《政权的意识形态与意识形态的终结》,源流出版事业股份有限公司,1990年。

35.[英]特里·伊格尔顿:《马克思为什么是对的》,李杨等译,新星出版社,2011年。

36.[美]小杰克·F·马特洛克:《苏联解体亲历记》,吴乃华等译,世界知识出版社,1996年。

37.[苏]伊·阿·己赫:《第一国际和巴黎公社》(文件资料),生活·读书·新知三联书店,1954年。

38.[意]安东尼奥·葛兰西:《狱中札记》,1971年英文版,曹雷雨、姜丽、张跃译,中国社会科学出版社,2000年。

39.[德]尤尔根·哈贝马斯:《作为"意识形态"的技术和科学》,李黎、郭官义译,学林出版社,1999年。

40.[美]约瑟夫·熊彼特:《从马克思到凯恩斯》,韩宏等译,江苏人民出版社,2000年。

41.[美]约瑟夫·熊彼特:《资本主义、社会主义与民主》,商务印书馆,1979年。

二、中文论文

1.曹和修:《中国特色社会主义意识形态建设的人本取向研究》,首都师范大学博士论文,2011年。

2.曹建文:《意识形态安全的文化审视与建构》,《马克思主义研究》,2017年第4期。

3.曹毅哲:《当代中国马克思主义意识形态研究》,吉林大学博士论文,2008年。

4.查立友:《试论统一多民族国家意识形态认同问题》,《科学社会主义》,2012年第2期。

5.陈锡喜:《意识形态的本质、功能、总体性及领域》,《上海交通大学学报》(哲学社会科学版),2014年第1期。

6.程浩:《论中国特色社会主义核心价值观的培育与践行》,《广东社会科学》,2013年第2期。

7.董海军、杨少曼:《高校意识形态认同版图及群体特征》,《当代青年研究》,2021年第5期。

8.杜艳华:《论影响政党执政绩效的几个关键要素》,《学习与探索》,2005年第4期。

9.方爱东:《社会主义核心价值观论纲》,《马克思主义研究》,2010 年第 12 期。

10.高震:《全媒体传播的复调叙事与主流意识形态认同》,《中国电视》,2017 年第 3 期。

11.龚旭芳:《论意识形态建设的理性认知和情感认同》,《湖北社会科学》,2009 年第 12 期。

12.顾晓英:《大学生主流意识形态认同研究》,《湖北社会科学》,2006 年第 1 期。

13.管锦绣:《西方马克思主义的意识形态认同研究的理论转换、缺陷及其启示》,《湖北社会科学》,2017 年第 2 期。

14.郭艳:《意识形态、国家认同与苏联解体》,《西伯利亚研究》,2008 年第 4 期。

15.韩芬:《以"五大认同"筑牢新时代社会主义意识形态建设之基》,《宁夏社会科学》,2022 年第 1 期。

16.韩庆祥:《新时代牢牢掌握意识形态工作领导权——做好意识形态"内功"》,《中国特色社会主义研究》,2019 年第 1 期。

17.何显明:《意识形态的合法性诠释功能及其限制》,《现代哲学》,2006 年第 1 期。

18.侯惠勤:《马克思的意识形态批判与哲学变革》,《马克思主义研究》,2011 年第 12 期。

19.侯惠勤:《意识形态的历史转型及其当代挑战》,《马克思主义研究》,2013 年第 12 期。

20.侯惠勤:《意识形态话语权初探》,《马克思主义研究》,2014 年第 12 期。

21.侯惠勤:《中国梦与中国特色社会主义共同理想》,《红旗文稿》,2013 年第 12 期。

22.侯天佐：《当代中国社会转型期党的意识形态认同研究》，中共中央党校博士论文，2015 年。

23.胡春阳：《社会主义意识形态认同历程研究》，安徽大学博士论文，2016 年。

24.胡银银：《改革开放以来我国意识形态话语权问题研究》，南开大学博士论文，2014 年。

25.黄岭峻：《意识形态与政治认同关系论纲》，《理论月刊》，2012 年第 10 期。

26.姜迎春：《论习近平意识形态建设理论的整体性》，《江海学刊》，2015 年第4 期。

27.姜志强：《中国共产党意识形态理论建构的三重逻辑》，《马克思主义研究》，2019 年第 5 期。

28.焦玉玲：《我国主流意识形态认同困境探析——马克思的主体性思想为视角》，《理论与改革》，2013 年第 1 期。

29.李笃武：《社会转型期主流意识形态认同危机与对策》，《河南师范大学学报》，2006 年第 2 期。

30.李芳云、李安增：《马克思主义的当代解释力》，《当代世界与社会主义》，2013 年第 1 期。

31.李淑梅、杨郁卉：《意识形态的变化与人的认同方式》，《天津社会科学》，2009 年第 1 期。

32.李馨宇、李菡婷：《全媒体时代大学生主流意识形态认同与调适》，《思想理论教育导刊》，2019 年第 12 期。

33.梁建新：《中国应对西方"意识形态终结论"思潮的路径选择》，《探索》，2007 年第 1 期。

34.刘云山：《着力培育和践行社会主义核心价值观》，《求是》，2014 年第

2 期。

35.陆树程、崔昆:《论社会主义核心价值体系认同的元问题——基于对马克思主义意识形态观的一种理解》,《马克思主义研究》,2011 年第 8 期。

36.雒新艳:《马克思主义意识形态与中国国民性关系历史透视》,南京大学博士论文,2012 年。

37.马岩:《意识形态与苏联解体》,《马克思主义研究》,1997 年第 3 期。

38.蒋茜:《论共享发展的重大意义、科学内涵和实现途径》,《求实》,2016 年第10 期。

39.梅荣政:《用社会主义核心价值体系引领社会思潮的政策探索》,《毛泽东邓小平理论研究》,2008 年第 10 期。

40.苗青:《手机媒体与大学生主流意识形态认同》,《青年记者》,2017 年第 9 期。

41.史献芝、严凤莲:《转译界面:夯实人民群众对主流意识形态认同的确切进路》,《南京师大学报》(社会科学版),2016 年第 4 期。

42.孙其昂、侯勇:《论社会主义核心价值观建设的现代性境遇与超越》,《中国特色社会主义研究》,2011 年第 2 期。

43.孙肖远:《共享发展理念的理论内涵与实践价值》,《科学社会主义》,2016 年第 4 期。

44.唐爱军:《意识形态领导权建设的三重阐释》,《南京师大学报》(社会科学版),2019 年第 6 期。

45.汪信砚:《全球化中的价值认同与价值观冲突》,《哲学研究》,2002 年第 11 期。

46.王成兵:《略论理性与非理性在当代认同中的作用》,《江淮论坛》,2006 年 6 期。

47.王成兵:《认同危机:一个现代性问题》,《新视野》,2005 年第 4 期。

48.孔德永:《当代我国主流意识形态认同建构的有效途径》,《马克思主义研究》,2012 年第 6 期。

49.王春光:《新生代农村流动人口的社会认同与城乡融合的关系》,《社会学研究》,2001 年第 3 期。

50.王东明:《建国初期新政权合法性与意识形态资源》,《党史研究与教学》,2004 年第 2 期。

51.王桂兰:《论增强主流意识形态影响力的理念更新》,《首都师范大学学报》,2009 年第 1 期。

52.王瑾:《共享发展:让群众有更多的获得感》,《当代世界与社会主义》,2016 年第 2 期。

53.王磊:《论当代青年教师主流意识形态认同的逻辑演进》,《思想理论教育导刊》,2016 年第 4 期。

54.王新华、高原:《在校园文化建设中提升大学生的主流意识形态认同》,《教育理论与实践》,2017 年第 6 期。

55.王永贵:《不断提升主流意识形态引领力的新理念》,《江苏社会科学》,2013 年第 6 期。

56.王永贵:《文化自信与新时代中国特色社会主义意识形态创新》,《学海》,2017 年第 6 期。

57.韦岚:《基于文化认同始于下的社会主义意识形态建设》,《求实》,2012 年第 11 期。

58.魏波:《以共享构筑新中华共同体的认同基础》,《科学社会主义》,2015 年第 4 期。

59.吴春梅等:《政治社会化路径下农民工主流意识形态认同的实证分析》,《政治学研究》,2014 年第 2 期。

60.吴家骥:《"三个代表"与当代中国的政治认同》,《学术探索》,2002 年第 2 期。

61. 吴晓斐:《新媒体视域下的文化意识形态功能分析》,《理论与改革》,2013 年第 2 期。

62. 吴学琴:《日常生活的意识形态分析及其认同》,《马克思主义研究》,2009 年第 3 期。

63. 吴学琴:《意识形态微观化发展态势下的安全研究》,《江苏大学学报》(哲学社会科学版),2014 年第 1 期。

64. 肖滨:《两种公民身份与国家认同的双元结构》,《武汉大学学报》,2010 年第 1 期。

65. 肖贵清、车宗凯:《坚持马克思主义在意识形态领域指导地位的根本制度》,《思想教育研究》,2020 年第 1 期。

66. 肖士英:《历史唯物主义问题意识中的意识形态认同合法形态解蔽》,《宁夏社会科学》,2017 年第 1 期。

67. 阎国华、韩硕:《网络圈群下主流意识形态认同的现实境遇与促进策略》,《探索》,2022 年第 4 期。

68. 杨军:《我国社会心理变化与主流意识形态认同》,《前沿》,2012 年第 13 期。

69. 尤文梦、王永贵:《"制度与生活"视域下主流意识形态认同的内在逻辑》,《学习与探索》,2020 年第 9 期。

70. 尤文梦:《新时代提升社会主义意识形态认同度的路径延展》,《理论月刊》,2023 年第 2 期。

71. 于泉蛟、韩静:《统战视阈下高校海归青年人才对马克思主义意识形态的认同问题研究》,《四川省社会主义学院学报》,2016 年第 1 期。

72. 于秀:《新媒体对青年民营企业家主流意识形态认同的影响研究——基于 H 省青年民营企业家的调查》,《中国青年研究》,2016 年第 1 期。

73.曾令辉:《论党的十八大以来我国意识形态建设的伟大成就与根本性转变》,《马克思主义研究》,2022 年第 10 期。

74.张博颖、苗伟:《文化软实力与社会主义意识形态安全》,《天津社会科学》,2010 年第 3 期。

75.张骥、方晓强:《论网络文化对我国社会主义意识形态建设的影响》,《求实》,2009 年第 2 期。

76.张文彦、魏建国:《国家意识形态认同探析》,《理论学刊》,2010 年第 12 期。

77.张莹瑞、佐斌:《社会认同理论及其发展》,《心理科学进展》,2006 年第 3 期。

78.张志丹:《十八大以来意识形态工作的创新研究》,《人民论坛》(学术前沿),2017 年第 11 期(上)。

79.赵海峰:《意识形态领导权和文化认同:关于马克思主义中国化的思考》,《马克思主义与现实》,2012 年第 5 期。

80.郑杭生:《改革开放三十年:社会发展理论和社会转型理论》,《中国社会科学》,2009 年第 2 期。

81.周晓虹:《认同理论:社会学与心理学的分析路径》,《社会科学》,2008 年第 4 期。

82.周正艳:《社会主义核心价值观认同路径探究》,《湖南社会科学》,2012 年第 6 期。

83.朱辉宇:《以人民为中心与共享发展》,《湖南社会科学》,2016 年第 2 期。

84.邹绍清:《论意识形态的党性和人民性统一及其实践路径——兼论思想政治教育创新的实践导向》,《马克思主义研究》,2014 年第 7 期。

85.左鹏:《共享发展的理论意蕴和实践指向》,《思想理论教育导刊》,2016 年第 1 期。

三、英文文献

1.Allen,C·lynch,*How Russia is not Ruled：Reflections on Russia Political Development*,Newyork： Cambridge University Press,2005.

2.D. D. Roscoe & D.N. Christiansen,*Exploring the Attitudinal Structure of Partisanship*,Journal of Applied Social Psychology, 2010.

3.Gerard Delanty,*Citizenship in a Global Age*,Buckingham：Open University Press,2000.

4.Joseph.S.Nye,Jr,*Soft Power：The Means To Success in World Politics*, New York：Public Affairs,2004.

5.Richards Jenkins,*Social Identity*,London：Routledge Publishing Group, 1996.

6.Tajfel. H,Tumer J.C,*The Social Identity Theory of In-tergroup Behavior.* In Psychology of Intergroup relations, (eds.)by Worchel S.& Austin W. Nelson Hall：Chicago Nelson Hall,1986.

7.T.L Fitzgerald,*Metaphors of Identity*,NY：State University of New York Press,1993.

后 记

这部拙著是我在博士论文基础上进行修葺、补充、完善之后形成的,亦是我人生中的第一本学术著作。初涉学术,研究能力有限,本书稿完成之际,心中既有领略马克思主义意识形态伟力而绽放的喜悦之情,又有因个人才疏学浅、无力诠释而产生的怅然之感。

回顾在职学习攻博过往,酸甜苦辣,感触颇多! 当然,心中更多的是感恩、感激之情! 感谢华东师范大学! 感谢我敬爱的导师蒋锦洪先生! 先生虽已远去,但您的暖心教诲和学术风范始终令学生倍感温暖,始终是激励学生勇敢向前迈进的引路航标! 还记得刚进师门时,您勉励我勤奋学习的话语,令人如沐春风、信心满满、受益匪浅;在指引我踏进学术研究的道路上,循循善诱、旁征博引,定期推送领域内的前沿动态、最新成果和经典著作,希冀学生夯实基础、厚植底蕴,不断拓宽学术视野;在学位论文的选题、大纲的制定、撰写和定稿等环节,您更是倾注了大量的心血、给予了无私的指导,坐着轮椅还依然坚持参加了我论文的预答辩,师恩永难忘! 先生风范山高水长! 学生向您致以最诚挚、最崇高的敬意!

同时也要感谢丁晓强教授、陈锡喜教授、宋进教授、王岩教授、程伟礼教授、郑忆石教授、陈立新教授、杜玉华教授、朱莉老师等对我的悉心指导和启迪,你们潜心育人、严谨治学、乐于奉献、笔耕不辍的品质,将激励我在今后的工作生活中不忘初心、勇敢前行、继续攀登。还要感谢我可爱的同门师兄师姐师弟师妹们,一路走来一路歌,情谊永存!

本书是我这几年对马克思主义意识形态认同问题的浅陋思考和总结,在撰写过程中参考了学术界众多专家学者的论著,在此一并表示衷心的感谢!

本书相对于博士论文更完善丰富些,但依旧是浩瀚研究领域中的"恒河一沙"。这是因为新时代推进马克思主义意识形态认同是一项系统的、长期的宏大工程,涉及多学科、多领域、多专业、多部门,文中的每一维度都可以继续深入研究和探索。笔者才薄智浅、十驾难及,在研究中不免出现种种问题,欢迎学术界的各位专家学者多多批评指正。

包天强

2023 年 12 月